泉州师范学院桐江学术著作出版基金资助出版

U0740746

儒家德育与思想政治教育理论

RUJIA DEYU YU SIXIANG ZHENGZHI JIAOYU LILUN

黄国波◎著

中国纺织出版社有限公司

内 容 提 要

马克思主义与以儒家思想为代表的中华优秀传统文化的关系，是中国近现代思想文化发展的核心问题之一，是“第二个结合”的重要内容。本书分为两部分：上篇为理论逻辑篇，下篇为现代价值篇。理论逻辑篇包括绪论、儒家德育的发展历程、儒家德育与思想政治教育理论的融合机制、儒家德育与思想政治教育理论的历史融合、新时代对儒家德育的创造性转化和创新性发展。现代价值篇包括“天人合一”的儒家生态思想、“生生之谓易”的儒家生命伦理思想、“和而不同”的儒家群己思想、儒家视野下的优秀地域文化。

本书运用历史唯物主义和辩证唯物主义的世界观方法论，深刻解析马克思主义中国化时代化进程中“第二个结合”的重要意义，深入认识儒家德育思想与思想政治教育理论之间的冲突、融合和发展，准确把握时代发展、社会发展和人的发展的一系列问题，深入探寻这些问题产生的根本原因、表现形式和解决途径，为新时代思想政治教育提供强大的价值引导力、文化凝聚力和精神推动力，具有重要的理论和实践意义。

图书在版编目（CIP）数据

儒家德育与思想政治教育理论 / 黄国波著. --北京：中国纺织出版社有限公司，2023.11

ISBN 978-7-5229-0846-5

Ⅰ. ①儒… Ⅱ. ①黄… Ⅲ. ①儒家-德育-关系-思想政治教育-研究-中国 Ⅳ. ①B222.05②D64

中国国家版本馆CIP数据核字（2023）第151246号

责任编辑：朱冠霖　特约编辑：高士捷
责任校对：江思飞　责任印制：王艳丽

中国纺织出版社有限公司出版发行
地址：北京市朝阳区百子湾东里A407号楼　邮政编码：100124
销售电话：010—67004422　传真：010—87155801
http: //www.c-textilep.com
中国纺织出版社天猫旗舰店
官方微博 http: //weibo.com/2119887771
三河市宏盛印务有限公司印刷　各地新华书店经销
2023年11月第1版第1次印刷
开本：710 × 1000　1/16　印张：20.5
字数：302千字　定价：98.00元

凡购本书，如有缺页、倒页、脱页，由本社图书营销中心调换

目 录

上篇 理论逻辑篇

下篇　现代价值篇

上篇

理论逻辑篇

中国传统文化，尤其是作为其核心的思想文化的形成和发展，大体经历了中国先秦诸子百家争鸣、两汉经学兴盛、魏晋南北朝玄学流行、隋唐儒释道并立、宋明理学发展等几个历史时期。从这绵延2000多年之久的历史进程中，我们可以看出这样几个特点：一是儒家思想和中国历史上存在的其他学说既对立又统一，既相互竞争又相互借鉴，虽然儒家思想长期居于主导地位，但始终和其他学说处于和而不同的局面之中。二是儒家思想和中国历史上存在的其他学说都是与时迁移、应物变化的，都是顺应中国社会发展和时代前进的要求而不断发展更新的，因而具有长久的生命力。三是儒家思想和中国历史上存在的其他学说都坚持经世致用原则，注重发挥文以化人的教化功能，把对个人、社会的教化同对国家的治理结合起来，达到相辅相成、相互促进的目的。

——习近平在纪念孔子诞辰2565周年国际学术研讨会上的讲话

第一章　绪论

思想政治教育是中国共产党显著的政治优势、重要的工作方法和光荣的优良传统。中国共产党在团结带领中国人民进行长期的革命、建设和改革中，坚持以马克思主义为指导，始终把思想政治教育作为重要的工作方式方法，积累了丰富的理念和经验，发挥了重要的作用，积累了宝贵的精神财富。思想政治教育理论的指导思想和核心内容是马克思主义基本原理，但也离不开中国基本国情和传统文化。古代中国创造了璀璨的文明成果，在人类文明史上产生了深远影响。“火药、指南针、印刷术——这是预告资产阶级社会到来的三大发明。火药把骑士阶层炸得粉碎，指南针打开了世界市场并建立了殖民地，而印刷术则变成了新教的工具，总的来说变成科学复兴的手段，变成对精神发展创造必要前提的最强大的杠杆。”❶列宁说过：“马克思主义这一革命无产阶级的思想体系赢得了世界历史性的意义，是因为它并没有抛弃资产阶级时代最宝贵的成就，相反却吸收和改造了两千多年来人类思想和文化发展中一切有价值的东西。只有在这个基础上，按照这个方向，在无产阶级专政……的实际经验的鼓舞下继续进行工作，才能认为是发展真正的无产阶级文化。”❷马克思主义在中国传播的过程中，同中国具体国情相结合、同中华优秀传统文化相结合，中国化时代化的成果显著。中国共产党掌握和运用马克思主义立场观点方法分析事物的本质、内在联系及发展规律，研究和解决中国实际问题。马克思主义思想政治教育理论作为重要的马克思主义观，其中国化时代化的过程，

❶ 马克思恩格斯文集（第8卷）[M]. 北京：人民出版社，2009: 338.

❷ 列宁选集（第4卷）[M]. 北京：人民出版社，1995: 299.

始终和中华优秀传统文化密切结合、交融交流。儒家思想在中华优秀传统文化中居于重要位置，蕴含丰富的德育思想。要深刻理解和掌握马克思主义思想政治教育理论中国化时代化进程中与儒家德育思想的碰撞和冲突、交融和交流发展，就要掌握历史唯物主义和辩证唯物主义的方法论，坚持马克思主义基本原理同中国具体实际相结合、同中华优秀传统文化相结合，推进中华优秀传统文化现代化转化和创新性发展，用马克思主义中国化时代化的最新理论成果吸收以儒家思想为主导的中华优秀传统文化，以海纳百川的宽广胸襟借鉴吸收人类一切优秀文明成果。全面解读马克思主义中国化时代化的理论发展和实践进程，准确把握时代发展、社会发展和人的发展的一系列问题，深入探寻这些问题产生的根本原因、表现形式和解决途径，为新时代思想政治教育提供精神动力和文化资源，具有重要的理论和实践意义。

一、儒家德育思想

德，清代学者段玉裁在《说文解字注》中解释："内得于己，谓身心所自得也。外得于人，谓惠泽使人得之也。"❶儒家思想十分注重对道德问题的研究和实践，始终将德育放在教育的首位，因此《周易》说："地势坤，君子以厚德载物。"❷"在教育上，'道'代表德性为中心的完全人格的塑造，是教育的目标和理想，这是孔子开创的儒家教育的实践所始终强调的。"❸儒家自其诞生开始就致力于塑造理想的道德人格，对德育目标、德育内容、德育方法等都有十分明确的规定，历经几千年形成了一套完整的德育思想体系。武汉大学黄钊认为，儒家德育是"儒家学者关于思想道德教育的系统理论、主张以及方法、原则等的总称"❹。南京师范大学叶飞认为"'儒家德育'，简要言之是指以儒家伦理作为主要的德育内容、以儒家品格作为主要的德育

---

❶ 段玉裁《说文解字注》。

❷《周易》。

❸ 陈来．论儒家教育思想的基本理念[J]．北京大学学报（哲学社会科学版），2005（4）：204.

❹ 黄钊．儒家德育学论纲[M]．武汉：武汉大学出版社，2006: 3.

目标的一种传统德育模式。”[1]黑格尔在《法哲学原理》中指出：“概念自身包含着肯定与否定两个方面，它不是静止的，而是处于动态的辩证发展之中的。”[2]儒家德育思想代表着中华民族的价值取向和精神追求，对中国人产生了深远影响，“已经形成了人们在日常生活中所遵循的一种模式，成为人们依照去言行，而又成为人意识不到其存在的一种精神力量。”[3]由于儒家德育思想不是一成不变的，而是一直在发展变化的动态中，在不同历史阶段呈现出不同的内涵和特征，对社会和生活的影响也不相同，但它始终深深烙刻在人们的心里，无时无刻影响着人们。关于如何对待传统道德伦理，马克思主义理论家胡乔木提出：“关于道德的要求，从古代就存在，有些现在还适用。封建社会也有不少道德家，他们的成就也是我们的精神财富。我们不去利用这些财富是愚蠢的。我们不能因批判旧道德而否定旧道德中的好的东西。旧道德中好的东西为什么不能继承？否则用历史唯物主义的观点就不能解释。”[4]按照德育功能论的观点，以德育的功能为标志的德育性质是实现德育价值的保障。儒家德育思想按照德育功能可划分为塑造理想人格、认识生命价值、调整天人关系、协调人己关系和规范日常生活伦理。

（一）塑造理想人格

人类精神生活的最高追求是什么？儒家思想的最高德育目标即理想人格是什么？对第一个问题，古今中外、不同学派都有不同解释，但基本上都指向真、善、美并且使三者系统集合为一体，就是一般意义上人们心目中的最高精神境界。一个人达到真、善、美兼具的精神境界就是理想的人格。先秦诸子百家对理想人格有不同认识和定义。道家意义的理想人格指“真人”“至人”“神人”，法家意义的理想人格指“法术之士”“英雄”，墨家意义的理想人格指“兼士”，阴阳家意义的理想人格是“五德始终”或

[1] 叶飞. 现代性视域下的儒家德育[M]. 北京：北京师范大学出版社，2011: 12.

[2] 黑格尔. 法哲学原理[M]. 范扬、张企泰，译. 北京：商务印书馆，1995: 38.

[3] 周立升，颜炳罡，等. 儒家文化与当代社会[M]. 济南：山东大学出版社，2002（5）: 370.

[4] 胡乔木. 胡乔木传（下）[M]. 北京：当代中国出版社，2015: 734.

"五德转移"，农家意义的理想人格是"贤者"。儒家自诞生之日起，就将追求理想人格作为一个人道德修养的终极目标，是诸子百家中对理想人格的认识最具系统性、追求最具极致性的学术体系。在不同历史阶段，儒家对理想人格提出过不同概念，包括"圣人""贤人""圣贤""君子""仁人""成人""醇儒"，等等。诸子百家理想人格理论对后世都产生不同程度的影响，总体来说，对中华民族影响最广泛、最深远的还是儒家德育思想中的"君子""圣贤"理想人格论。儒家德育思想对理想人格有什么具体的规定呢？儒家德育思想认为理想人格的总体标准包括真、善、美统一和内圣外王统一的完美人格。

现代心理学研究认为探讨儒家理想人格应该从主体的知、情、意的角度认识儒家精神道德修养理论。而在真、善、美三者之中的定位上，儒家德育思想主张以"善"为核心，统领"真"和"美"，建构理想的精神境界。这与西方伦理学以"真"为本位统领"善"和"美"不同。儒家德育思想理想人格论以"善"为中心，"善"的内涵就是"仁"，从孔子创立儒家思想开始就提出以"仁"为核心的重视人和人生价值的道德本位理论。《论语》中充满对"仁"的探讨，"樊迟问仁。子曰：'爱人。'"[1]"孝弟也者，其为仁之本与！"[2]"人而不仁，如礼何？人而不仁，如乐何？"[3]《说文》提到"仁，亲也；从人，从二。"[4]孔子开宗明义提出"仁"的基本要求是"爱人"，这一基本要求决定了具备理想人格的人必须拥有仁爱精神。孔子认为理想人格光有仁爱之心还不够，还需要有坚韧的意志力。《论语》说"仁者必有勇"[5]，体现了儒家理想人格中的意志品格。因为在儒家看来，实现"仁"的理想人格是十分艰巨而难以企及的，必须具备勇往直前的坚强毅力，通过漫长的道德修养，经历艰辛的道德实践，付出巨大的代价乃至

[1]《论语·颜渊》。

[2]《论语·学而》。

[3]《论语·八佾》。

[4]《说文解字》。

[5]《论语·宪问》。

献出生命。这就是所谓的“志士仁人，无求生以害仁，有杀生以成仁”[1]。舍生取义、杀身成仁是无数大儒视为献身仁道的无上荣光。

必须强调的一点是，儒家德育虽然把献身仁道作为毕生追求，但儒家并非毫无根据、不辨是非地“献身”。儒家认为，全诚的情感、坚韧的意志、无畏的勇气也是建立在理性认知的基础之上的。孔子主张：“未知，焉得仁？”[2]意思是对“仁”没有准确、全面的认识，如何能够“求仁”“得仁”？关于对认识论的重要地位，《孟子》里有一段详细的对话：

> 公都子问曰：“钧是人也，或为大人，或为小人，何也？”孟子曰：“从其大体为大人，从其小体为小人。”曰：“钧是人也，或从其大体，或从其小体，何也？”曰：“耳目之官不思，而蔽于物。物交物，则引之而已矣。心之官则思，思则得之，不思则不得也。此天之所与我者。先立乎其大者，则其小者不能夺也。此为大人而已矣。”[3]

这段话反映了孟子对人的五官的观点。孟子认为，能够考虑大事的才是“大人”，只能考虑小事的称为“小人”。进一步说，五官中“心”主宰思考，是“从其大体”，有思考才会有收获，没有思考就一无所获。儒家关于真、善、美统一的理想人格是一种理性认识的道德境界，所以并非可望不可及的缥缈境界。在儒家看来，真、善、美相统一的理想人格必须通过意志努力才可以实现，也是每个人都可以达到的最高道德目标，所谓“人皆可以为尧舜”[4]。

《中庸》有语：“性之德也，合内外之道也。”[5]作为一种经世学说，儒

---

[1]《论语 · 卫灵公》。

[2]《论语 · 公冶长》。

[3]《孟子 · 告子上》。

[4]《孟子 · 告子下》。

[5]《中庸》。

家德育思想并不只是重视人的内在德性锻炼、自我约束，还强调道德追求的外在表现、价值体现。前者为“内圣”，后者为“外王”。儒家德育思想关于理想人格的另一个方面就是“内圣”和“外王”的相统一。所谓“内圣”，孟子认为“圣人，人伦之至也”❶，提出向内完成自身道德修养成为“圣人”是一个人的最高理想。关于“外王”，从孔子和子路的一段对话可以了解到其中核心内容：

> 子路问君子。子曰：“修己以敬。”曰：“如斯而已乎？”曰：“修己以安人。”曰：“如斯而已乎？”曰：“修己以安百姓。修己以安百姓，尧舜其犹病诸？”❷

孔子告诫子路，单靠自我修养只能达到“修己以敬”，是远远不够的；还要做到“修己安人”“修以安百姓”。“修己”是“内圣”，“安人”“安百姓”才是“外王”，“内圣”和“外王”必须得到统一。所以说“一日克己复礼，天下归仁焉”❸。儒家德育思想的“八目”是一个人进行道德修养和立身处世的八个必需的步骤，包括“格物、致知、诚意、正心、修身、齐家、治国、平天下”。这是一个由“内治”到“外治”、由“内圣”到“外王”的具体途径。八个条目被视为实现儒家“内圣外王”的步骤和途径，其中“格物、致知、诚意、正心、修身”是实现“内圣”之业，而“齐家、治国、平天下”是实现“外王”之业。“平天下”被几千年儒家视为经世济民的人生理想而穷毕生追求之。

（二）认识生命价值

“中国文化之开端，哲学观念之呈现，着眼点在生命，故中国文化所

---

❶《孟子 · 离娄上》。

❷《论语 · 宪问》。

❸《论语 · 颜渊》。

关心的是‘生命’……”[1]儒家道德思想的生命价值观蕴含着深刻的中国古代哲学智慧，它认为人的生命包含自然生命、文化生命、道德生命三个范畴。“人的文化生命是自然生命的外化，自然生命是文化生命的物质载体；道德生命从属于自然生命，但它是自然生命体现存在价值的精神追求。”[2]

儒家“仁”的思想使其具有强烈的“敬畏生命”的情怀。儒家认为人的自然生命是一切人类活动的前提，所以荀子说：“生，人之始也；死，人之终也。”[3]德国著名哲学人类学家兰德曼认为文化性是人类的特点，他提出：“只有研究人的客观精神的根源和文化的作用条件，才能完全理解人。”[4]当代大儒钱穆说过：“有目的有意义的人生，我们将称为人文的人生，或文化的人生，以示别于自然的人生，即只以求生为唯一的目的之人生。”[5]人类的繁衍，不是停留于自然生命的延续，更重要的是文化生命和道德生命的传承，才能够验证生命的真谛，并最终实现人类文明的源远流长。开展生命教育应该借鉴儒家生命伦理思想，教育人们正确认识人生目的、人生意义，培养正确的生命价值观。

（三）调整天人关系

如何认识天人关系，调整人与自然关系是中国古代哲学的重要命题。儒家生态道德思想是世界上最早的生态思想体系之一，许多观点与当前生态道德教育相契合，对开展生态道德教育具有很好的启迪意义。第一，儒家推崇“天人合一”，肯定了人与自然和谐相处是人与自然关系的理想目标。一般意义上讲，“天”就是指宇宙万物，包括自然界的一草一木。儒家认为人类要尊崇自然，孔子说过：“天何言哉？四时行焉，百物生焉，天何

---

[1] 牟宗三．中西哲学之会通十四讲[M]．上海：上海古籍出版社，2008（5）：11.

[2] 黄国波．儒家生命价值观的境界及其对大学生生命教育的启迪[J]．长春工业大学学报（高教研究版），2010（3）.

[3]《荀子·礼论》。

[4] M. 兰德曼．哲学人类学[M]．阎嘉，译．贵阳：贵州人民出版社，1988（6）：12.

[5] 钱穆．人生十论[M]．桂林：广西师范大学出版社，2004.

言哉？”[1]在孔子眼里，四季运行、百物生长都按照天的规则进行，不是人可以窥测其奥秘的。所以儒家以天地为师，称赞圣贤之人为“德配天地”。孟子讲“尽其心者，知其性也。知其性，则知天矣”[2]，意思是只要充分尽到善良的本心，这就是懂得了人的本性；只要懂得了人的本性，就懂得天命了。“天人合一”不仅代表了儒家朴素的宇宙观，而且它将人与自然的和谐统一视为人生的最高觉悟境界，成为对后世影响深远的一种道德修养的崇高理想。第二，儒家生态思想主张“钓而不纲，戈不射宿”[3]，为保护生态自然资源供了思想源泉。孔子是一位十分注重环保思想的人，反对过度狩猎，提出“钓而不纲，戈不射宿”，意思是钓鱼但不用网捕捞，不捕杀夜宿的鸟。荀子继承了孔子的思想，他说：“斧斤不入山林，不夭其生，不绝其长也。”[4]这都体现了“取物不尽物”的观点，是一种朴素的可持续发展理论。第三，儒家生态思想坚持“以时禁发”的环保立法思想。荀子讲“山林泽梁，以时禁发”[5]，意思是对山林湖堤定时开放，进行保护性利用。西周政府机构就设有不少类似今天环保部门的官职，专门负责环境保护的执法，如川衡“掌巡川泽之禁令而平其守。以时舍其守，犯禁者，执而诛罚之”[6]。第四，儒家生态思想由“仁者爱人”上升到“仁民而爱物”，拓展了道德关怀的层次。“仁”是儒家德育的核心价值观，在“一体之仁”思想的主导下，儒家不仅以“仁者爱人”的襟怀去关爱他人，甚至能够将这种人文关怀延伸到其他生命类型，达到“仁民而爱物”。所以孟子说：“君子之于物也，爱之而弗仁；于民也，仁之而弗亲。亲亲而仁民，仁民而爱物。”[7]君子爱惜天下万物却不用仁对待它们，用仁对待天下百姓却不亲爱他们。君子亲爱自己的亲人，因此仁爱百姓；仁爱百姓，因此爱惜万物。

---

[1]《论语·阳货》。

[2]《孟子·尽心上》。

[3]《论语·述而》。

[4]《荀子·王制》。

[5] 同[4]。

[6]《周礼·地官司徒》。

[7]《孟子·尽心上》。

（四）协调人己关系

如何处理自我和他人、个人和群体、个人和社会之间的关系是人生观的核心所在，是解决实现自我价值和社会价值统一性和矛盾性的思想前提。历代儒家代表人物都十分关注人己关系的协调处理。可以说，儒家对各种关系协调的思考几乎贯穿儒家德育思想的发展历程，构成儒家德育思想的重要组成部分。儒家群己思想的基本观点包括四个方面，一是肯定群体的前提地位。荀子明确地指出了人的个体对群体的依赖，“人之生不能无群，群而无分则争，争则乱，乱则穷矣”❶，意思是人生存着不能离开群体，群体没有名分就会发生相争，相争就会混乱，混乱国家就穷困。所以，一个国家要保持富强、稳定，最基本的前提是维护群体存在，维持名分秩序。二是“明分使群”，维系社会秩序。荀子说“明分使群”❷，意思是社会成员要职分清楚、合理分工、互相协助才能维持良好的社会秩序，在财物的分配上，要按职位、才智的不同而有所区别。三是“和而不同”，群内平等。孔子说“君子和而不同，小人同而不和”❸，意思是说君子讲协调而不盲目附和，小人盲目附和而不讲协调。“和而不同”是儒家群己思想的核心观点，是平衡社会关系、协调社会矛盾的有效方法。

《论语·雍也》一段话鲜明地表明了儒家关于群己关系的观点：

> 子贡曰：“如有博施于民而能济众，何如？可谓仁乎？”子曰：“何事于仁！必也圣乎！尧、舜其犹病诸！夫仁者，己欲立而立人，己欲达而达人。能近取譬，可谓仁之方也已。”

子贡向孔子请教道：“如果有人能广施恩惠给人民，帮助老百姓，怎么样？这样可以说是做到仁了吗？”孔子回答说：“岂止做到了仁，那简

❶《荀子·富国》。

❷ 同❶。

❸《诗经·小雅·鹿鸣之什》。

直就是圣了！就是尧舜恐怕都还没有完全做到呢！至于说仁，那不过是自己想有所作为，也让别人有所作为；自己想事业通达，也让别人事业通达。能够将心比心，推己及人，这就可以说是实行仁道的方法了。”所以要达到“仁”的层次，就要从自己、从身边就近的小事开始，先自己树立一个好榜样，从而帮助和影响更多的人。和而不同、成己达人，这是儒家处理群己关系的最理想途径了。

（五）规范日常生活伦理

儒家是一种十分入世的思想，儒家德育的核心价值标准往往以“礼”的形式体现在日常生活中，并且对人们的生活实践进行规范、引导。儒家典籍《礼记》中的《曲礼》《内则》《少仪》专门对人们生活中的礼节和准则作了十分详细的要求。“礼”在中国历史文化具有深厚的基础，在人们心里形成共同的道德情感，有着强烈的认同感和归属感。思想政治教育要对儒家生活德育理论作进一步研究、挖掘、发扬，可以使之成为思想政治教育的良好补充。

教化宗族、化民成俗是儒家德育思想潜移默化于人们日常生活并实现其道德目标的重要途径。《礼记》说：“君子如欲化民成俗，其必由学乎！”[1]“化民成俗”是儒家道德修养的重要内容，但君子如果要教化民众，形成良好的风气，就必须从教育着手。君子每到一地，尤其是教育水平低或者儒家思想不普及的地方，总将“过化觉民”视为己任，通过讲学、授课教化其民。古代无论城市、乡野，教授儒学之地到处可见，“古之教者，家有塾，党有庠，术有序，国有学。”[2]其中的宗族办学便是一种教导子弟、倡导民风的重要形式。为了更有效地维护儒家之“礼”，规范正确的言行，过去中国农村还出现过一种普遍存在且得到人们广泛拥护的“民间法律”——乡约。乡约是乡人订立的共同遵守的约定，是儒家思想的实践

---

❶《礼记·学记》。

❷ 同❶。

化和具体化。在长期的教化下，宗族成员接受儒家思想，并在潜移默化中以之成俗，形成了体现儒家道德标准的日常生活规范。

二、思想政治教育理论与思想政治教育工作

什么是“思想政治教育”？“思想政治教育理论”和“马克思主义理论”的概念有何不同？“思想政治教育”是不是只有中国特别是中国共产党领导下的中国才有？这几个问题是本节研究的重点，厘清这些问题及其关系，对我们理解和把握本书研究核心问题有重要作用。从名称来看就知道，“思想政治教育”必定是带有鲜明的政治性和阶级性，因此不是特定区域、特定国家、特定时期才存在思想政治教育。“人类社会自有阶级以来，思想政治教育古今中外概莫能外。”[1]只不过由于政治、宗教、文化和社会等方面的原因，思想政治教育的名称不同而已，但其内涵基本都是包括政治教育、思想教育和道德教育三部分，而政治、思想、道德是人类社会进入文明时代才出现的社会现象，或者说只有人类社会发展到了阶级的出现才有思想政治教育。本书主要研究的是马克思主义指导下的中国共产党领导的思想政治教育理论及其具体工作——思想政治教育。

（一）以马克思主义为指导的思想政治教育理论

“现代思想政治教育学的理论基础是马克思主义，坚持以完整准确的马克思主义的科学体系为根本指导思想，是现代思想政治教育学能够得以建立和健康发展的根本条件，也是实现思想政治教育科学化的根本保证。”[2]马克思主义理论体系包含马克思主义哲学、马克思主义政治经济学和科学社会主义，是十分严密完整的思想科学体系，其组成部分为思想政治教育提供了深厚的理论基础和强大的理论依据。马克思主义哲学的辩证唯物主义和历史唯物主义为思想政治教育提供了科学的世界观和方法论，并且决定了思想政

[1] 冯刚，郑永廷．思想政治教育学科30年发展研究报告[M]．北京：光明日报出版社，2014：111.

[2] 张耀灿，郑永廷，等．现代思想政治教育学[M]．北京：人民出版社，2001：42.

治教育的阶级性、政治性和意识形态特征，形成系统的以马克思主义为指导思想和主要内容的思想政治教育理论，甚至可以说，思想政治教育理论就是马克思主义思想政治教育理论。恩格斯说过，无产阶级政党的“全部理论来自对政治经济学的研究”[1]。马克思主义政治经济学揭示了资本主义的本质，阐述了生产力与生产关系的辩证关系，“科学地解释了人们从事政治斗争等社会实践活动的物质动因，其中的物质利益观要求思想政治教育要坚持与物质利益相结合的教育原则，为思想政治教育结合经济工作一道去做，把解决思想认识问题与解决实际问题相结合提供了理论依据。”[2]科学社会主义理论科学解释了人类历史发展规律和共产党的执政规律，为思想政治教育指明了方向，帮助人们认清社会历史发展的总趋势。可以说，马克思主义理论为思想政治教育提供了基本原理、基本要义和基本方法，思想政治教育就是马克思主义理论及其中国化时代化在教育学的最新理论成果。

（二）作为工作的思想政治教育

思想政治教育作为一项工作、一个专业、一门学科，是三个不同的概念，工作、专业、学科也是思想政治教育发展过程中的次序排列，先有工作，再有专业，然后有学科[3]。思想政治教育作为工作的概念，大致可以等同于“思想政治工作”。党的十八大以来，以习近平为核心的党中央高度重视思想政治工作，采取一系列重大举措持续加强和改进新时代思想政治工作，推动思想政治工作快速发展，取得了显著成效。2021年，中共中央、国务院印发《关于新时代加强和改进思想政治工作的意见》，强调“思想政治工作是党的优良传统、鲜明特色和突出政治优势，是一切工作的生命线。加强和改进思想政治工作，事关党的前途命运，事关国家长治久安，事关民族凝聚力和向心力”，明确要求“加强党对国家和社会的全面领导，善于运用思

[1] 马克思恩格斯选集（第2卷）[M]. 北京：人民出版社，1995: 37–38.

[2] 吴成钢. 论马克思主义理论在思想政治教育中的牵引力[J]. 理论前沿，2009（17）.

[3] 冯刚，郑永廷. 思想政治教育学科30年发展研究报告[M]. 北京：光明日报出版社，2014: 118.

想政治工作和体制制度优势，推动经济社会发展、管理社会事务、服务人民群众，保证党和国家各项事业始终沿着正确方向前进”[1]。这并不是党中央的文件第一次把思想政治工作提到“生命线”的重要地位。1932年7月21日，在《中央给苏区中央局及苏区闽赣两省委信》中第一次出现“生命线”的表述。信中提到：“必须充实现有军队中的政治工作，实现中央政治工作条例，政治工作不是附带的，而是红军的生命线。”[2]在中国共产党的历史上，不论革命、建设还是改革时期，党在思想政治工作方面均取得了卓越的成效，积累了丰富的经验。在血雨腥风的革命时期，党在军队和群众中开展深入有效的思想政治工作，确保每一个指战员和革命群众既有足够的军事武装又有强大的思想武装，而且思想的武装比起军事武装更重要更有决定性意义。在党的建设和改革时期，中国共产党更加充分地运用好思想政治工作的武器，在政治、经济、文化和社会生活方面极大地武装人民的头脑，为社会主义现代化建设和改革开放事业提供强大的思想源泉和智力支撑。新时代国际国内形势深刻变化，社会思想文化更加复杂，要确保马克思主义在意识形态领域指导地位以有力应对社会思潮的挑战，确保社会主义核心价值观有效以应对西方价值观的挑战，应对敌对势力对培养中国特色社会主义建设者和接班人的渗透争夺，最根本的途径是开展有效的思想政治教育，巩固马克思主义在意识形态领域的指导地位，巩固全党全国人民团结奋斗的共同思想基础。

教育是国之大计、党之大计。党的十九届四中全会通过的《中共中央关于坚持和完善中国特色社会主义制度　推进国家治理体系和治理能力现代化若干重大问题的决定》提出：“坚持马克思主义在意识形态领域指导地位的根本制度。”[3]这是我们党中央文件第一次明确马克思主义在意识形

---

[1] 中共中央　国务院印发《关于新时代加强和改进思想政治工作的意见》[EB/OL]. 中央政府门户网. [2021-07-12]. http: //www. gov. cn/xinwen/2021-07/12/content_5624392. htm.

[2] 中央档案馆. 中共中央文件选集（第八册）[M]. 北京：中共中央党校出版社，1991: 310.

[3] 中共中央关于坚持和完善中国特色社会主义制度　推进国家治理体系和治理能力现代化若干重大问题的决定[EB/OL]. 中央政府门户网站，[2019-11-05]. http: //www. gov. cn/zhengce/2019-11/05/content_5449023. htm.

态领域的指导地位作为一项根本制度。不论是在什么时候，中国共产党始终坚持初心使命，践行以人民为中心的发展思想，努力为人民办教育、办好人民满意的教育。高校肩负着培养德智体美劳全面发展的社会主义事业建设者和接班人的重大任务，必须始终坚持马克思主义的指导地位，始终坚持正确政治方向，开展以马克思主义为指导的思想政治教育。2016年12月，全国高校思想政治工作会议召开，习近平在会上强调，高校思想政治工作关系高校培养什么样的人、如何培养人以及为谁培养人这个根本问题。要坚持把立德树人作为中心环节，把思想政治工作贯穿教育教学全过程，实现全程育人、全方位育人，努力开创我国高等教育事业发展新局面[1]。坚持党对教育事业的全面领导，坚持把立德树人作为根本任务，坚持优先发展教育事业，坚持社会主义办学方向，坚持扎根中国大地办教育，坚持以人民为中心发展教育，坚持深化教育改革创新，坚持把实现中华民族伟大复兴作为教育的重要使命，坚持把教师队伍建设作为基础工作，科学回答了教育的根本问题，有力解答了中国共产党坚持以立德作为教育根本。一切学校和教育机构必须高度重视思想政治教育，坚持以德为先，坚持“五育并举”，把立德树人成效作为检验学校一切工作的根本标准。

（三）作为学科专业的思想政治教育

思想政治教育是中国共产党的政治优势和优良传统。党在长期革命、建设和改革的过程中，始终坚持以马克思主义为指导，把思想政治教育作为党一切工作的生命线，守正创新、开拓进取地开展卓有成效的思想政治教育。长期以来，中国共产党思想政治教育工作取得卓著成果，为加强与改进新时代学校思想政治教育提供了宝贵经验和丰富资源。什么是思想政治教育？学界历来有多种提法。有的学者认为“思想政治教育学科是关于思想政治教育活动规律，人的思想形成、变化发展规律，以及两者互相关

---

[1] 习近平：把思想政治工作贯穿教育教学全过程[EB/OL]. 新华网，[2016-12-08]. http: //www. xinhuanet. com//politics/2016-12/08/c_1120082577. htm.

系及其与社会环境交互作用的专门知识的体系”[1]。有的学者认为“思想政治教育是培养、塑造一定的社会新人思想道德素质的教育实践活动”，包括思想教育、政治教育、道德教育[2]。有的学者认为思想政治教育是“社会有组织地定向地引导人们形成合乎特定社会和时代要求的思想政治观点的教育工程”[3]。有的学者认为思想政治教育是“一定的阶级、政党、社会群体用一定的思想观念、政治观念、道德规范，对其成员施加有目的、有组织的影响，使他们形成符合一定社会、一定阶级所需要的思想品德的社会实践活动”[4]。各家观点不一，异彩纷呈，但总的来讲有一点是一致的，思想政治教育从诞生开始就具有阶级性和政治性的特征。2005年12月，国务院学位委员会、教育部《关于调整增设马克思主义理论一级学科及所属二级学科的通知》指出：“思想政治教育是运用马克思主义理论与方法，专门研究人们思想品德形成、发展和思想政治教育规律，培养人们正确世界观、人生观、价值观的学科。”[5]这是目前对“思想政治教育”的权威性解释，为研究者、教育者和受教育者所普遍接受。

思想政治教育学科发展史建立在当代中国社会对马克思主义主流意识形态建设和发展的基础上，是与马克思主义中国化时代化的发展进程相适应的。1984年，教育部连续发布《关于在十二所院校设置思想政治教育专业的意见》《关于在六所高等院校开办思想政治教育专业第二学士学位班的意见》《关于在高等学校举办思想政治教育本科班的意见》等，提出“为了适应新的历史时期思想政治工作的需要，决定在部分高等学校设置思想政治教育专业，采取正规化的方法培养大专生、本科生和第二学士学

[1] 邱柏生．试析思想政治教育专业建设的有关问题[J]．思想教育研究，2012（9）．

[2] 邱伟光．思想政治教育学概论[M]．天津：天津人民出版社，1988．

[3] 王礼基．思想政治教育学[M]．杭州：浙江大学出版社，1989：69．

[4] 张耀灿，郑永廷．现代思想政治教育学[M]．北京：人民出版社，2001：6．

[5] 国务院学位委员会、教育部《关于调整增设马克思主义理论一级学科及所属二级学科的通知》．教育部门户网，[2005-12-23]．http: //www. moe. gov. cn/srcsite/A22/moe_833/200512/t20051223_82753. html．

位生等各种规格的思想政治工作专门人才，有条件的还可培养研究生”[1]，批准复旦大学、南开大学等12所院校首批增设思想政治教育专业，培养思想政治教育专门人才，标志着思想政治教育专业正式设立，思想政治教育学科正式建立。1986年5月，国家教育委员会发布《关于加强高等学校思想政治教育工作的决定》，要求相关高校“认真办好思想政治教育专业，包括第二学士学位和研究生班，为正规化培养从事思想政治教育工作的专门人才走出一条新路”。举办第二学士学位和研究生班，说明国家开始重视提升思想政治教育专门人才的学历水平，加强这支队伍的科学化专业化建设。1987年5月，中共中央在《关于改进和加强高等学校思想政治教育工作的决定》中明确指出“思想政治教育是一门以马克思主义理论为基础、综合性和实践性都比较强的科学”，要“创造条件培养这方面的硕士和博士研究生”，高等学校政工干部要评职称。1990年，国务院学位委员会发布《授予博士硕士学位和培养研究生的学科专业目录》，指出要在一级学科“政治学”下设“马克思主义理论教育”“思想政治教育”两个硕士授权学科专业。当时全国高等学校获批这两个硕士学位授予权的分别有35个学科点。1994年8月，中共中央《关于进一步加强和改进学校德育工作的若干意见》指出“要把思想政治教育作为人文社会科学的重点学科加强建设”。这是中央文件首次把思想政治教育作为重点学科加强建设。1984~1995年是思想政治教育学科的创建阶段。“正是由于我们党具有一贯重视思想政治教育的优良传统，由于20世纪80年代适应改革开放新时期思想政治教育的需要，由于我们党高度关注和积极推进思想政治教育的科学化进程，才有力推动了思想政治教育科学化的探索，促进了思想政治教育这一新兴学科20世纪80年代在中国诞生。”[2]

1996年，经国务院学位办批准，武汉大学、中国人民大学、清华大

[1] 加强和改进大学生思想政治教育重要文献选编（1978—2008）[Z]. 北京：中国人民大学出版社，2008: 33.

[2] 张耀灿，郑永廷. 现代思想政治教育学[M]. 北京：人民出版社，2001: 4.

学先后获得“马克思主义理论与思想政治教育”博士学位授权学科、专业点，成为中国第一批马克思主义理论与思想政治教育博士学位学科授权点。实际上，国务院学位办已经将原来政治学下设的两个二级学科“马克思主义理论”和“思想政治教育”合并为一个二级学科。1997年6月，国务院学位委员会修订《授予博士硕士学位和培养研究生的学科专业目录》，正式完成上述二级学科整合。2001年，教育部批准在中国人民大学、武汉大学、中山大学设立马克思主义理论与思想政治教育国家重点学科。2004年，中共中央、国务院下发《关于进一步加强和改进未成年人思想道德建设的若干意见》和《关于进一步加强和改进大学生思想政治教育的意见》，进一步提出了加强和改进思想政治教育学科的明确要求，为思想政治教育学科建设和发展提供重要依据。1996~2005年是思想政治教育学科的稳步发展阶段，在这十年时间思想政治教育学科取得了稳步向前的良性发展。

2006年至今，是思想政治教育学科的繁荣发展阶段。2005年初，中宣部、教育部《关于进一步加强和改进高校思想政治理论看的意见》指出，“思想政治理论课教育教学所依托的学科是我国特有的一门政治性、科学性和实践性很强的学科，只能加强，不能削弱。”2005年12月，国务院学位委员会、教育部调整学科目录，新增设的马克思主义理论一级学科暂设置于“法学”门类内，下设五个二级学科，即马克思主义基本原理、马克思主义发展史、马克思主义中国化研究、国外马克思主义研究、思想政治教育。从学科设置看，作为马克思主义理论的下设二级学科，思想政治教育尽管没有在名称上体现“马克思主义”字样，实际上具有马克思主义的性质，属于马克思主义思想政治教育学。此次学科目录调整，马克思主义理论及其下设的思想政治教育的学科地位有了进一步实质性的提升。从此，思想政治教育成为马克思主义理论一级学科下属的一个独立的二级学科。思想政治教育专业名称在本科、硕士、博士三个层次得到第一次统一。习近平在中国共产党第二十次全国代表大会上的报告中专门论述了教育及思想政治教育的问题：“教育是国之大计、党之大计。培养什么人、怎样培养人、为谁培养人是教育的根本问题。育人的根本在于立德。全面贯彻党的教育方针，落实立德树人根本任务，培养德智体美劳全面发展的社会主义建设者和接班人。”习近平还强调要“用社会主义核心价值观铸魂育人，完善思想政治工作体系，推进大中小学思想政治教育一体化建设”[1]。

三、“两个结合”：融合的理论根基

马克思高度重视思想政治教育在理论武装方面的重要作用，他认为：“理论一经掌握群众，就会变成物质的力量。”[2]但他强调理论实践运用的特殊性，他说：“理论在一个国家实现的程度，总是取决于理论满足这个国家的需要的程度。”[3]1848年《共产党宣言》的发表标志着马克思主义的诞生。马克思主义作为一种科学的理论，从西欧开始传播，并迅速在全世界蔓延开来。在人类思想史上，还没有哪一种思想理论像马克思主义那样对人类产生了如此广泛而深刻的影响。马克思主义具有显著的科学性、实践性和开放性的特征，从诞生开始就强调自己的理论不是一成不变的教条主义。马克思和恩格斯在《共产党宣言》1872年德文版序言中强调了理论运用的“历史性”“条件性”。他们指出，马克思主义的“这些原理的实际运用，正如《宣言》中所说的，随时随地都要以当时的历史条件为转移”[4]。恩格斯在《共产党宣言》1888年英文版序言中，再次强调了“随时随地都要以当时的历史条件为转移”的观点。俄国是最早实现马克思主义的国家，列宁对马克思主义“本土化”（“俄国化”）有过许多精辟的论述。他说：“尤其需要探讨马克思的理论，因为它所提供的只是总的指导原则，而这些原理的运用具体地说，在英国不同于法国，在法国不同于德国，在德国又不同于俄国。”[5]列宁认为：“在分析任何一个社会问题时，马克思主

[1] 习近平．高举中国特色社会主义伟大旗帜　为全面建设社会主义现代化国家而团结奋斗——在中国共产党第二十次全国代表大会上的报告[N]. 人民日报，2022-10-26（01）.

[2] 马克思恩格斯文集（第1卷）[M]. 北京：人民出版社，2009: 11.

[3] 马克思恩格斯文集（第1卷）[M]. 北京：人民出版社，2009: 12.

[4] 马克思恩格斯文集（第2卷）[M]. 北京：人民出版社，2009: 5.

[5] 列宁专题文集[M]. 北京：人民出版社，2009: 96.

义理论的绝对要求，就是要把问题提到一定的历史范围之内；此外，如果谈到某一国家，……那就要估计到在同一历史时代这个国家不同于其他各国的具体特点。”[1]马克思主义170多年发展历史证明，任何时候任何国家坚持和发展马克思主义，只有把马克思主义同本国国情相结合，与人民同呼吸、与时代共命运，才能焕发出强大的生命力、创造力、感召力。马克思主义在中国的传播过程也是马克思主义中国化时代化的具体过程，马克思主义中国化时代化是马克思主义发展史上的典范。

（一）马克思主义中国化时代化的涵义

习近平在纪念马克思诞辰200周年大会上的讲话中提到，马克思、恩格斯高度肯定中华文明对人类文明进步的贡献，预见“中国社会主义”在中国的出现，甚至为他们心中的新中国取了靓丽的名字——“中华共和国”。马克思、恩格斯很早就开始关注和研究中国，他们在1850年1月写的一篇时评中讲到：“当然，中国社会主义之于欧洲社会主义，也许就像中国哲学之于黑格尔哲学一样。但是有一个事实毕竟是令人欣慰的，即世界上最古老最巩固的帝国八年来被英国资产者的印花布带到了一场必将对文明产生极其重要结果的社会变革的前夕。当我们的欧洲反动分子不久的将来在亚洲逃难，到达万里长城，到达最反动最保守的堡垒的大门的时候，他们说不定会看见上面写着：中华共和国。自由、平等、博爱。”[2]在马克思主义传播到中国之前，马克思、恩格斯已经预见马克思主义将在中国的落地生根，并且为新中国起了“中华共和国”的名字。中国共产党学习、接受、掌握和运用马克思主义的科学理论，并且将马克思、恩格斯70年前的科学预见付诸实现，使马克思主义在拥有5000年历史的古老国度落地生根。中国共产党在坚持以马克思主义指导中国革命、建设和改革的过程中，深刻认识到，坚持和发展马克思主义，必须同中国具体实际相

[1] 列宁选集（第2卷）[M]. 北京：人民出版社，1995: 375.
[2] 马克思恩格斯论中国[M]. 北京：人民出版社，2018: 134.

结合，理解、掌握和运用马克思主义的世界观和方法论解决中国的实际问题。党的二十大报告指出："中国共产党人深刻认识到，只有把马克思主义基本原理同中国具体实际相结合、同中华优秀传统文化相结合，坚持运用辩证唯物主义和历史唯物主义，才能正确回答时代和实践提出的重大问题，才能始终保持马克思主义的蓬勃生机和旺盛活力。"❶

近代以来，中国一步步沦为半殖民地半封建社会，中国人民被沉重压在帝国主义、封建主义、官僚资本主义三座大山之下，过着水深火热的生活，国家蒙辱、人民蒙难、文明蒙尘。中国和中国人民迫切需要一种科学的革命的理论武器，迫切需要新的思想理论引导中国救亡运动，迫切需要新的政治力量团结全国各民族人民。俄国十月革命一声炮响，给中国带来了马克思列宁主义。中国共产党人找到了马克思列宁主义，从此矢志不渝地坚持以马克思列宁主义为指导，团结带领全国各族人民为实现中华民族伟大复兴奋斗不息。

中国共产党的历史就是一部马克思主义中国化时代化的历史，马克思主义中国化时代化的进程就是马克思主义与中国实际相结合取得一系列理论和实践成果的历史进程。马克思经典作家关于事物发展"过程"的深刻意蕴体现了历史唯物主义和辩证唯物主义的科学真理。恩格斯在《路德维希·费尔巴哈和德国古典哲学的终结》中对"过程"理论进行阐述："世界不是既成事物的集合体，而是过程的集合体。事物及其概念都处在生成和灭亡的不断变化中，在这种变化中，尽管有种种表面的偶然性，尽管有种种暂时的倒退，前进的发展终究会实现。"❷马克思主义之所以能够在中国取得成功，是因为中国共产党始终坚定马克思主义的信仰，始终坚持结合中国实际推进马克思主义中国化时代化进程，在不同历史阶段取得了一系列党的新的理论创新成果，并用于解决中国革命、建设和改革遇到的问题。

---

❶ 习近平. 高举中国特色社会主义伟大旗帜　为全面建设社会主义现代化国家而团结奋斗——在中国共产党第二十次全国代表大会上的报告[N]. 人民日报, 2022-10-26（01）.

❷ 马克思恩格斯文集（第4卷）[M]. 北京：人民出版社, 2009: 298.

2021年2月，习近平在党史学习教育动员大会上强调指出："一百年来，我们党坚持解放思想和实事求是相统一、培元固本和守正创新相统一，不断开辟马克思主义新境界，产生了毛泽东思想、邓小平理论、'三个代表'重要思想、科学发展观，产生了新时代中国特色社会主义思想，为党和人民事业发展提供了科学理论指导。我们党的历史，就是一部不断推进马克思主义中国化的历史，就是一部不断推进理论创新、进行理论创造的历史。"❶

"马克思主义的中国化"这一命题最早是毛泽东在1938年中共六届六中全会上提出的："马克思列宁主义的伟大力量，就在于它是和各个国家具体的革命实践相联系的。对于中国共产党说来，就是要学会把马克思列宁主义的理论应用于中国的具体的环境。成为伟大中华民族之一部分而和这个民族血肉相连的共产党员，离开中国特点来谈马克思主义，只是抽象的空洞的马克思主义。因此，马克思主义的中国化，使之在其每一表现中带着中国的特性，即是说，按照中国的特点去应用它，成为全党亟待了解并亟须解决的问题。"❷毛泽东明确提出了马克思主义中国化的实质、方法和形式问题。顾海良在《马克思主义中国化史》《总序》提出："'马克思主义中国化'，通常包括两个方面的基本含义：一是马克思主义的'中国化'，即把马克思主义基本原理运用于中国具体实际，用马克思主义的立场、观点和方法，分析和解决中国实际问题；二是'中国化'的马克思主义，就是在把马克思主义基本原理运用于中国具体实际的过程中，总结中国的实际经验，把这些经验上升为科学理论，形成中国的马克思主义的新内涵和新形式。"❸

习近平在庆祝中国共产党成立100周年大会上提出"马克思主义中国化时代化"的概念，他说："马克思主义是我们立党立国的根本指导思想，是我们党的灵魂和旗帜。中国共产党坚持马克思主义基本原理，坚持实事

❶ 习近平．在党史学习教育动员大会上的讲话[J]．求是，2021（7）．

❷ 中共中央文件选集（第11册）[M]．北京：中共中央党校出版社，1991：659.

❸ 顾海良．马克思主义中国化史（第一卷）[M]．北京：中国人民大学出版社，2018：1.

求是，从中国实际出发，洞察时代大势，把握历史主动，进行艰辛探索，不断推进马克思主义中国化时代化，指导中国人民不断推进伟大社会革命。中国共产党为什么能，中国特色社会主义为什么好，归根到底是因为马克思主义行！”[1]党的十八大以来，以习近平为核心的党中央深刻总结党百年来推进马克思主义中国化的历史经验，“在继续坚持‘中国化’的同时，把‘时代化’放在突出的位置，使之与‘中国化’并列，提出马克思主义中国化时代化的重大理论命题。强调中国化时代化，这既是马克思主义基本理论品格的题中应有之义，也是推进马克思主义跟上时代、引领时代的必然要求”[2]。在马克思主义中国化的基础上强调时代化，既彰显回答了时代课题的重要性，也显示出中国化马克思主义的世界意义。

（二）马克思主义中国化时代化的三次历史性飞跃

恩格斯曾经生动地指出，每个国家运用马克思主义，都必须穿起本民族的服装。“实践没有止境，理论创新也没有止境。”[3]历代中国共产党人创造性地运用马克思主义指导中国革命、建设和改革，不断概括总结中国革命、建设和改革实践，持续丰富和发展了马克思主义，在不同历史阶段推动形成党的创新理论。

1.马克思主义中国化的第一次历史性飞跃

以毛泽东为代表的中国共产党人把马克思主义基本原理与中国革命的具体实际相结合，创造性地找到了一条正确的革命道路，成功地完成了新民主主义革命和社会主义革命，这是马克思主义中国化的进程中的第一次伟大结合，形成了马克思主义中国化的第一个伟大理论成果——毛泽东思想，实现了马克思主义中国化的第一次历史性飞跃。党的七大系统阐述了

---

[1] 习近平．在庆祝中国共产党成立100周年大会上的讲话[J]. 求是，2021（14）.

[2] 王公龙．新时代中国共产党对推进马克思主义中国化时代化的新贡献[J]. 思想理论教育，2022（12）.

[3] 习近平．高举中国特色社会主义伟大旗帜　为全面建设社会主义现代化国家而团结奋斗——在中国共产党第二十次全国代表大会上的报告[N]. 人民日报，2022-10-26（01）.

毛泽东思想并确立其在全党的指导地位。毛泽东在《中国革命和中国共产党》中首次提出“新民主主义革命”的概念，并且在《新民主主义论》中把五四运动以后的新民主主义文化定义为“无产阶级领导的人民大众的反帝反封建的文化”❶。在新民主主义革命斗争中，以毛泽东为主要代表的中国共产党人带领全国各族人民浴血奋战、百折不挠，把马克思主义基本原理同中国具体实际相结合，经过艰苦的探索，付出巨大牺牲，对积累的一系列独创性经验作了理论概括，创立了毛泽东思想。1949年10月1日，中华人民共和国成立，揭开了中国历史新的篇章。在社会主义革命和建设时期，中国共产党带领全国各族人民自力更生、奋发图强，实现了从新民主主义到社会主义的转变，进行社会主义革命，推进社会主义建设，为实现中华民族伟大复兴奠定根本政治前提和制度基础。在这段时期，以毛泽东为主要代表的中国共产党人，以马克思主义基本原理同中国具体实际进行“第二次结合”，结合新的实际提出关于社会主义建设的一系列重要思想，形成许多独创性理论成果，丰富和发展了毛泽东思想。社会主义革命和建设时期，毛泽东思想的发展是在新民主主义革命时期马克思主义基本原理同中国具体实际“第一次结合”的基础上实现了“第二次结合”，形成的理论成果具有许多新的时代特点，至今仍然具有指导性意义。苏联共产党第二十次代表大会结束后，1956年4月，毛泽东在主持召开中央书记处讨论《关于无产阶级专政的历史经验》❷，提出中国共产党对苏共二十大明确的初步态度。毛泽东在会上就将来如何探索适合中国国情的社会主义建设道路指出：“这篇文章算是我们初步总结了经验教训。我认为最重要的教训是独立自主，调查研究，摸清本国国情，把马克思列宁主义的基本

❶ 毛泽东选集（第2卷）[M]. 北京：人民出版社，1991：698.

❷ 苏联共产党第二十次代表大会于1956年2月14日至26日召开，赫鲁晓夫在此次会议上作出了《关于个人崇拜及其后果》的“秘密报告”，主要是对斯大林进行了全面批判和否定，言论震动了社会主义阵营。1956年4月5日，《人民日报》发表《关于无产阶级专政的历史经验》。文章对斯大林的功绩作了充分肯定，对苏共二十大反对个人崇拜给予积极评价，又对斯大林后期的错误进行了分析。文章的发表对于澄清一些重大是非、稳定当时国际共产主义运动的局面，起了积极的作用，实际上可以说是中国共产党关于当时国际共产主义运动的声明。

原理同我国革命和建设的具体实际结合起来，制定我们的路线、方针、政策。民主革命时期，我们走过了一段弯路，吃了大亏以后才成功地实现了这种结合，取得革命的胜利。现在是社会主义革命和建设时期，我们要进行第二次结合，找出在中国进行社会主义革命和建设的正确道路。”❶中国共产党认为，中国坚持马克思主义，走社会主义道路一开始毫无经验，因此模仿苏联的经验。最初获得巨大成功，但也束缚了自己的积极性和创造性。中国共产党坚持马克思主义同中国具体实际相结合，经过30多年的艰辛探索，形成了自己初步的理论和实践经验，再加上苏联和东欧共产主义运动的经验教训，更有信心和把握找出适合中国国情的社会主义道路。毛泽东思想的活的灵魂是贯穿于各个组成部分的立场、观点、方法，体现为实事求是、群众路线、独立自主三个基本方面，为中国革命和建设事业提供了科学指引。“毛泽东思想是马克思列宁主义在中国的创造性运用和发展，是被实践证明了的关于中国革命和建设的正确的理论原则和经验总结，是马克思主义中国化的第一次历史性飞跃。”❷

2.马克思主义中国化的第二次历史性飞跃

中华人民共和国成立以来，中国共产党把马克思主义基本原理与中国特色社会主义具体实际相结合，创造性地走出了一条中国特色社会主义的成功之路，实现了毛泽东提出的马克思主义中国化的第二次伟大结合，形成了马克思主义中国化的第二个伟大理论成果——中国特色社会主义理论体系，是马克思主义中国化的第二次历史性飞跃。马克思主义中国化的第二次历史性飞跃是由多个马克思主义中国化的具体理论成果共同完成的。在改革开放和社会主义现代化建设新时期，中国共产党带领全国各族人民解放思想、锐意进取，继续探索中国建设社会主义的正确道路，解放和发展社会生产力，为实现中华民族伟大复兴提供充满新的活力的体制保证和快速发展的物质条件。党的十一届三中全会以后，以邓小平为主要代表的

❶ 吴冷西. 十年论战（上）[M]. 北京：中央文献出版社，1999: 23-24.

❷ 中共中央关于党的百年奋斗重大成就和历史经验的决议 [N]. 人民日报，2021-11-17（01）.

中国共产党人围绕什么是社会主义、怎样建设社会主义这一根本问题，创立了邓小平理论。党的十三届四中全会以后，以江泽民为主要代表的中国共产党人加深了对什么是社会主义、怎样建设社会主义和建设什么样的党、怎样建设党的认识，形成了“三个代表”重要思想。党的十六大以后，以胡锦涛为主要代表的中国共产党人深刻认识和回答了新形势下实现什么样的发展、怎样发展等重大问题，形成了科学发展观。邓小平理论、“三个代表”重要思想、科学发展观构成中国特色社会主义理论的重要组成部分，“从新的实践和时代特征出发坚持和发展马克思主义，科学回答了建设中国特色社会主义的发展道路、发展阶段、根本任务、发展动力、发展战略、政治保证、祖国统一、外交和国际战略、领导力量和依靠力量等一系列基本问题，形成中国特色社会主义理论体系，实现了马克思主义中国化新的飞跃。”[1]

3.马克思主义中国化的第三次历史性飞跃

2012年11月，党的十八大召开，中国特色社会主义进入新时代。在中国特色社会主义新时代，中国共产党带领全国各族人民自信自强、守正创新，实现了第一个百年奋斗目标，中华民族实现了从站起来、富起来到强起来，正朝着实现中华民族伟大复兴的宏伟目标继续前进。党的十八大以来，以习近平为主要代表的中国共产党人，坚持把马克思主义基本原理同中国具体实际相结合、同中华优秀传统文化相结合，创立了习近平新时代中国特色社会主义思想。习近平对关系新时代党和国家事业发展的一系列重大理论和实践问题进行了深邃思考和科学判断，提出了许多马克思主义中国化的原创性理论成果，是习近平新时代中国特色社会主义思想的主要创立者。党的二十大报告明确指出，“十个明确”“十四个坚持”“十三个方面成就”概括了这一思想的主要内容。习近平新时代中国特色社会主义思想是当代中国马克思主义、二十一世纪马克思主义，是中华文化和中国精神的时代精华，实现了马克思主义中国化新的飞跃。习近平新时代中

[1] 中共中央关于党的百年奋斗重大成就和历史经验的决议 [N]. 人民日报，2021-11-17（01）.

国特色社会主义思想，是对马克思列宁主义、毛泽东思想、邓小平理论、“三个代表”重要思想、科学发展观的继承和发展，是马克思主义中国化最新成果，是党和人民实践经验和集体智慧的结晶，是中国特色社会主义理论体系的重要组成部分，是全党全国人民为实现中华民族伟大复兴而奋斗的行动指南。习近平在党的二十大上对中国化时代化马克思主义的“新的飞跃”作出了如下深刻的概括：“十八大以来，国内外形势新变化和实践新要求，迫切需要我们从理论和实践的结合上深入回答关系党和国家事业发展、党治国理政的一系列重大时代课题。我们党勇于进行理论探索和创新，以全新的视野深化对共产党执政规律、社会主义建设规律、人类社会发展规律的认识，取得重大理论创新成果，集中体现为新时代中国特色社会主义思想。”[1]党的十八大以来，正是因为运用马克思主义中国化时代化的最新理论成果指导中国特色社会主义事业，才能取得新时代的伟大成就，以习近平新时代中国特色社会主义思想科学回答了中国之问、世界之问、人民之问、时代之问。

4. 马克思主义中国化的三次历史性飞跃既一脉相承又与时俱进

马克思主义中国化的三次历史性飞跃生动体现了人类社会发展规律、社会主义建设规律、中国共产党执政规律，充分展示了马克思主义中国化既一脉相承又与时俱进的发展规律。马克思主义中国化时代化的过程是一个长期探索、不断总结、持续发展的过程，是马克思主义实践观和发展观的自身体现，是马克思主义基本原理在中国的具体实践，是中国共产党人对马克思主义理论的独创性贡献。马克思主义中国化的第一次历史性飞跃，主要解决了在半殖民地半封建的中国进行什么样的革命、怎样进行革命这一根本问题，成功开辟了中国新民主主义革命道路，并初步探索了社会主义建设道路，形成了毛泽东思想这一伟大理论成果。第二次历史性飞跃，主要解决了改革开放和社会主义现代化建设时期的中国如何处理新时

---

[1] 习近平. 高举中国特色社会主义伟大旗帜　为全面建设社会主义现代化国家而团结奋斗——在中国共产党第二十次全国代表大会上的报告[N]. 人民日报，2022-10-26（01）.

期的社会主义要求什么样的发展、怎样发展等重大理论和实际问题，成功开辟了中国特色社会主义道路，形成了包括邓小平理论、“三个代表”重要思想和科学发展观等重大战略思想在内的中国特色社会主义理论体系。“习近平新时代中国特色社会主义思想以‘两个结合’为基本经验、科学方法和创新路径，着眼于分析和解决关系新时代新征程全面建设社会主义现代化国家、全面推进中华民族伟大复兴等一系列重大理论和实践问题，进一步开辟了马克思主义中国化时代化新境界。”[1]

马克思主义中国化的三次历史性飞跃形成的理论成果，紧密衔接、相互联系、交相辉映，既一脉相承又与时俱进，推动了马克思主义中国化时代化的伟大历史进程。

（三）“两个结合”概念形成及其丰富内涵

马克思主义中国化的三次历史性飞跃形成的理论成果都是中国共产党坚持把马克思主义基本原理同中国具体国情相结合、同中华优秀传统文化相结合，经过长期探索实践和总结经验形成的伟大理论成果。最早提出马克思主义基本原理要和中国实际相结合的是毛泽东。1930 年，毛泽东在《反对本本主义》中提出：“马克思主义的‘本本’是要学习的，但是必须同我国的实际情况相结合。我们需要‘本本’，但是一定要纠正脱离实际情况的本本主义。”[2]《反对本本主义》第六部分专门论述“中国革命斗争的胜利要靠中国同志了解中国情况”[3]。虽然中国共产党在毛泽东领导下与陈独秀、王明、博古等马克思主义“理论家”进行斗争，初步解决了“山沟里出不了马列主义”的错误论调，但党从接受马克思主义到探索马克思主义中国化时代化经历了一个很长的过程。毛泽东认为中国共产党真正学会把马克思主义联系中国实际去解决中国实际问题是在遵义会议之后。毛

[1] 韩庆祥，张健．论开辟马克思主义中国化时代化“新境界”——“新境界”究竟“新”在哪里？[J]. 中央民族大学学报（哲学社会科学版），2023（1）.

[2] 毛泽东选集（第1卷）[M]. 北京：人民出版社，1991：111－112.

[3] 毛泽东选集（第1卷）[M]. 北京：人民出版社，1991：115.

泽东指出中国共产党"真正懂得独立自主是从遵义会议开始的，这次会议批判了教条主义。教条主义者说苏联一切都对，不把苏联的经验同中国的实际相结合"[1]。毛泽东是中国共产党将马克思主义基本原理同中国具体实际相结合的代表人物，连王明也不得不承认："马列主义理论中国化问题——马列主义理论民族化，即是将马列主义具体应用于中国，是完全对的。"[2]1938年10月，毛泽东在中共六届六中全会上所作报告《论新阶段》提出："使马克思主义在中国具体化，使之在其每一表现中带着必须有的中国的特性。"[3]这是毛泽东第一次在中央文件中使用"马克思主义""中国具体"表述，应该是我党文件关于"一个结合"的重要标志。1945年4月，中国共产党第六届中央委员会扩大的第七次全体会议通过了《关于若干历史问题的决议》，充分肯定毛泽东关于党的理论创新的贡献："中国共产党自1921年产生以来，就以马克思列宁主义的普遍真理和中国革命的具体实践相结合为自己一切工作的指针，毛泽东同志关于中国革命的理论和实践便是此种结合的代表。"[4]虽然以毛泽东为代表的中国共产党在马克思主义中国化的发展道路找到了"一个结合"的科学方法，但一直到新中国成立后，中国共产党把马克思主义基本原理同中国具体实际相结合的过程仍然走了一段较长的弯路。毛泽东在《十年总结》中指出，新中国成立十年以来，"前八年照抄外国的经验。但从一九五六年提出十大关系起，开始找到自己的一条适合中国的路线。"[5]这里所说"自己的一条适合中国的路线"，正是坚持马克思主义同当时中国实际相结合的路线，解决中国社会主义建设具体问题的科学方法论。《中共中央关于党的百年奋斗重大成就和历史经验的决议》在回顾中国共产党在新民主主义革命时期关于马克思主义理论创新和实践创新的重大成就时说道："在革命斗争中，以毛泽东

---

❶ 毛泽东文集（第8卷）[M]. 北京：人民出版社，1999: 339.

❷ 六大以来（上）[M]. 北京：人民出版社，1981 : 997 .

❸ 毛泽东选集（第2卷）[M]. 北京：人民出版社，1991: 534-535.

❹ 毛泽东选集（第3卷）[M]. 北京：人民出版社，1991: 952.

❺ 建国以来重要文献选编（第13册）[M]. 北京：中央文献出版社，1996: 418.

同志为主要代表的中国共产党人，把马克思列宁主义基本原理同中国具体实际相结合，对经过艰苦探索、付出巨大牺牲积累的一系列独创性经验作了理论概括，开辟了农村包围城市、武装夺取政权的正确革命道路，创立了毛泽东思想，为夺取新民主主义革命胜利指明了正确方向。”❶

马克思十分重视人类历史和各国传统文化在历史进程中的重要位置，他在《路易·波拿巴的雾月十八日》中提出，“人们自己创造自己的历史，但是他们并不是随心所欲地创造，并不是在他们自己选定的条件下创造，而是在直接碰到的、既定的、从过去承继下来的条件下创造。”❷因为人们无法忽视传统的存在，它“像梦魇一样纠缠着活人的头脑”❸。马克思主义揭示了人类社会发展的基本规律，强调人类的主观创造性在社会实践中的作用，并且这种主观实践必须建立于人类自身历史之上。1939年5月，毛泽东在延安在职干部教育动员大会上的讲话里指出：“延安的人要通古今，全国的人要通古今，全世界的人要通古今，尤其是我们共产党员，要知道更多的古今。通古今就要学习，不但我们要学习，后人也要学习。”❹1956年9月，党的八大通过的《关于政治报告的决议》提出“百花齐放、百家争鸣”的方针，号召党的文艺工作者既要发挥独特性和创造性，也要对古今中外的一切优秀文化“必须加以继承和吸收”❺。马克思主义中国化时代化的历史进程充满了中国共产党人主动学习、积极实践的案例和成果。中国共产党人高举马克思主义旗帜，不仅学习和运用马克思主义的科学理论，而且向历史学习，向全人类先进文化学习。中国5000多年的悠久文化发展史中也处处体现中华优秀传统文化海纳百川、兼容并蓄的“学习”精神，“先后受容了中亚游牧文化、波斯文化、印度佛教文化、阿拉伯文化、欧洲文化”❻。

---

❶ 中共中央关于党的百年奋斗重大成就和历史经验的决议[N]. 人民日报，2021-11-17（01）.

❷ 马克思恩格斯选集（第1卷）[M]. 北京：人民出版社，1995: 732.

❸ 同❷。

❹ 在延安在职干部教育动员大会上的讲话．毛泽东文集（第2卷）[M]. 北京：人民出版社.

❺ 中共中央文件选集（1949年10月—1966年5月）（第24册）[M]. 北京：人民出版社，2013: 254-255.

❻ 张岱年，方克立．中国文化概论[M]. 北京：北京师范大学出版社，2004: 86.

2014年10月，习近平在中共中央政治局就我国历史上的国家治理进行第十八次集体学习指出，“我们开辟了中国特色社会主义道路不是偶然的，是我国历史传承和文化传统决定的。”[1]中国共产党很早就注意马克思主义基本原理既要同中国具体国情相结合，也要同中华优秀传统文化相结合。应该注意的是，在马克思主义中国化时代化进程中，马克思主义基本原理同中国实际的“一个结合”和“两个结合”并不是截然分开。在新民主主义革命时期，毛泽东多次提到马克思主义基本原理同中国具体实际相结合的同时，也要同中华民族、历史、文化相结合，而中华民族、历史和文化的实际就是中华优秀传统文化的范畴。1943年，《中共中央关于共产国际执委主席团提议解散共产国际的决定》强调：“中国共产党人是马克思列宁主义者。因为马克思列宁主义是科学，而科学是没有国界的。中国共产党人必将继续根据自己的国情，灵活地运用和发挥马克思列宁主义，以服务于我民族的抗战建国事业。中国共产党人是我们民族一切文化、思想、道德的最优秀传统的继承者，把这一切优秀传统看成和自己血肉相连的东西，而且将继续加以发扬光大。中国共产党近年来所进行的反主观主义、反宗派主义、反党八股的整风运动就是要使得马克思主义这一革命科学更进一步地和中国革命实践、中国历史、中国文化深相结合起来。这一运动表现了中国共产党人在思想上的创造才能，一如他们在革命实践上的创造才能；表现了中国共产党人一定能够和中国人民在一起，完成中国人民所赋予的各种历史大任。”[2]在这里就提到“优秀传统”“中国历史”“中国文化”等概念，所涉及的都是中华优秀传统文化的内容。习近平在《在庆祝中国共产党成立100周年大会上的讲话》中提出：“新的征程上，我们必须坚持马克思列宁主义、毛泽东思想、邓小平理论、‘三个代表’重要思想、科学发展观，全面贯彻新时代中国特色社会主义思想，坚持把马克思主义

---

[1] 习近平关于协调推进“四个全面”战略布局论述摘编[M]. 北京：中央文献出版社，2015: 84.

[2] 建党以来重要文献选编（1921—1949）（第20册）[M]. 北京：中央文献出版社，2011：318－319.

基本原理同中国具体实际相结合、同中华优秀传统文化相结合，用马克思主义观察时代、把握时代、引领时代，继续发展当代中国马克思主义、21世纪马克思主义！”[1]这是中国共产党中央文件首次将“同中华优秀传统文化相结合”与“同中国具体实际相结合”并列，也是马克思主义基本原理“两个结合”的正式表述。

四、“两创”方针：融合的实现途径

实践性是马克思主义的思想精髓，马克思曾经批判布鲁诺·鲍威尔的自我意识哲学观点“历史的诞生地不是地上的粗糙的物质生产，而是天上的迷蒙的云兴雾聚之处”[2]，提出马克思主义是在劳动群众生产实践的基础上形成的科学理论，找到了马克思主义实践论的世界观和方法论。新中国成立后，中国共产党坚持马克思主义在文化事业和意识形态领域的指导地位，坚持马克思主义实践观点，在长期实践中不断摸索前进，在不同历史阶段及时总结经验，不断推动中国特色社会主义文化事业繁荣发展。

（一）从“双百”“二为”到“两创”的发展进程

文化是一个国家、一个民族的灵魂。中国共产党始终高度重视文化建设和文化事业发展，在长期实践探索中及时总结经验，不断完善党的文化事业的工作方针、路线和方法，主要经历了从“双百”“二为”到“两创”的发展进程。“双百”就是指“百花齐放、百家争鸣”的方针，“二为”就是指“文艺为人民服务、为社会主义服务”的方向，“两创”就是指传承和弘扬中华优秀传统文化“坚持创造性转换、创新性发展”。

1.“双百”方针的形成发展

20世纪50年代初，新中国刚刚成立，文化事业百废俱兴、蓬勃发展。1951年3月，毛泽东为中国戏曲研究院成立题词“百花齐放、推陈

❶ 习近平. 在庆祝中国共产党成立100周年大会上的讲话[J]. 求是, 2021（14）.

❷ 马克思恩格斯文集（第1卷）[M]. 北京：人民出版社, 2009: 350-351.

出新”[1]。题词不仅要求包括戏曲文化在内的传承弘扬传统文化要“推陈出新”，而且希望整个文化事业各条战线能够“百花齐放”。毛泽东认为要在文化界、学术界营造一种自由、生动、活泼的局面，对学术方面的自由言论采取包容的态度。1956年2月，针对地方报告有原苏联学者在中国参观时发表的一些关于孙中山世界观的不同看法时，毛泽东坚决不同意向当时原苏联驻华大使尤金反映，并就此批示：“我认为这种自由谈论，不应当去禁止。这是对学术思想的不同意见，什么人都可以谈论，无所谓损害威信。因此，不要向尤金谈此事。如果国内对此类学术问题和任何领导人有不同意见，也不应加以禁止。如果企图禁止，那是完全错误的。”[2]毛泽东对待文艺、学术持包容、开放的态度，认为不论是正确甚至错误的思想、观点，只要在宪法规定范围内都可以允许它们“齐放”和“争鸣”，而不要去进行干涉。1956年4月28日，毛泽东在中共中央政治局扩大会议上的总结讲话中明确指出：“艺术问题上的百花齐放，学术问题上的百家争鸣，我看应该成为我们的方针。”[3]这是毛泽东第一次把“双百”并列论述并且明确提出作为党的工作方针。5月2日，毛泽东在最高国务会议上正式宣布了“百花齐放、百家争鸣”的方针。

毛泽东在这个时期的许多重要著作如《论十大关系》《关于正确处理人民内部矛盾的问题》都提到“百花齐放、百家争鸣”的方针，或者阐述中国要找到一条适合自己文化事业的发展道路。1957年2月，他在《关于正确处理人民内部矛盾的问题》中系统阐述了“双百”方针：“百花齐放，百家争鸣，长期共存，互相监督，这几个口号是怎样提出来的呢？它是根据中国的具体情况提出来的，是在承认社会主义社会仍然存在着各种矛盾的基础上提出来的，是在国家需要迅速发展经济和文化的迫切要求上提出来的。百花齐放、百家争鸣的方针，是促进艺术发展和科学进步的方针，是促进我国的社

---

[1] 毛泽东年谱（1949—1976）（第1卷）[M]. 北京：中央文献出版社，2013: 322.

[2] 毛泽东年谱（1949—1976）（第2卷）[M]. 北京：中央文献出版社，2013: 533.

[3] 毛泽东文集（第7卷）[M]. 北京：人民出版社，1999: 54.

会主义文化繁荣的方针。艺术上不同的形式和风格可以自由发展，科学上不同的学派可以自由争论。利用行政力量，强制推行一种风格，一种学派，禁止另一种风格，另一种学派，我们认为会有害于艺术和科学的发展。艺术和科学中的是非问题，应当通过艺术界科学界的自由讨论去解决，通过艺术和科学的实践去解决，而不应当采取简单的方法去解决。”❶“双百”方针一经公布，立即受到社会各界特别是广大知识分子的热烈欢迎和衷心拥护，有力促进党的文化事业和文化建设的繁荣发展。毛泽东不仅提出“双百”方针并且深刻认识到是我党必须长期坚持的一项重要方针。1957年3月12日，他在中国共产党全国宣传工作会议上的讲话中强调：“百花齐放，百家争鸣，这是一个基本性的同时也是长期性的方针，不是一个暂时性的方针。”❷

改革开放后，邓小平延续和发扬了“双百”方针。1979年3月，邓小平在党的理论工作务虚会上讨论理论和文艺工作方针时强调：“无论如何，思想理论问题的研究和讨论，一定要坚决执行百花齐放、百家争鸣的方针，一定要坚决执行不抓辫子、不戴帽子、不打棍子的‘三不主义’的方针，一定要坚决执行解放思想、破除迷信、一切从实际出发的方针。”❸邓小平在马克思主义哲学实践论的基础上，针对当时党内、国内思想理论领域的特殊情况，提出落实“双百”方针的关键是解放思想、一切从实际出发。“双百”方针作为社会主义科学文化事业的重要方针继续得到坚持，并且得到进一步发扬。进入新时代，以习近平为主要代表的党中央领导集体站在新时代的高度对“双百”方针进行传承和发扬。2016年5月，习近平在哲学社会科学工作座谈会上的讲话中明确“百花齐放、百家争鸣”是繁荣发展我国哲学社会科学的重要方针，他说：“要提倡理论创新和知识创新，鼓励大胆探索，开展平等、健康、活泼和充分说理的学术争鸣，活跃学术空气。要坚持和发扬学术民主，尊重差异，包容多样，提倡不同学

❶ 毛泽东文集（第7卷）[M]. 北京：人民出版社，1999：229.
❷ 毛泽东文集（第7卷）[M]. 北京：人民出版社，1999：278.
❸ 邓小平文选（第2卷）[M]. 北京：人民出版社，1994：183.

术观点、不同风格学派相互切磋、平等讨论。”[1]“双百”方针随着时代发展，在不同历史阶段被赋予富有时代特征的色彩。

2.“二为”方向的形成发展

文艺为人民服务、为社会主义服务的“二为”方向是以邓小平为主要代表的党中央领导集体在20世纪80年代提出的。“二为”方向与“双百”方针相辅相成、互为统一，共同成为我国建设社会主义文化的重要原则。文艺为谁服务是社会主义文艺工作的根本问题。1942年5月，毛泽东在《在延安文艺座谈会上的讲话》中就明确作出回答：“为什么人的问题，是一个根本的问题，原则的问题。”[2]1949年9月,《中国人民政治协商会议共同纲领》将“文化为人民服务”作为指导方针。“双百”方针提出后，社会上出现一些与马克思主义世界观不相符的言论和现象，有的同志不敢针对这些与党的路线方针政策相左的言论和现象进行斗争，甚至有的不敢对知识分子进行社会主义改造。针对这种情况，毛泽东在1957年1月27日召开的省市自治区党委书记会议上强调：“无论在党内，还是在思想界、文艺界，主要的和占统治地位的，必须力争是香花，是马克思主义。毒草，非马克思主义和反马克思主义的东西，只能处在被统治的地。……从这样的观点看来，百花齐放，百家争鸣，就是有益无害的了。”[3]毛泽东要求全党坚决反对文艺创作打着“双百”方针违反党的政策的错误做法。到20世纪70~80年代，意识形态领域的敌我斗争更加严峻复杂，在文化工作上也出现了一些情况。1979年10月，邓小平在中国文学艺术工作者第四次代表大会上的祝词中指出：“我们要继续坚持毛泽东同志提出的文艺为最广大的人民群众、首先为工农兵服务的方向，坚持百花齐放、推陈出新、洋为中用、古为今用的方针，在艺术创作上提倡不同形式和风格的自由发展，在艺术理论上提倡不同观点和学派的自由讨论。”[4]在邓小平的推动下，

[1] 习近平. 在哲学社会科学工作座谈会上的讲话[J]. 人民日报, 2016-05-19（01）.

[2] 毛泽东选集（第3卷）[M]. 北京：人民出版社, 1991. 857.

[3] 毛泽东文集（第7卷）[M]. 北京：人民出版社, 1999: 197.

[4] 邓小平文选（第2卷）[M]. 北京：人民出版社, 1994: 210.

1980年7月26日，《人民日报》发表题为《文艺为人民服务，为社会主义服务》的社论，正式提出，文艺工作总的口号应是“文艺为人民服务，为社会主义服务”。从此，“二为”作为社会主义科学文化建设、意识形态建设的正确前进方向被正式确定下来。党的十八大以来，以习近平为核心的党中央坚持“双百”方针和“二为”方向相统一，为建设文化强国提供坚强保障。人民是历史的创造者和见证者，是文艺工作的服务中心。2014年10月，习近平主持召开文艺工作座谈会，强调要继续坚持“双百”方针，同时指出：“社会主义文艺，从本质上讲，就是人民的文艺。”“文艺要反映好人民心声，就要坚持为人民服务、为社会主义服务这个根本方向。这是党对文艺战线提出的一项基本要求，也是决定我国文艺事业前途命运的关键。只有牢固树立马克思主义文艺观，真正做到了以人民为中心，文艺才能发挥最大正能量。以人民为中心，就是要把满足人民精神文化需求作为文艺和文艺工作的出发点和落脚点，把人民作为文艺表现的主体，把人民作为文艺审美的鉴赏家和评判者，把为人民服务作为文艺工作者的天职。”[1]针对市场经济环境下出现一些文艺机构和文艺工作者不能正确处理社会效益和经济效益关系的情况，习近平还要求：“同社会效益相比，经济效益是第二位的，当两个效益、两种价值发生矛盾时，经济效益要服从社会效益，市场价值要服从社会价值。文艺不能当市场的奴隶，不要沾满了铜臭气。”[2]在“双百”方针和“二为”方向的指引下，广大文艺工作者积极投身于改革开放的火热生活，深入基层、深入一线、深入人民，创作出一大批具有鲜明时代特色的精品力作，中国特色社会主义文化事业呈现强大生机和活力。

3.“两创”方针的形成发展

中国特色社会主义新时代实现中华民族伟大复兴的时代使命，建设社会主义文化强国，发展以人民为中心的文化，都对新时代文化建设提出更

❶ 中共中央文献研究室编. 十八大以来重要文献选编（中）[M]. 北京：中央文献出版社，2016: 127.

❷ 中共中央文献研究室编. 十八大以来重要文献选编（中）[M]. 北京：中央文献出版社，2016: 132.

高要求。中国特色社会主义文化内涵深厚，包括中华优秀传统文化、革命文化和社会主义先进文化。中国特色社会主义进入新时代，以习近平为核心的党中央在继承和发扬“双百”方针和“二为”方向的基础上，针对中华传统文化提出“创造性转化和创新性发展”的“两创”方针。与“双百”方针一样，“两创”方针也是在长期理论思考和实践探索中逐渐形成的。2013年11月，习近平在山东曲阜考察时强调：“一个国家、一个民族的强盛，总是以文化兴盛为支撑的，中华民族伟大复兴需要以中华文化发展繁荣为条件。对历史文化特别是先人传承下来的道德规范，要坚持古为今用、推陈出新，有鉴别地加以对待，有扬弃地予以继承。”[1]习近平延续毛泽东关于对待文化应该“古为今用、推陈出新”的观点，认为继承中华传统文化特别是道德文化要采取有鉴别、有扬弃的态度。2013年12月，习近平在党的十八届中央政治局就提高国家文化软实力研究进行第十二次集体学习上强调：“坚持马克思主义道德观、坚持社会主义道德观，在去粗取精、去伪存真的基础上，坚持古为今用、推陈出新，努力实现中华传统美德的创造性转化、创新性发展，引导人们向往和追求讲道德、尊道德、守道德的生活，让13亿人的每一分子都成为传播中华美德、中华文化的主体。”[2]这是党中央有关文化和传统文化的表述中第一次使用“创造性转化、创新性发展”的字眼，但主要的对象是“中华传统美德”。2014年2月，习近平在主持党的十八届中央政治局第十三次集体学习时指出，弘扬中华优秀传统文化“要处理好继承和创造性发展的关系，重点做好创造性转化和创新性发展”[3]。2014年9月，习近平在纪念孔子诞辰2565周年国际学术研讨会暨国际儒学联合会第五届会员大会开幕会上提出对包括儒家思想在内的传统文化要“坚持古为今用、以古鉴今，坚持有鉴别的对待、有扬弃的继承，而不能搞厚古薄今、以古非今，努力实现传统文化的创造

---

❶ 习近平在山东考察[EB/OL]. 人民网—中国共产党新闻网，[2013-11-29]. http: //cpc.people. com. cn/n/2013/1129/c64094-23694123. html?olc&ivk_sa=1024320u.

❷ 习近平. 习近平谈治国理政（第一卷）[M]. 北京：外文出版社，2017：160-161.

❸ 习近平. 习近平谈治国理政（第一卷）[M]. 北京：外文出版社，2017：164.

性转化、创新性发展，使之与现实文化相融相通，共同服务以文化人的时代任务”❶。2017年10月，党的十九大报告两处提到对传统文化要坚持“两创”方针，进一步系统强调建设中国特色社会主义文化要“要坚持为人民服务、为社会主义服务，坚持百花齐放、百家争鸣，坚持创造性转化、创新性发展，不断铸就中华文化新辉煌”❷。党的二十大报告提出：“我们要坚持马克思主义在意识形态领域指导地位的根本制度，坚持为人民服务、为社会主义服务，坚持百花齐放、百家争鸣，坚持创造性转化、创新性发展，以社会主义核心价值观为引领，发展社会主义先进文化，弘扬革命文化，传承中华优秀传统文化，满足人民日益增长的精神文化需求，巩固全党全国各族人民团结奋斗的共同思想基础，不断提升国家文化软实力和中华文化影响力。”❸对中华优秀传统文化的创造性转化、创新性发展不是一个纯粹的概念，而是新时代以习近平为核心的党中央带领全党全国人民进行伟大的文化事业建设实践中探索、形成的。“文化是随着社会实践的发展而发展的。……从这样的意义上讲，优秀传统文化的创造性转化、创新性发展，实际上也是在社会实践中发挥应有作用的过程。”❹习近平提出的“两创”方针，科学回答了文化建设从哪里来、向哪里去，传统文化传承什么、怎样传承等重大问题。坚持马克思主义的指导，坚持人民立场，坚持“双百”方针、“二为”方向和“两创”方针相结合，是进行中国特色社会主义现代化文化建设的科学方法，是马克思主义中国化时代化的理论和实践成果，为新时代新征程走好中国式现代化文化强国道路提供了有力支持和坚强保障。

---

❶ 习近平同志在纪念孔子诞辰2565周年国际学术研讨会暨国际儒学联合会第五届会员大会开幕会上的讲话[M]. 北京：人民出版社，2014: 11.

❷ 中共中央宣传部. 习近平新时代中国特色社会主义思想学习纲要[M]. 北京：学习出版社、人民出版社，2019: 139.

❸ 习近平. 高举中国特色社会主义伟大旗帜 为全面建设社会主义现代化国家而团结奋斗——在中国共产党第二十次全国代表大会上的报告[N]. 人民日报，2022-10-26（01）.

❹ 李毅. 从“一个结合”到“两个结合”不断开辟马克思主义中国化时代化新境界[J]. 马克思主义研究，2022（12）.

（二）坚持"两创"方针的途径

2013年9月，习近平在会见第四届全国道德模范及提名奖获得者时强调："精神的力量是无穷的，道德的力量也是无穷的。中华文明源远流长，孕育了中华民族的宝贵精神品格，培育了中国人民的崇高价值追求。自强不息、厚德载物的思想，支撑着中华民族生生不息、薪火相传，今天依然是我们推进改革开放和社会主义现代化建设的强大精神力量。"❶中华优秀传统文化是中华民族几千年璀璨文化和伟大文明的智慧结晶，构成中华民族的底色和根基，已经深深浸润到中华儿女的血液里，至今依然对当代中国人民产生深远的影响。坚持对中华优秀传统文化进行创造性转化、创新性发展是中国共产党在长期文化事业和文化建设实践中总结出来的宝贵经验和工作方法。创造性转化和创新性发展是一对密切联系的有机结合体，既相互统一、相互作用又相互区别、各自独立。"创造性转化，就是要按照时代特点和要求，对那些至今仍有借鉴价值的内涵和陈旧的表现形式加以改造，赋予其新的时代内涵和现代表达形式，激活其生命力。"❷具体来说，对中华优秀传统文化进行创造性转化，就是汲取传统文化中至今依然具有现代价值的有益成分，对不符合时代要求的保守、糟粕成分予以改造，赋予其时代特点、时代风格和时代内涵，从而激发其时代活力。"创新性发展，就是要按照时代的新进步和新发展，对中华优秀传统文化的内涵加以补充、拓展、完善，增强其影响力和感召力。"❸具体来说，对中华优秀传统文化进行创新性发展，就是要对传统文化蕴含的优秀精髓及其表现形式进行时代创新，从而将其转化为现实生产力。当前必须坚持"双百"方针和"二为"方向，采取有效措施持续推进对中华优秀传统文化的创造性转化、创新性发展，传承和弘扬中华优秀传统文化中

---

❶ 习近平等会见第四届全国道德模范及提名奖获得者[EB/OL]. 中央政府门户网站，[2013-09-26]. http: //www. gov. cn/ldhd/2013-09/26/content_2495938. htm.

❷ 中共中央宣传部. 习近平新时代中国特色社会主义思想学习纲要[M]. 北京：学习出版社、人民出版社，2019: 147.

❸ 同❷。

的宝贵资源和有益成分，为新时代建设中国特色社会主义文化强国服务。

1. 坚持马克思主义在意识形态领域的指导地位

我们党坚持马克思主义作为中国革命、建设和改革的指导思想，是历史的选择，是人类社会发展规律的必然结果。100多年来，中国共产党领导全国各族人民艰苦奋斗取得的丰功伟绩，不论是革命、建设、改革的成绩都离不开科学理论的武装。马克思主义是科学的理论，创造性地揭示了人类社会发展规律。中华民族五千年的悠久历史创造了辉煌的文明和文化，在世界东方乃至全人类文明史上都占有极其重要的位置。到了近代，西方帝国主义以坚船利炮打开中国的大门，随之裹挟而入的还有各种西方资产阶级自由化思潮，中华民族到了危难的历史关头，面临前进道路的选择。中国多少仁人志士为了解救国家民族于危难之际，开始思考和尝试不同救国之路，探索过政治改良、教育救国、实业救国、科学救国、文化救国等道路，最终都以失败而告终。1917年，俄国十月革命一声炮响，给中国送来了马克思主义。无产阶级革命理论在帝国主义链条最薄弱的一环取得成功，坚定了中国人民走马克思主义道路的信心和决心。中国共产党选择和接受了马克思主义，并且在革命、建设和改革的实践中发展了马克思主义。不论是人类社会发展历史还是中国共产党历史都充分证明，马克思主义适合中国，中国选择走马克思主义道路是符合人类历史发展规律的。

我们党坚持以马克思主义作为中国革命、建设和改革的指导思想，并且在实践中发展了马克思主义。马克思主义是实践的理论，指引着人民改造世界的行动。马克思在《关于费尔巴哈的提纲》说过："全部社会生活在本质上是实践的。""哲学家们只是用不同的方式解释世界，问题在于改变世界。"[1]中国共产党人掌握和运用马克思主义实践观的科学武器，坚持实事求是，从中国实际出发，领导、推动中国进行伟大的社会革命，进行艰苦的探索，取得伟大成就。马克思主义在中国100多年的发展，同时也是马克思主义中国化时代化的演进历程。中国革命、建设和改革的道路实

[1] 马克思恩格斯选集（第1卷）[M]. 北京：人民出版社，1995: 57.

践为什么能够成功，中国共产党为什么能，中国特色社会主义为什么好，归根到底是因为马克思主义行！

我们党坚持马克思主义作为中国革命、建设和改革的指导思想，并且不断推进马克思主义中国化时代化，是马克思主义自身发展性和开放性的特征，是科学理论发展的必然结果。马克思从来都否定马克思主义的教条，认为马克思主义始终向前发展和保持开放，始终站在时代前沿。中国共产党人在坚持和运用马克思主义科学理论的实践中，坚持把马克思主义基本原理同中国具体实际相结合、同中华优秀传统文化相结合，不断推进马克思主义中国化时代化的发展，取得了一系列科学的、伟大的理论成果，揭示了马克思主义中国化时代化的基本规律。坚持马克思主义同中华优秀传统文化相结合，从中汲取中华传统文化精华，也是100多年来中国共产党坚持和发展马克思主义的一条重要经验。坚持对中华优秀传统文化进行创造性转化、创新性发展，必须站在“两个结合”的理论和实践基础上，矢志不渝坚持马克思主义在意识形态领域的指导地位。无论是文化事业、文化建设或者是思想政治教育、思想政治工作，都是意识形态领域的重要内容也是重要工作。作为无产阶级政党，中国共产党把马克思主义的名字高高地写在我们的旗帜上，任何时候都要坚持“两个巩固”，巩固马克思主义在意识形态领域的指导地位，巩固全党全国人民团结奋斗的共同思想基础。

2.坚持以人民为中心的工作导向

人民性是马克思主义本质属性和最鲜明的品格，坚持人民立场、人民至上是中国共产党百年探索史、奋斗史、发展史的一条重要经验。中华优秀传统文化是中华民族和中国人民共同的宝贵遗产和思想财富，对传统文化进行创造性转化和创新性发展是马克思主义政党坚持为人民谋幸福的初心使命在人民文化事业上的重要体现。坚持中国传统文化的民本思想，必须要把人民的需要作为工作的出发点和落脚点。“民为邦本”[1]是中国传统民本思想的集中体现，《群书治要·管子》中曾言：“得人之道，莫如利之。

[1]《尚书·五子之歌》。

利之之道，莫如教之以政。”[1]中国古代知识分子历来有深厚的家国情怀和强烈的为民精神，习近平多次援引儒家德育思想倡导的“修身齐家治国平天下”“为天地立心、为生民立命、为往圣继绝学、为万世开太平”“先天下之忧而忧，后天下之乐而乐”等用典，阐述中国共产党人浓厚的爱国精神和深切的为民情怀。

坚持以人民为中心的发展思想，建设中国特色社会主义文化强国，全方位改善人民生活。习近平在中央财经委员会第十次会议上强调：“共同富裕是社会主义的本质要求，是中国式现代化的重要特征。”“共同富裕是全体人民的富裕，是人民群众物质生活和精神生活都富裕。”[2]精神生活共同富裕的重要体现是让人民享有丰富的文化产品和优质的文化服务，所以不管是传承中华优秀传统文化、弘扬革命文化，还是建设社会主义文化，都要确保在思想文化领域做到幼有所育、学有所教、劳有所得、病有所医、老有所养、住有所居、弱有所扶，切实提升人民群众在精神文化领域的获得感、幸福感、安全感。

传承弘扬传统文化，既要挖掘传统文化优秀的文化资源和宝贵的思想精髓，还要警惕传统文化中封建性的糟粕部分和落后的保守成分，防止对传统文化特别是传统儒家人伦道德进行无限拔高。传统文化中有着立德修身、成俗化民、取义成仁、尊老爱幼、心怀天下等优秀的传统道德思想，但受其时代性和阶级性的限制，也有许多鼓吹封建伦理等级、忠君报国、愚民弄臣、重男轻女等腐朽糟粕。对待传统文化要运用马克思主义历史唯物主义和辩证唯物主义的方法论，坚持去粗取精、去伪存真，剔除其糟粕部分，坚持古为今用、推陈出新，使之成为中国特色社会主义文化的重要组成和有益补充，为推进实现中华民族伟大复兴中国梦提供有力的思想保证、强大的精神力量和丰润的道德滋养。

---

[1]《群书治要·管子》。

[2] 习近平主持召开中央财经委员会第十次会议强调　在高质量发展中促进共同富裕　统筹做好重大金融风险防范化解工作[N]. 人民日报，2021-08-18（01）.

3. 发挥中华优秀传统文化的时代价值

中华优秀传统文化是实现中华民族伟大复兴的精神支撑。2014年5月，习近平在北京大学师生座谈会上提出，中华文明绵延数千年，有其独特的价值体系。中华优秀传统文化已经成为中华民族的基因，植根在中国人内心，潜移默化影响着中国人的思想方式和行为方式。社会主义核心价值观是新时代中华民族和中国人民共同的思想认同、道德认同和价值认同，是社会主义核心价值体系的高度概括和集中体现。培育、弘扬、践行社会主义核心价值观必须从中华优秀传统文化中汲取文明营养，增强社会主义核心价值体系的生命力和影响力，才能更加为广大人民所接受，更加体现人民群众的精神操守和价值追求，进一步扩大主流价值观念的影响力，进一步提高国家文化软实力。在中华优秀传统文化中占据重要位置的儒家德育思想十分注重人的精神修养，注重教育的意义、内容和形式。儒家德育思想通过家庭教育熏陶、私塾启蒙、书院讲学等教育体系教化人民，包括普通百姓在内也有机会在儒家仁义礼智信等道德规范的框架下接受教育。儒家成民化俗的道德教育在一定程度提升全社会的文化水平，使全社会认可和接受传统道德伦理的约束，在实际上推动社会文明的进步。

中华优秀传统文化蕴含着治国理政的经验借鉴。习近平指出“一个国家的治理体系和治理能力是与这个国家的历史传承和文化传统密切相关的”❶。中国传统文化中的儒家、道家、法家、墨家等诸子百家中的代表学派的思想体系中都包含着丰富的为政内涵。儒家思想的“民为邦本、本固邦宁”“天视自我民视、天听自我民听”以及“安民利民”“民贵君轻”“平政爱民”等民本思想，道家“治人事天，莫若啬”“无为自化、清静自正”的无为之治思想，法家培养“耕战之士”、追求“富国强兵”和“术”“势”“法”相结合，墨家的“兼相爱”“义者，善政也”“天下从事者不可以无法仪，无法仪而其事能成者无有”的法治思想，基本上各学派思想体系中都蕴含了许多的

❶ 习近平在中共中央政治局第十八次集体学习时强调　牢记历史经验历史教训历史警示　为国家治理能力现代化提供有益借鉴[N]. 人民日报, 2014-10-14（01）.

积极进步的因素，即使对今天治国理政也有一定的借鉴作用。

中华优秀传统文化蕴含着全人类共同价值的宝贵内涵。2015年9月，习近平在第七十届联合国大会一般性辩论时首次提出“全人类共同价值”的概念，此后在许多场合围绕“全人类共同价值”提出一系列新理念、新主张。2022年4月，习近平在博鳌亚洲论坛2022年年会开幕式上强调：“要践行共商共建共享的全球治理观，弘扬全人类共同价值，倡导不同文明交流互鉴。”❶2023年3月，在中国共产党与世界政党高层对话会上习近平首次提出全球文明倡议，开创性指出“我们要共同倡导弘扬全人类共同价值，和平、发展、公平、正义、民主、自由是各国人民的共同追求，要以宽广胸怀理解不同文明对价值内涵的认识，不将自己的价值观和模式强加于人，不搞意识形态对抗”❷。全人类共同价值是习近平新时代中国特色社会主义思想的一个重大理论创新，是推动构建人类命运共同体的理论基石。中华优秀传统文化博大精深、内涵深刻，具有很强的生命力和影响力，至今仍然影响着人们的思想言行，仍然发挥重要作用。不仅对中国人民发挥重要作用，对世界文明也产生影响、发挥作用。2018年8月，习近平在全国宣传思想工作会议提出，中华优秀传统文化“蕴含的思想观念、人文精神、道德规范，不仅是我们中国人思想和精神的内核，对解决人类问题也有重要价值”❸。古代主张民惟邦本、政得其民，礼法合治、德主刑辅，为政之要莫先于得人、治国先治吏，为政以德、正己修身，居安思危、改易更化，等等，这些都能给人们以重要启示。儒家德育思想的出发点和立足点虽然是为了维护封建社会制度，但其尊崇的道德价值包含爱国主义、民族意识、社会责任感、家风家训、个人品德等积极因素。儒家思

❶ 习近平在博鳌亚洲论坛2022年年会开幕式上发表主旨演讲[EB/OL]. 中央政府门户网，[2022-04-21]. http: //www. gov. cn/xinwen/2022-04/21/content_5686422. htm.

❷ 习近平出席中国共产党与世界政党高层对话会并发表主旨讲话[EB/OL]. 新华网，[2023-03-16]. http: //www. news. cn/politics/leaders/2023-03/16/c_1129434299. htm.

❸ 全国干部培训教材编审指导委员会. 推进社会主义文化繁荣兴盛[M]. 北京：人民出版社、党建读物出版社，2019: 177.

想经过两千多年的发展，几乎在每个历史阶段都有许多杰出的代表人物，并逐渐形成一整套璀璨的学术思想体系。孔子创立的儒家学说以及在此基础上发展起来的儒家思想，是中国传统文化的重要组成部分，不仅对中华文明产生了深刻影响，甚至对世界文明也产生深远的影响。1590年，西班牙传教士高母羡（Juan Cobo，1546—1592）翻译了儿童蒙学教材《明心宝鉴》，该书是元末明初范立本编写，收录了孔子、孟子、庄子、老子、朱熹等中国先贤的格言。高母羡是第一个将中国儒家思想翻译并传播到欧洲的外国人。明代末年，来中国的意大利传教士罗明坚（Michele Ruggieri，1543—1607）与利玛窦一起编写了第一部汉语—外语字典——《葡华辞典》，第一次将儒家经典《大学》的部分内容翻译成拉丁文，后来于1593年在欧洲正式出版。意大利罗马国家图书馆收藏《四书》拉丁文译本[1]。美国建筑师卡斯·吉尔伯特（Cass Gilbert）设计的美国最高法院大楼建成于1935年，位于华盛顿第一街的建筑正门朝西，与国会大厦隔街而望。在最高法院大楼东侧的尖顶和廊柱上有一组群雕，包括人类文明先贤摩西、梭伦，以及中国儒家创始人孔子。现代新儒家学派代表人物、国际儒学联合会副会长杜维明在第八届世界儒学大会开幕式上说："儒家传统是超时代、跨文化、多学科的一种人文现象，这个思想是多层次、多维度的一种生命哲学。哲学的反思不只是描述和诠释，而且是创造。儒家哲学在严格的意义上说不仅是中国的，也是日本的、朝鲜的、韩国的，同时也是东南亚的，海外华人的，所有的群体都深受这个传统的影响。因此我们可以说它是具有全球意义的地方知识，但这个地方知识具有根源性，全球意义是它能够建立生命共同体所提出的观点。"[2]儒家思想的传统思维正在全球化的背景下焕发出时代的价值，对构筑人类命运共同体、倡导弘扬全人类共同价值起到积极的作用。

---

[1] 张西平．儒学西传欧洲研究导论[M]．北京：北京大学出版社，2016：11、43.

[2] 杜维明：儒家传统具有"全球意义"[EB/OL]．中国孔子网，[2017-09-21]．http：//www.chinakongzi.org/xwzx/201709/t20170921_144328.htm.

4.推进中国特色社会主义文化建设

中国特色社会主义文化包含中华优秀传统文化、革命文化和社会主义先进文化。习近平曾多次同时提到这三种文化，并对三者的根源、构成和关系进行充分论述。他在庆祝中国共产党成立95周年大会上指出："在5000多年文明发展中孕育的中华优秀传统文化，在党和人民伟大斗争中孕育的革命文化和社会主义先进文化，积淀着中华民族最深层的精神追求，代表着中华民族独特的精神标识。"❶另一段话是他在党的十九大报告中说的，"中国特色社会主义文化，源自于中华民族五千多年文明历史所孕育的中华优秀传统文化，熔铸于党领导人民在革命、建设、改革中创造的革命文化和社会主义先进文化，植根于中国特色社会主义伟大实践。"❷中华优秀传统文化是中华民族悠久历史的文明沉淀和智慧结晶，是中华文化的根和魂；革命文化上承中国传统文化，下启社会主义先进文化，是中国共产党领导各族人民为实现伟大信仰和伟大梦想艰苦奋斗中形成的价值追求、精神品格和红色基因；社会主义先进文化是马克思主义文艺理论与中国具体实际相结合的过程中，在社会主义现代化建设和改革开放的实践中形成的文化成果。三种文化形态密切联系、一脉相承、延续发展、不断升华，共同构成了中国特色社会主义文化的主体与主流。坚持和推进对中华优秀传统文化创造性转化和创新性发展，不能仅仅止于中华优秀传统文化，要立足"两个结合"的基础，继续坚持"双百"方针、"二为"方向，在新的时代条件下同时推动中华优秀传统文化、革命文化和社会主义先进文化建设和发展。要在新征程上增强文化自觉，增进文化认同，坚定文化自信，推动中华优秀传统文化创造性转化、创新性发展，继承革命文化，发展社会主义先进文化，建设中国式现代化文化强国。

（三）儒家德育思想的现代化转化

儒家德育思想中蕴涵着许多超时代的人类智慧和现代价值因素，而其

❶ 习近平. 论中国共产党历史[M]. 北京：中央文献出版社，2021：126.

❷ 习近平. 习近平谈治国理政（第三卷）[M]. 北京：外文出版社，2020：32.

中又有许多因素是与马克思主义思想政治教育理论相符的。站在新时代的角度审视儒家思想，它毕竟是农业社会的产物，不可避免地具有历史的局限性和种种缺陷。因此，坚持创造性转换、创新性发展吸纳儒家德育思想精髓，必须进行现代化转化，依托现代社会的载体，融入主流意识形态，才能真正实现它的当代价值。

1.实现现代化转化要以辩证认识为前提

任何一种思想体系，其生命力主要在于它能够不断地在肯定中自我否定、在保留中自我更新、在传承中自我创造，而辩证认识恰恰是思想文化在扬弃和发展过程中的基本前提。对儒家思想这样一种产生于封建时代并为其统治阶级服务的思想文化体系，我们要想使之历久弥新，首先必须以科学的态度来辩证认识它。引导青年人正确认识、继承、转化儒家思想等传统文化，取其精华，去其糟粕，使之与当代社会相适应、与现代文明相协调，保持民族性，体现时代性。

2.实现现代化转化要以时代精神为标杆

传统道德虽然内存于现代生活之中，但毕竟产生于特定的时期，留下了深深的历史痕迹；要进行现代化转化，就要树立时代精神的标杆。时代精神是一个时代的生活态度、人生信仰、信念、思维习惯和社会风尚的总的概括。黑格尔把时代精神看作一切文化的根源，他认为："没有人能够超出他的时代，正如没有人能够超出他的皮肤。"[1]当前对儒家传统道德思想进行现代化转换，就要在青年人当中弘扬以爱国主义为核心的民族精神，树立以改革创新为核心的时代精神的标杆，建设社会主义核心价值体系，倡导符合传统美德和时代精神的道德规范和行为规范。

3.实现现代化转化要采取创造性的方法

任何一种文化形态的存在，都不能脱离现实的社会基础。儒家德育思想凝聚着深厚的中国哲学智慧，但我们研究它不是为了保存它或完全受之牵制，而是为了对它加以改造、创新和发展。美国学者乔治·麦克林

---

[1] 黑格尔.哲学讲演录(第1卷)[M].北京：生活·读书·新知三联书店，1957：56-57.

说过“价值观和美德的提升，并且将它们结合成一定深度或广度的文化需要漫长的岁月，需要依赖一代又一代的实践和创造。文化的传承称为文化传统。它反映了人们在发现、反映和传递生活的深层意义时的积累性成果”❶。只有教育一代代青年人按照时代的需要和自己的理想重新改造传统，在传统的基础上重新设计文化、树立价值观，传统才能“活”起来、“传”下去，也才能成为真正意义上的传统。

4. 实现现代化转化要走科学化的道路

站在当代社会发展最前沿的高度审视，儒家德育思想要摒弃“帝权神授”“三纲五常”“畏天命”等愚昧成分，走科学化的道路。要坚持马克思主义科学理论，运用马克思主义中国化时代化的最新理论成果，用科学的理论对德育现代化作系统的、动态的研究，探索新时期具有中国特色并符合教育规律的思想政治教育新路子。所以，坚持创造性转化和创新性发展，把优秀德育传统与当代科学研究相结合，是实现儒家德育思想现代化转化的科学道路。

马克思指出：“理论在一个国家实现的程度，决定于理论满足这个国家需要的程度。”❷儒家德育思想包含的“仁者爱人”、民本思想、生态宇宙观、环保思想及可持续发展观等内容，符合社会主义高等学校培养现代化新型人才的需要，是一笔极具中国特色的宝贵思想遗产。著名学者季羡林说过：“在当今世界，最具有中国特色的是中国的文化，如果我们没有了这一点，具有中国特色就成了空话。”❸所以，高校要立足人才培养需要，遵循教育规律，挖掘传统文化的当代价值，做好传统文化的现代化转化工作，不断丰富和完善高校思想政治教育体系。

---

❶ 乔治 · 麦克林. 传统与超越[M]. 干春松，杨凤岗，译. 北京：华夏出版社，2000: 11.

❷ 马克思恩格斯文集（第1卷）[M]. 北京：人民出版社，2009: 12.

❸ 周立升，颜炳罡，等. 儒家文化与当代社会[M]. 济南：山东大学出版社，2002: 370.

中华文明博大精深。只有全面深入了解中华文明的历史，才能更有效地推动中华优秀传统文化创造性转化、创新性发展，更有力地推进中国特色社会主义文化建设，建设中华民族现代文明。

“第二个结合”，是我们党对马克思主义中国化时代化历史经验的深刻总结，是对中华文明发展规律的深刻把握，表明我们党对中国道路、理论、制度的认识达到了新高度，表明我们党的历史自信、文化自信达到了新高度，表明我们党在传承中华优秀传统文化中推进文化创新的自觉性达到了新高度。

——习近平在文化传承发展座谈会上的讲话

第二章 儒家德育的发展历程

儒家思想自诞生起就一直在向前发展变化，先后经历了先秦子学、两汉经学、魏晋玄学、隋唐儒释道并立、宋明理学（心学）、清初实学、乾嘉朴学、新儒学等不同发展阶段。同样地，从孔子创立儒家思想开始，儒家德育思想随着历史长河流动也在不断发展变化。要正确处理好中国传统思想文化，处理儒家德育思想，一个重要的抓手就是讲清楚中华优秀传统文化的历史渊源、发展脉搏、基本走向，增强文化自觉和历史自觉，增强文化自信和价值观自信，使中华优秀传统文化成为涵养社会主义核心价值观的重要源泉，成为丰富思想政治教育的重要元素。

一、先秦儒家的德育思想

（一）孔子的德育思想

孔子（前551—前479），子姓，孔氏，名丘，字仲尼，春秋时期鲁国陬邑（今山东省曲阜市）人，祖籍宋国栗邑（今河南省夏邑县）。孔子祖先为宋国贵族，后因内乱避迁至鲁国。孔子是中国古代伟大的思想家、政治家、教育家，儒家学派创始人。孔子的学术思想及言行，基本上保存在其弟子和再传弟子编写的《论语》中。孔子的德育思想以“仁”和“礼”为核心，并特别强调“行”（即道德实践）。

1.孔子论“仁”

儒家思想内涵丰富、包罗万象，涉及经济、政治、文化、社会、生态等，但“仁”始终是儒家思想中最核心的概念，也是儒家德育思想最高的道德理想。“仁者爱人”“里仁为美”“仁者安仁，知者利仁”，“仁”的思想贯穿孔子儒学的整个体系。“仁”字,《说文》解释为“仁亲也”。在《诗经》中就记载着“仁”的表述:“卢令令，其人美且仁。”[1]意思是长着黑毛的猎犬跑起来脖铃叮当响，猎人英俊又善良。“仁”是人的内在品行和德性，是需要通过主观努力才能达到的道德品性最高境界，所以叫“为仁”。由于儒家思想已经发展成为中华优秀传统文化的主流和主导，儒家“仁”学既吸收中国历史上其他文化的精髓，也成为整个中华传统文化的主要价值追求，并成为历代社会道德理想的崇高追求。

第一，“为仁”的标准。在孔子看来“仁”是难以企及的境界，所以在谈“仁”的标准之前，孔子先说了一个“近仁”的标准，“刚、毅、木、讷近仁。”[2]“刚”是正直,“毅”果断坚毅,“木”是质朴,“讷”是少言谨慎。有的人就怀疑了，这四个方面的品质不都是优秀的品质吗？难道道德修养到这个层次够不上“仁”吗？那什么样的品质才算“仁”？

这里我们以正直的标准为例来探讨。《论语》记载，鲁国有个叫微生高的人，一向享有正直之名声，孔子却认为还达不到“仁”，驳斥说：“孰谓微生高直？或乞醯焉，乞诸其邻而与之。”[3]孔子认为，微生高自己家里没有醋，别人来讨要的时候，他先找邻居借醋再给人家，这样的行为不真实，算不上“直”。真正的“直”指一个人的言行应该反映其内心真实想法。对一些表里不一、品性虚伪的人，孔子说：“狂而不直，侗而不愿，悾悾而信，吾不知之矣。”[4]看上去粗犷实际上不爽直，幼稚但不谨慎，表面上诚恳实际上不守信用，这样的人让孔圣人都无法理解。既然“仁”难以达到，甚至接近仁的“直”也这么难，那什么样的人才是“直”的？“人之生也直，罔之生也幸而免”[5]，一个人生存是因为正直，但不正直的人也能生存那是因为侥幸而幸免，在这里孔子一分为二地回答了这个问题。

---

[1]《诗经 · 齐风 · 卢令》。

[2]《论语 · 子路》。

[3]《论语 · 公冶长》。

[4]《论语 · 泰伯》。

[5]《论语 · 雍也》。

那么，究竟什么样的人才能算“仁”呢？孔子的学生也着急问为仁之道，原宪问孔子：“克、伐、怨、欲不行焉，可以为仁矣？”子曰：“可以为难矣，仁则吾不知也。”❶原宪问，一个人如果能够克制自己，不犯好胜、自夸、挟恨、贪婪的毛病，算得上仁吗？孔子觉得能够做到这点已经很难了，但他不正面回答，用启发式思维回答学生：“但如果说仁，那我就不知道了！”

其实，因材施教的孔子对不同学生的回答，甚至同一个学生在不同时候的回答都不一样。孔子回答不同学生同样关于“仁”的提问，答案是不一样的。颜回问仁时，孔子回答“克己复礼为仁”❷。冉雍问仁时，孔子回答：“出门如见大宾，使民如承大祭。己所不欲，勿施于人。在邦无怨，在家无怨。”❸司马牛问仁时，孔子回答：“仁者，其言也讱。”❹樊迟最头疼了，他三次问仁于孔子，得到的回答都不一样。子张一再追问下，孔子就比较详细系统地解答了“仁”的概念：

> 子张问仁于孔子。孔子曰：“能行五者于天下，为仁矣。”“请问之。”曰：“恭宽信敏惠。恭则不侮，宽则得众，信则人任焉，敏则有功，惠则足以使人。”❺

同样是问仁，子张问的时候孔子回答说，能够做到五点就可以称得上“仁”了。在子张追问下，他进一步阐述“恭宽信敏惠”的内涵，为仁恭敬就不会被人辱慢，心胸宽广就能得到众人支持，诚实守信就能够令人信任，做事敏捷就容易成功，给人恩惠就能够指挥他人。因为“仁”是孔子的最主要主张，正是通过其与众弟子问答中，全面、深入阐述了“仁”的

---

❶《论语 · 宪问》。

❷《论语 · 颜渊》。

❸ 同❷。

❹ 同❷。

❺《论语 · 阳货》。

概念。在三千弟子中，得到孔子高度评价，认为达到“仁”的标准的是颜回。孔子说过：“回也，其心三月不违仁，其余则日月至焉而已矣。”[1]颜回秉持“仁”的道德标准可以坚持三个月，至于其他弟子，最多就是一个月甚至一天而已。

第二，“为仁”的途径。《论语》记载了许多孔子关于如何实现“为仁”途径的论述。孔子主张：“出门如见大宾，使民如承大祭。己所不欲，勿施于人。在邦无怨，在家无怨。”[2]意思是说，平常出门好像去见公侯贵宾般，居上指挥民众好像去承担重大祀典般。自己所想要的物或者不想做的事，就不要强加给别人。在邦国做事没有抱怨，在家族中做事也无抱怨。这些，都是达到“为仁”的方法途径。

第三，“为仁”的功能。孔子创立儒家思想开始就十分注重学术的经世济用功能，在个人修养中完善自我，在家庭生活中奉孝爱亲，在社会生活中“克己复礼”，在治理国家时“为政以德”。“为仁”的功能，首先是道德修养能够达到高尚品德，并对人进行道德约束。孔子认为“为仁”的行为是很难的，所以从说话开始就要进行自我约束，审慎说话：

> 司马牛问仁。子曰：“仁者，其言也讱。”曰：“其言也讱，斯谓之仁已乎？”子曰：“为之难，言之得无讱乎？”[3]

其次，“为仁”的功能是维护社会秩序稳定性，即“以仁王天下”。“以仁王天下”是孔子“为仁”的个人价值和社会价值体现。但以“仁”治世的过程是很难的，“如有王者，必世而后仁”[4]。如果有王者兴起，一定要经历三十年时间才能够开始实施仁政。再次，“为仁”的功能是能够处理人与人之间的关系。《论语》记载樊迟问仁的事：

---

[1]《论语 · 雍也》。

[2]《论语 · 颜渊》。

[3] 同[2]。

[4]《论语 · 子路》。

樊迟问仁。子曰："爱人。"问知。子曰："知人。"樊迟未达。子曰："举直错诸枉，能使枉者直。"樊迟退，见子夏曰："乡也吾见于夫子而问知，子曰：'举直错诸枉，能使枉者直'，何谓也？"子夏曰："富哉言乎！舜有天下，选于众，举皋陶，不仁者远矣。汤有天下，选于众，举伊尹，不仁者远矣。"❶

在这里，整篇都是在讲孔子关于"为仁"之人在处理人际关系的主张，"爱人"是其中核心思想。《论语·乡党》还记载了孔子人本思想的故事："厩焚。子退朝，曰：'伤人乎？'不问马。"❷马厩发生火灾，孔子退朝回来先问人有没有受伤，没有问马的事。体现孔子"为仁""爱人"的人文关怀理念。《论语·宪问》有一句话："古之学者为己，今之学者为人。"❸也是说古人为学的目的是达到自己德行完善和自我价值实现，现在的人则进一步提升道德追求，要"为人"而学。

2.孔子论"礼"

"礼"是人们之间交往、交际的礼节规范。《论语》中，"礼"字出现75次。在孔子眼里，"礼"是约束人的行为规范的礼仪、准则和制度，同时也是像一把尺子一样用来度量人的言行是否与"礼"相符。"不知礼，无以立也"❹，无论是卧、坐、立、行、走、言，以及婚丧嫁娶、祭祀、奏乐等，都有非常详细具体的规定。

首先，"礼"是立身之本。孔子曾经和颜回说过"非礼勿视，非礼勿听，非礼勿言，非礼勿动"❺，意思是违反"礼"的事不能去看，违反"礼"的事不能听，违反"礼"的事不说，违反"礼"的事不做。《论语》中记载不少

❶《论语·颜渊》。

❷《论语·乡党》。

❸《论语·宪问》。

❹《论语·尧曰》。

❺ 同❶。

孔子本人遵守“礼”的事。有个著名的故事叫“子见南子”。孔子周游列国期间来到卫国，卫灵公的夫人南子是个有名的美人，但名声不好。南子早闻孔子名声，很想见他一面，便很恭敬地请孔子去与她会见。孔子本来不想去的，后来又觉得不见面也违“礼”，就去了。双方见面，南子坐在帷幕后面，孔子在外面稽首。结果“子路不说”，“夫子矢之曰：‘予所否者，天厌之！天厌之！’”❶子路性格莽直，听说这件事后不高兴了，跑去责备孔子，孔夫子也对天诅咒说绝对没有子路担心的事情。在“礼”面前，孔子也面临左右为难的矛盾，可见，要做到“礼”的艰难程度。

其次，“礼”能够调谐人际关系。儒家道德思想强调的父慈子孝、兄弟和睦、朋友友爱、夫妻互敬等伦理道德规范，都是对“礼”的具体规定和实际应用。

有子曰：“礼之用，和为贵。先王之道，斯为美；小大由之。有所不行，知和而和，不以礼节之，亦不可行也。”❷

有若（字子有）认为，礼的应用，应该以和为贵。古代王的治国方之道，可宝贵的地方就在“和为贵”。但不论大事小事只顾按和谐的办法去做，有的时候就行不通。因为为和谐而和谐，不以礼来节制和谐，也是不对的。

最后，“礼”避免“礼崩乐坏”。孔子生活的年代，周王朝日渐倾颓，诸侯日益势大，“狼子野心”首先暴露于违反礼制的规定。

孔子谓季氏：“八佾舞于庭，是可忍也，孰不可忍也？”❸

宰我问：“三年之丧，期已久矣。君子三年不为礼，礼必坏；三年不为乐，乐必崩。旧谷既没，新谷既升，钻燧改火，期可已

---

❶《论语·雍也》。

❷《论语·学而》。

❸《论语·八佾》。

矣。”子曰：“食夫稻，衣夫锦，于女安乎？”曰：“安。”“女安，则为之。夫君子之居丧，食旨不甘，闻乐不乐，居处不安，故不为也。今女安，则为之！”宰我出。子曰：“予之不仁也！子生三年，然后免于父母之怀。夫三年之丧，天下之通丧也。予也有三年之爱于其父母乎？”❶

3.孔子论“行”

“行”“言”的关系是中国古代哲学常常探讨的关系，孔子讨论“行”基本上都是和“言”放在一起同时讨论的。如“敏于事，而慎于言”❷“讷于言，而敏于行”❸“耻其言，而过其行”❹“听其言而观其行”❺“言必信，行必果”❻，等等。“言”是人类表达志向、思想、诉求的主要实践活动，其重要性自当不必赘言。《左传·襄公二十四年》记载孔子对子产（郑穆公之孙）善言辞的评论，认为“言以足志”：

冬十月，子展相郑伯如晋，拜陈之功。子西复伐陈，陈及郑平。仲尼曰：“《志》有之：‘言以足志，文以足言。’不言，谁知其志。言之无文，行而不远。晋为伯，郑入陈，非文辞不为功。慎辞哉！”❼

孔子是较早深入地进行“言”“行”探讨，也是古代传统知行观的起源。孔子始终认为“行”重于“言”，更加重视道德实践在一个人道德修

❶《论语·雍也》。
❷《论语·学而》。
❸《论语·里仁》。
❹《论语·宪问》。
❺《论语·公冶长》。
❻《论语·子路》。
❼《左传·襄公二十五年》。

养中的重要作用，认为“巧言令色，鲜矣仁”[1]，因此“君子耻其言，而过其行”。[2]孔子强调道德修养的践行，认为一个德性高尚的人不能言方行圆[3]、言行相诡，必须“言而有信”[4]“有所不行”[5]。有关“言”和“行”的关系及阐述几乎通篇贯穿于《论语》。关于言和行的先后关系，孔子认为君子应该更加重视“行”，先做后说，才可以取信于人。因此子贡问孔子君子之道时，孔子告诉他要“先行其言而后从之”[6]。并进一步提出“崇德”在“先事”才可以得到：

> 樊迟从游于舞雩之下，曰：“敢问崇德，修慝，辨惑。”子曰：“善哉问！先事后得，非崇德与？攻其恶，无攻人之恶，非修慝与？一朝之忿，忘其身，以及其亲，非惑与？”[7]

关于言和行的轻重关系，孔子认为“君子欲讷于言，而敏于行”[8]；关于如何判断一个人的德行，孔子主张以其“行”评判其“言”：

> 宰予昼寝。子曰：“朽木不可雕也，粪土之墙不可圬也；于予与何诛？”子曰：“始吾于人也，听其言而信其行；今吾于人也，听其言而观其行。于予与改是。”[9]

关于言和行的起止关系，孔子认为“行”是言的目标，也是德行的终

---

[1]《论语·阳货》。
[2]《论语·宪问》。
[3] 王符《潜夫论·交际》：“凡今之人，言方行圆，口正心邪。”
[4]《论语·学而》。
[5] 同[4]。
[6]《论语·为政》。
[7]《论语·颜渊》。
[8]《论语·里仁》。
[9]《论语·公冶长》。

极结果，因此他说“学以行则止”❶。《左传》延续孔子春秋笔法，在谈到一个人“三不朽”的人生价值时，也是将“立言”置于“立德”“立功”之后。❷但是真要在力行（道德实践）上做到符合“君子”的标准，连孔子都认为实在很难。

> 宪问耻。子曰：“邦有道，谷；邦无道，谷，耻也。”“克、伐、怨、欲不行焉，可以为仁矣？”子曰：“可以为难矣，仁则吾不知也。”❸

综合以上孔子关于“行”的论述，我们重新归纳可以得出孔子对待言行的观点：

第一，“行”先于“言”。孔子认为一个人只有先进行积极、正向的道德实践，在做人、做事、做学问的实践活动中认识世界、理解事物、理解他人和自己、把握规律，才能进一步明确个人追求和道德标准的差距，并从中得到道德认识和道德体会，实现从“行”到“言”的道德实践过程。

第二，“行”重于“言”。如何衡量一个人的“行”和“言”孰轻孰重？孔子认为前者尤甚。孔子反对“巧言”，重视行动，认为一个人再怎么善于言辞、言之凿凿，最终只有付诸行动才能真正体现他的道德追求。

第三，“言”止于“行”。孔子认为“言必信，行必果”❹，意思是一个人要说到做到、践诺守信，而采取行动就一定要坚持到底，直至有了结果。在孔子眼里，“行”是判断一个人德行高低的依据，即使品德高尚如

---

❶《论语 · 宪问》。

❷《左传 · 襄公二十四年》：“豹闻之，太上有立德，其次有立功，其次有立言，虽久不废，此之谓不朽。”

❸ 同❶。

❹《论语 · 子路》。《论语》里“言必信，行必果”后面还有一句话“硁硁然小人哉”。这里的“小人”与现代汉语的含义不同。子贡问“士”于孔子，孔子答复“士”分三等：上等“行己有耻，使于四方，不辱君命”，中等“宗族称孝焉，乡党称弟焉”，下等“言必信，行必果”。孔子对“士”的标准非常高，能够做到第三个层次，也已经不错了。所以孔子紧接着说“今之从政者”都是“斗筲之人，何足算也？”。

孔子也自谦说“文，莫吾犹人也。躬行君子，则吾未之有得”[1]。意思是，如果单论书中知识体系，我和其他人差不多；如果要看践行君子标准，我还做不到。

第四，“言”“行”一致。孔子主张“故君子名之必可言也，言之必可行也”[2]，意思是说君子发出政令一定要有正当的名分，这样发出的政令才可以得以实施。

（二）孟子的德育思想

孟子（前372—前289），名轲，字子舆，战国邹国（今山东邹城东南）人。战国时期哲学家、思想家、教育家。孟子是孔子之后、荀子之前的儒家学派的代表人物，被后世列为先秦儒家继承孔子“道统”之人，与孔子并称“孔孟”，元朝时被追封为“亚圣”。

孟子一生尊崇孔子，称：“自生民以来，未有盛于孔子也。”[3]

> 不同道。非其君不事，非其民不使；治则进，乱则退，伯夷也。何事非君，何使非民；治亦进，乱亦进，伊尹也。可以仕则仕，可以止则止，可以久则久，可以速则速，孔子也。皆古圣人也，吾未能有行焉；乃所愿，则学孔子也。[4]

孟子注重以圣贤为学习的榜样，他说，同样为古代圣贤，每个人的处世之道都不同。伯夷认为不是他认可的君主不侍奉，不是他认可的民众不使唤，世道太平就出来做官，世道混乱便退而隐居。对伊尹来说，不论谁做君主都接受，不论什么民众都可以指挥，国家治理得好也上进，国家治理不好乱成一团也上进。孔子则主张，可以出仕就出仕，可以归隐就归

---

[1]《论语 · 述而》。

[2]《论语 · 子路》。

[3]《孟子 · 梁惠王下》。

[4]《孟子 · 公孙丑上》。

隐，能长久干就长久干，能决断就决断。这些人都是古代圣贤，孟子自认为做不到他们那样的水平，但他立志将孔子作为学习的榜样。《孟子》是战国时期孟子的言论汇编，记录了孟子与其他各家思想的争辩，对弟子的言传身教，游说诸侯等内容，由孟子及其弟子万章、公孙丑等共同编著。朱熹将《孟子》一书同《大学》《中庸》《论语》列为“四书”，成为儒家教育的“教科书”。孟子发展了孔子“仁”的思想，最主要贡献是以性善论为基础，提出“仁义礼智”四德，其中心点依旧为“仁”。在关于仁的伦理思想的基础上，孟子提出了仁政的学说，并提出具体的措施。

1.性善论

乃若其情，则可以为善矣，乃所谓善也。若夫为不善，非才之罪也。恻隐之心，人皆有之；羞恶之心，人皆有之；恭敬之心，人皆有之；是非之心，人皆有之。

仁义礼智，非由外铄我也，我固有之也，弗思耳矣。故曰：“求则得之，舍则失之。”❶

孟子对人性论提出“性善论”的观点，他提出“人之性善，犹水之就下也”❷。他说：“要说人本来的性情，则是可以为善的，这就是我所说的人性本善。至于有的人行为不善，不是人本质的过错。同情之心，人人都有；羞耻之心，人人都有；恭敬之心，人人都有；是非曲直之心，人人都有。”最主要的一点，孟子认为人的善是天生内在，不是后天才有的。他说，与人建立友爱互助的和谐关系、采取正确的言行举止、遵守社会行为规范，依靠的是人的智慧，是一个人内心本来就有的想法，不是被外力强加于内心的，只不过以前没有意识到而已。所以孟子说，探求就可以获得，放弃就是失去。

❶《孟子·告子上》。

❷ 同❶。

第一，提出“四端”论。“四端”是孟子强调的德性四个标准，指仁、义、礼、智：

恻隐之心，仁也；羞恶之心，义也；恭敬之心，礼也；是非之心，智也。❶

由是观之，无恻隐之心，非人也；无羞恶之心，非人也；无辞让之心，非人也；无是非之心，非人也。恻隐之心，仁之端也；羞恶之心，义之端也；辞让之心，礼之端也；是非之心，智之端也。人之有是四端也，犹其有四体也。有是四端而自谓不能者，自贼者也；谓其君不能者，贼其君者也。❷

孟子认为，“仁”是同情之心的外在表现，“义”是羞耻之心在言行举止上的表现，“礼”是恭敬之心在社会规范上的表现，“智”是是非曲直之心的外在表现。道德修养水平不同，德行表现也不同，因此有的人之间比较相差一倍、五倍乃至无数倍。《孟子》里面引用《诗经》上的话，宇宙自然孕育天下人和天下物，万物依靠一定规则存在。人的禀性是与生俱来，追求善和美是人的德行。《孟子》里面还引用孔子的话，作这首诗的人，是一位真正懂得道德规范，也就是认识“道”的人。人们只有掌握道德规范才会秉承好的德行。对于“四端”，孟子认为，没有同情心，没有羞耻心，没有谦让心，没有是非心，这样的人就不算是人。“四端”是孟子性善论的重要内容，“四端”指四种内心的起源，同情心是仁的起源，羞耻心是义的起源，谦让心是礼的起源，是非心是智的起源。人有这四种起源，就如同人的四肢一样。有了这四种起源却自认为不行的，是自己损害自己的人；认为他的君主不行的，是损害国君的人。所以从孟子的意思可以发现，“仁义礼智”并非人性，只是人性的起源，同情心、羞耻心、

❶《孟子·告子上》。

❷《孟子·公孙丑上》。

谦让心、是非心才是人性的表现。

第二，提出“仁政”论。孟子在孔子“仁学”的理论基础上提出“仁政”的观点，成为其政治思想的核心。孔子主张“为政以德”，孟子在此之上提出“仁政治国”。他说：

> 以力假仁者霸，霸必有大国，以德行仁者王，王不待大。汤以七十里，文王以百里。以力服人者，非心服也，力不赡也；以德服人者，中心悦而诚服也，如七十子之服孔子也。诗云：“自西自东，自南自北，无思不服。”此之谓也。❶

为了阐释“仁政”的概念，孟子列举了“王道”和“霸道”两种完全不同的治国理念。“霸道”是假借仁义之名实则凭着强大的实力称霸于诸侯，这种凭借国家实力的必定雄厚强大。“王道”依靠道德的力量，推行仁政者，称王天下不一定要求国家强大但可以称王天下。商汤凭借七十里国土，周文王凭借百里国土就使人心归服。用暴力压服别人，人家不是真心信服，而是力量不足以对抗。以德服人的，人家从内心欢愉而真心实意地信服，就像三千多个弟子诚心诚意归服孔子那样。《诗经·大雅·文王有声》上说的“自西自东，自南自北，无思不服”只是大概比喻，意思是天地万物无不对圣明者感到心悦诚服。所以孟子提出“国君好仁，天下无敌焉”❷。

第三，提出“分定”论。孟子主张“性善论”，而且认为人性“善”是不会随着修养、环境等后天因素变化而发生改变，改变的只是人会“为善”还是不会“为善”。孟子提出：“君子所性，虽大行不加焉，虽穷居不损焉，分定故也。”❸意思是，君子的本性，即使理想通行于天下并不因此而增，即

❶《孟子·公孙丑上》。

❷《孟子·尽心下》。

❸《孟子·尽心上》。

使穷困隐居并不因此而减。不管后天情况如何变化，君子的本性是天分已经定好的原因。虽然人性根植在心中，但孟子认为君子的本性是从外在可以判断得出的。正是因为内心怀有仁义礼智，所以其肤色润泽，流露在脸上，充盈在肩背，流向四肢，通过举手投足，不用说话就能使人了解。

孟子主张“性善论”，但他认为人内心除了“人性”外还有“兽性”。所谓“人之所以异于禽兽者几希，庶民去之，君子存之。舜明于庶物，察于人伦，由仁义行，非行仁义也”❶。孟子认为，人与禽兽的区别就那么一点点，即“仁义”。一般老百姓抛弃它，君子却保存它。舜明白万事万物的道理，又能洞察人伦关系；仁义行事，而不是只去推行仁义。什么样的人存在“兽性”呢？孟子曾经将两类人归为“禽兽”。一个是杨朱，另一个是墨翟。孟子说过：“杨氏为我，是无君也；墨氏兼爱，是无父也。无父无君。是禽兽也。”❷杨氏即杨朱，道家主要人物之一，主张为我、贵己，认为人人自治天下同样会太平，因此被孟子批驳为“无君”。墨氏即墨翟，墨家学说的创始人，认为统治者的自私自利是战争的起源，提倡“兼爱”，认为父亲爱儿子与儿子爱父亲一样，有悖于儒家提倡人伦思想，因此被孟子批驳为“无父”。

2.重视人伦教化

> 人之有道也，饱食、暖衣、逸居而无教，则近于禽兽。圣人有忧之，使契为司徒，教以人伦：父子有亲，君臣有义，夫妇有别，长幼有序，朋友有信。❸

尧舜时期，后稷教会人们种植谷物庄稼，解决了人们的吃饭穿衣问题。但孟子指出，人之所以为人，不只是因为想要吃得饱、穿得暖、住得

❶《孟子·离娄下》。
❷《孟子·滕文公下》。
❸《孟子·滕文公上》。

安逸，如果只是做到这些而没有进行教化，人和禽兽就没有什么区别了。圣人担心民众出现这种情况，便派契担任司徒，掌管教育。契教育民众学会与人相处要懂得处理道德人伦关系：父子之间有骨肉之亲，君臣之间要有礼义之道，夫妻之间有内外之别，长幼之间要有尊卑之序，朋友之间有诚信之德。

第一，明人伦。孟子已经明确，人伦就是指“父子有亲，君臣有义，夫妇有别，长幼有序，朋友有信”这五个方面的人伦关系。作为教育家的孟子提出“明人伦”的一个重要途径就是要通过办学校达到教育目的。《孟子·滕文公上》记载，远古时期的国家就设立学校：“设为庠序学校以教之。庠者，养也；校者，教也；序者，射也。夏曰校，殷（商）曰序，周曰庠；学则三代共之，皆所以明人伦也。人伦明于上，小民亲于下。”[1]孟子详细阐述古代不同学校对百姓的教育功能，所谓庠，意思是培养；所谓校，意思是教导；所谓序，意思是有秩序地陈述。在不同时期学校称呼也不一样，夏朝时叫校，殷商朝时叫序，周朝时叫庠。而“学”则是三代都有的。以上这些不同类别的学校都是教育人民懂得人与人之间的伦理关系，人与人之间的伦理关系为上层所懂得，小民百姓则能亲和于下层。

第二，重孝悌。人伦的核心是仁义，仁义的本质是孝悌。孟子说过，“尧舜之道，孝悌而已矣”[2]。孟子把孝悌的重要性提到尧舜的道德层次上来，可见他对孝悌的重视程度。

> 事孰为大？事亲为大；守孰为大？守身为大。不失其身而能事其亲者，吾闻之矣；失其身而能事其亲者，吾未之闻也。孰不为事？事亲，事之本也；孰不为守？守身，守之本也。[3]

[1]《孟子 · 滕文公上》。

[2]《孟子 · 告子下》。

[3]《孟子 · 离娄上》。

孟子认为，最重要的侍奉是侍奉父母，最重要的操守是守住自身。既没有丧失操守又能很好侍奉父母的人，有听说过；丧失了自身操守又能孝顺侍奉父母亲的人，从未听过。每个人都应该做到侍奉的事，侍奉父母是侍奉之事的根本，守住自身是操守之事的根本。在孟子看来，孝悌是明人伦的根本途径，他说："仁之实，事亲是也；义之实，从兄是也。智之实，知斯二者弗去是也；礼之实，节文斯二者是也；乐之实，乐斯二者，乐则生矣。"[1]意思是，仁的实质就是侍奉父母，义的实质就是顺从兄长，智的实质就是明白"仁义"两端的道理并且执着地坚持。礼的实质就是调节"仁义"关系，乐的实质就是从"仁义"中得到快乐。快乐一产生就不可遏止了。

第三，重"恒产"。孟子教化百姓的具体观点中有一点十分特别，那就是分析道德修养与经济生产之间的联系。孟子的"恒产"论是建立在"恒心"论的基础上的。"民之为道也，有恒产者有恒心，无恒产者无恒心。"[2]意思是说，老百姓的生活道理其实是十分朴素、实在的，拥有固定的产业能够实现衣食无忧，就会有一贯向善的心思，没有固定的产业就会有非分之想，就不会有一贯向善的心思。为了保障农民得到教化，孟子甚至向滕文公提出具体的赋税意见，对农田采取九分抽一的做法，对都城中实行十分抽一的税法，这样人们手中有保留财产，就会主动交纳。孟子向滕文公解释"井田制"的做法，每八家人为一井田，各家需要先耕种中间的公田，再耕种各自私田。先公后私，这样也是先"公德"后"私德"的道德追求的顺序。

第四，重"辩证"。孟子的道德修养思想中蕴藏一定的朴素辩证方法论。他通过列举舜、傅说等古代圣贤在困境中振作精神、奋发努力而终于大有所为的事实，说明一个人想要完成自己的天赋使命，必须经历种种挫折和考验，因此提出"生于忧患而死于安乐"[3]。孟子还提出"得道

---

[1]《孟子·离娄上》。

[2]《孟子·滕文公上》。

[3]《孟子·告子下》。

者多助，失道者寡助”❶，拥有道义的人会得到很多援助，失去道义的人得到的援助就很少。另外，孟子还主张“不教之教”。“不教之教”原文出自《吕氏春秋·君守》：“不教之教，无言之诏。”❷指不以直接的教育方式而进行的教育，亦指在日常言行中进行自然的熏陶。孟子说过：“教亦多术矣，予不屑之教诲也者，是亦教诲之而已矣。”❸孟子认为教育也有很多种方法，不当面直接给予教诲，也是一种教育的方法。孟子虽然表面上没有教育，却通过因材施教或内心激发唤醒他人学习向善的自觉力和行动力。能够采取“不教之教”的老师是最好的教育者。孟子认为道德修养需要讲求自身努力。孟子提出人要深入进行内心的道德修养，要通过自觉、自悟、自得到达真正理解道德的含义。他说：“君子深造之以道，欲其自得之也。自得之则居之安，居之安则资之深，资之深则取之左右逢其源，故君子欲其自得之也。”❹君子获得很深的造诣要经历一定的过程，而且只有凭借自身努力才能得到。一个人认识“道”，才能在辨别事物时处之安然；在辨别事物时处之安然，才能获得很深的造诣；只有获得深的造诣，才能在处世中考究事物的本原；所以君子要对“道”理解得深刻、掌握得牢固，就要通过艰辛的道德修养过程才能实现。

3.改过迁善

“改过迁善”和孔子提的“见贤思齐”❺有点接近，最早出自《周易·益》：“君子以见善则迁，有过则改。”❻意思是君子看到善的人就会追随，看到自己犯的错误就会主动改正。

第一，孟子认为道德修养的原则要“知耻”。

---

❶《孟子·公孙丑下》。

❷《吕氏春秋·君守》。

❸《孟子·告子下》。

❹《孟子·离娄下》。

❺《论语·里仁》。

❻《周易·益》。

> 人不可以无耻，无耻之耻，无耻矣。
>
> 耻之于人大矣。为机变之巧者，无所用耻焉。不耻不若人，何若人有？❶

孟子认为，人不可以没有羞耻之心，不知羞耻的那种耻辱，属于是极度的无耻啊！他还提出，是否有羞耻之心对一个人来讲是十分重要的。善于作伪诈巧变事情的人，是没有地方用得着羞耻心的。人要有进取之心，如果不以赶不上别人为羞耻的人，怎么能赶得上别人呢？

第二，孟子认为道德修养的方法要“闻过则喜”。孟子的原话是这样说的：“子路，人告之以有过，则喜。禹闻善言，则拜。大舜有大焉，善与人同，舍己从人，乐取于人以为善。自耕稼、陶、渔以至为帝，无非取于人者。取诸人以为善，是与人为善者也。故君子莫大乎与人为善。”❷善于向圣贤学习的孟子谈这个问题时列举了好几位圣贤的做法。子路，别人有办法指出他的过错他就很高兴；大禹，一听到令其受益的话就给人拜谢；舜，比前面说的两个人更伟大，总是与别人一起做善事，舍弃自己的不足，学习人家的优点。舜能够从农夫、陶器工、渔夫一直到成为帝王，所有的优点都是他向别人学习来的。吸取别人的优点来行善，也就是与别人一起来行善。所以，君子最重要的就是要与别人一起来行善。

第三，孟子认为道德修养的过程要“反求诸己”。孟子认为人要真的知耻，就一定要端正态度，要怀有仁德之心。他说：

> 人役而耻为役，由弓人而耻为弓，矢人而耻为矢也。如耻之，莫如为仁。仁者如射，射者正己而后发。发而不中，不怨胜己者，反求诸己而已矣。❸

---

❶《孟子·尽心上》。

❷《孟子·公孙丑上》。

❸ 同❷。

孟子以制造盔甲和弓箭的人举例，他说人被别人驱使而引以为耻，就像造弓的人以造弓为耻，造箭的人以造箭为耻一样，因为他们制造的武器没有用在仁德的事情上。但孟子进一步强调，如果真正引以为耻，那就不如好好行仁。有仁德的人就像弓箭手一样，先端正自己的姿势然后才放箭；如果没有射中，不怪射得比自己好的人，而是反过来向自己身上寻找原因。

4.居仁由义

孟子认为道德修养的最主要内容是“仁义”，他说：“仁，人之安宅也；义，人之正路也。”[1]意思是“仁”是安放在人的内心，“义”是一个人行为的正道。程颐说：“孟子有功于圣门，不可胜言。仲尼只说一个仁字，孟子开口便说仁义。”[2]孟子常常将仁义并列在一起进行阐述。比如，“仁，人心也；义，人路也。舍其路而弗由，放其心而不知求，哀哉!”[3]再如，“虽存乎人者，岂无仁义之心哉？”[4]又如，“为人臣者怀仁义以事其君，为人子者怀仁义以事其父，为人弟者怀仁义以事其兄”[5]。梁启超曾经指出“仁义对举，是孟子的发明”[6]。《孟子·尽心上》:“居仁由义，大人之事备矣。”[7]孟子主张要用心于仁爱，行事循义理。“居仁由义是人的善性的直接呈现，在其中，人与他人、他物是一体的存在。人没有被对象化、工具化，只作为人而存在，外在的因素如权势、富贵都被排除在外。”[8]在“仁义”二者中，孟子认为“仁”又居其中中心位置。徐复观说：“孟子虽仁义并称，或仁义礼智并列，但仁仍是居于统摄的地位。”[9]孟子说：“仁之实，事亲是

[1]《孟子·离娄上》。

[2] 朱熹.四书章句集注[M].北京:中华书局,1983:199.

[3]《孟子·告子上》。

[4] 同[3]。

[5]《孟子·告子下》。

[6] 梁启超.清代学术概论·儒家哲学[M].天津:天津古籍出版社,2004:120.

[7]《孟子·尽心上》。

[8] 郝晓红,邓志伟.论“居仁由义”的美学维度[J].南昌大学学报(人文社会科学版),2017(2).

[9] 徐复观.中国人性论史·先秦篇[M].上海:生活·读书·新知三联书店,2001:159.

也。义之实，从兄是也。”[1]以及“亲亲，仁也；敬长，义也”[2]，明显是把“仁”的地位置于“义”的前面。所以孟子提出“仁者无敌”[3]。

（三）荀子的德育思想

荀子（前313—前238），名况，字卿，战国末期赵国人。思想家、哲学家、教育家，孔、孟之后儒家学派的代表人物，先秦时代百家争鸣的集大成者。荀子批判地接受并创造性地发展了儒家正统的思想和理论，主张“礼法并施”；反对鬼神迷信，提出“制天命而用之”的人定胜天的思想；提出性恶论，重视习俗和教育对人的影响，并强调学以致用。荀子立足孔孟儒家思想的学术基础，吸收百家争鸣的理论成果，提出自己的学术主张，创立了一种朴素的唯物主义哲学体系。荀子最主要的贡献是主张个人在道德修养和治理国家中的主体地位。

1. 性恶论

第一，“性”是先天自然的。荀子看来，天为自然，没有理性、意志、善恶好恶之心，因此，“天行有常，不为尧存，不为桀亡”[4]。但是对这种“有常”的天道人的作用具有积极影响，他说：“应之以治则吉，应之以乱则凶。强本而节用，则天不能贫；养备而动时，则天不能病；修道而不贰，则天不能祸。”[5]既然天是自然，就不能“逆天”而行。所以，用治理手段去适应天，它就吉利；用导致混乱的手段去适应天，它就凶险。增强根本的农业，减少各种费用，天就不会使他贫穷；饮食衣着齐备并适当运动，天就不会使他生病；生产生活都遵循自然规律，那么天就不会使他遭到灾祸。荀子在“天道自然”观点的逻辑框架下，进一步提出人的“性”也是天然的。人性是什么？《荀子》中多处阐释“性”的概念：

---

❶《孟子·离娄上》。

❷《孟子·尽心上》。

❸《孟子·梁惠王上》。

❹《荀子·天论》。

❺ 同❹。

生之所以然者谓之性；性之和所生，精合感应，不事而自然谓之性。❶

凡性者，天之就也，不可学，不可事。❷

不可学，不可事，而在人者，谓之性。❸

第一句话的意思，人生下来就具备的称作天性，天性所产生的、精神接触外物所感受的，不经人的后天努力和社会教化而自然产生的，就叫作本性。

第二句话的意思，性（本性），是天生的，无法通过学习得来的，也不是后天人为的。

第三句话的意思，通过学习无法获得，通过后天人为努力无法获得，而是先天自然生成的，这就是本性。

综合以上三处荀子关于“性”的观点可以发现，荀子主张人性天生，注重考察人性的实然，主张将人性实然定位为天然而成。

第二，“性”天然是“恶”的。荀子认为人天然有自然生物本能和心理本能，“今人之性，饥而欲饱，寒而欲暖，劳而欲休，此人之情性也”❹。人饿了想吃饱，冷了想穿衣，累了想休息，这是人的情性，也是人的本性。荀子认为人的这种天然的对物质追求的生物本能和心理本能是和道德礼仪规范相冲突的：

今人之性，生而有好利焉，顺是，故争夺生而辞让亡焉；生而有疾恶焉，顺是，故残贼生而忠信亡焉；生而有耳目之欲，有好声色焉，顺是，故淫乱生而礼义文理亡焉。❺

---

❶《荀子 · 正名》。

❷《荀子 · 性恶》。

❸ 同❷。

❹ 同❷。

❺ 同❷。

追逐私利是人的本性，是一个人与生俱备的。遵循逐利的本性，人与人之间就不存在谦让而是依靠争夺。嫉妒憎恨是人的本性，也是一个人与生俱备的。遵循嫉妒憎恨的本性，人与人之间就不存在忠实信用而是依靠屠戮杀害。爱好声色是人的本性，是一个人与生俱备的。遵循爱好声色的本性，人与人之间就不存在礼仪制度和道德规范，而会发生淫乱的事情。因此，荀子认为人性“生而有好利焉”“生而有疾恶焉”“生而有耳目之欲，有好色焉”，如果“从人之性，顺人之情，必出于争夺，合于犯纷乱理而归于暴”。所以说人性是“恶”，而不是“善”。

第三，“性”有性伪之分。“性”指人天然的本性；“伪”即后天的努力，指通过道德修养形成礼义道德。

凡礼义者，是生于圣人之伪，非故生于人之性也。故陶人埏埴而为器，然则器生于陶人之伪，非故生于人之性也。故工人斫木而成器，然则器生于工人之伪，非故生于人之性也。圣人积思虑，习伪故，以生礼义而起法度，然则礼义法度者，是生于圣人之伪，非故生于人之性也。❶

若夫目好色，耳好听，口好味，心好利，骨体肤理好愉佚，是皆生于人之情性者也；感而自然，不待事而后生之者也。夫感而不能然，必且待事而后然者，谓之生于伪。❷

关于人性之“伪”，荀子说，现在的礼义规范不是源于人的本性，而是圣人后天努力制定的。陶器是陶器工用沾土制成作品，这个过程不是陶器工的本性，而是人的行为。木器是木器工用木头制成的作品，这个过程不是木器工的本性，而是人的行为。圣人通过不断地思考，了解民众的行

❶《荀子 · 性恶》。

❷ 同❶。

为，并制定礼义和法律。因此，礼义和法律都是圣人后天人为努力的结果，而非圣人的本性。

关于人性之“伪”，荀子以人体各个器官比喻阐释：眼睛爱好观赏美色，耳朵爱好好听的声音，嘴巴爱好品味美食，内心追求私利，身体爱好安逸，这些现象都源于人的情欲本性，是人天然拥有的感觉，不需要再通过后天努力就能够拥有。而那些必须通过人的后天努力才能够拥有的，来源于人的努力。这就是本性和后天努力的区别。

既然“性”本恶，难道世上都是“恶人”“恶行”？人们怎么通过后天努力达到“善”的道德层次呢？为了解决这个问题，荀子提出“化性起伪”的道德教化论：“故圣人化性而起伪，伪起而生礼义，礼义生而制法度。”❶意思是，圣人对人恶的本性进行改造，付出后天努力，并通过后天努力制定了礼义规范，有了礼义规范再建设国家法律制度。所以，改变人“恶”的天性、本性：最根本的是圣人起伪化性，建立和维持礼义法度，“然则礼义法度者，是圣人之所生也。”❷除了后天努力，荀子认为环境的熏陶、习俗的影响和老师的影响，本质上属于后天环境或后天努力，也是“化性起伪”的途径。荀子指出，生活环境不同会使人形成不同的习俗和道德修养，“工匠之子莫不继事，而都国之民安习其服，居楚而楚，居越而越，居夏而夏，是非天性也，积靡使然也。”❸工匠的后代了承父业又当工匠，居住都城的人各自安分职业，长期住在楚国就习惯楚国的风俗习惯，长期住在越国就习惯越国的风俗习惯，长期住在中原就习惯中原的风俗习惯。这些都不是先天的本性，而是后天长期影响积累的结果。改造性“恶”的另一办法是靠老师的教育。《荀子·性恶》中提到“必将有师法之化”❹，人必须有老师和法度、礼义的引导。荀子主张：“人无师法，则隆性矣；有师法，则隆积矣；而师法者，所得乎积，非所受乎性，性不足以

❶《荀子·性恶》。

❷ 同❶。

❸《荀子·儒效》。

❹ 同❶。

独立而治。”意思是，一个人既没有老师也不遵守法律制度，人就会任性而为；只要有了老师教导，法律制度得到遵守，就会重视学习的积累。总之一句话，荀子“性恶论”的实质，是要通过道德修养节制、控制人的欲望，从而形成礼义法度约束下的社会人伦秩序。

2. 成圣之道

成王、成圣之道是儒家德育思想的必然途径和终极目标，但每个大儒对其具体名称、内涵和做法有不同观念。孔子认为成圣要经过长期的循序渐进的精神修养，“吾十有五而志于学，三十而立，四十而不惑，五十而知天命，六十而耳顺，七十而从心所欲不逾矩。”[1]孟子认为成圣要经过艰苦磨砺，所以“天将降大任于是人也，必先苦其心志，劳其筋骨，饿其体肤，空乏其身，行拂乱其所为，所以动心忍性，增益其所不能”[2]。这点荀子总体上继承发展孔子、孟子的思想，也认为最高的要求就是“成圣”。但是荀子坚持人性理论的一贯性，成圣天生的“性”没有什么不同，“凡人之性者，尧舜之与桀跖，其性一也；君子之与小人，其性一也”[3]。人的本性，即使贤明如同尧、舜，残暴如同桀、跖，他们的本性也都是一样。同样道理，君子与小人的本性也是一样。因此，对君子和小人来说，成圣之道是后天的事情，与先天无关。

第一，成圣之道要经过积累而成。对于道德修养积累的重要性，《荀子》开篇明义“学不可以已”：

> 学不可以已。青，取之于蓝而青于蓝；冰，水为之而寒于水。木直中绳，輮以为轮，其曲中规，虽有槁暴，不复挺者，輮使之然也。故木受绳则直，金就砺则利，君子博学而日参省乎己，则知明而行无过矣。故不登高山，不知天之高也；不临深

[1]《论语 · 为政》。

[2]《孟子 · 告子下》。

[3]《荀子 · 性恶》。

溪，不知地之厚也；不闻先王之遗言，不知学问之大也。❶

积土成山，风雨兴焉；积水成渊，蛟龙生焉；积善成德，而神明自得，圣心备焉。故不积跬步，无以至千里；不积小流，无以成江海。骐骥一跃，不能十步；驽马十驾，功在不舍。锲而舍之，朽木不折；锲而不舍，金石可镂。螾无爪牙之利，筋骨之强，上食埃土，下饮黄泉，用心一也。蟹六跪而二螯，非蛇蟺之穴无可寄托者，用心躁也。是故无冥冥之志者，无昭昭之明；无惛惛之事者，无赫赫之功。❷

荀子认为，学习是达到道德修养的途径。学习不能够停止，否则就无法向前进步。他举例说，靛青是从蓝草里提取的，可是比蓝草的颜色更深；冰是水凝结而成的，却比水还要寒冷。一块直的木材合乎墨线，假如用火烤使它弯曲做成车轮，它的弧度就可以符合圆规的标准。即使又被风吹日晒而干枯了，木材也不会再挺直，是因为经过加工使它成为这样的。所以木材用器线量过再经辅具加工就能取直，刀剑在磨刀石上磨过就能变得锋利，君子广博地学习并且每天检验反省自己，那么他就会智慧明达而且行为没有过失了。不登上高山不知道天的高大，不走近深溪不知道地的深厚。荀子认为“积善”是养成高尚道德情操的必然过程，“积善”到一定程度自然“成德”，然后精神得到提升，圣人的心境由此形成。

第二，人人皆可成圣。荀子继承孟子“人皆可以为尧舜”❸的观点，主张“涂之人可以为禹”❹。但是荀子提出，圣人和一般人不同的是，圣人可以通过“伪”，即自己的努力，改变自己的本性。荀子说：“材性知能，君

❶《荀子 · 劝学》。

❷ 同❶。

❸《孟子 · 告子下》。

❹《荀子 · 性恶》。

子小人之一也；好荣恶辱，好利恶害，是君子小人之所同也。”❶资质、本性、智慧都属于天生的“性”，君子、小人是一样的；喜欢荣誉而厌恶耻辱，追逐利益而憎恶祸害，这是君子和小人所相同的地方。后来君子和小人为什么不一样，有的能成圣有的不能成圣呢？原因很简单，“君子道其常而小人道其怪”❷，君子和小人遵循的道德准则不同、经历的道德修养不同、达到的道德层次不同。哪些“涂之人”有机会“为禹”呢？能够成为大禹那样的人，是因为坚持实行仁义法度。荀子认为普通人与圣人一样的地方是，只要经过后天的努力，就能够成就自己，“今使涂之人伏术为学，专心一志，思索孰察，加日县久，积善而不息，则通于神明，参于天地矣。故圣人者，人之所积而致矣。”❸如果一个普通人，信服“道”而刻苦学习，专心致志而深入考虑，坚持不懈地积累善行，那么他就能够达到最高的智慧，可以与天地相配了。所以圣人也是普通人积累仁义法度就可以成为的目标。圣人与普通人在先天本性上是不存在差别，基于“化性起伪”思想，荀子认为普通人也可以通过后天努力成为圣人，这点在当时是具有非常大的积极意义。荀子在强调人的后天努力“伪”时，提出“制天命而用之”❹，不过荀子又提出“人之命在天”❺，因其时代性、阶级性的限制不可避免地否定了人的命运自主。

第三，“天人之分”是决定能否成圣的界限。荀子认为天地万物是有区别的，自然界和人类各有自己的规律和特征，“水火有气而无生，草木有生而无知，禽兽有知而无义，人有气、有生、有知，亦且有义，故最为天下贵也。”❻水火有气却没有生命，草木有生命却没有知觉，禽兽有知觉却不懂道义。人有气、有生命、有知觉，而且讲究道义，所以人最为天下

---

❶《荀子·荣辱》。
❷ 同❶。
❸《荀子·性恶》。
❹《荀子·天论》。
❺ 同❹。
❻《荀子·王制》。

所贵重。虽说“涂之人可以为禹”，但现实情况是并非每个人都成了圣贤。虽然理论上人人都可成圣贤，但并非人人最后都成为圣贤。这其中是存在界限的，这条界限就是“善”与“恶”。结合荀子“天人之分”和“性伪之分”的观点，所谓“性”其实就是人身上的“天”，所谓“伪”则是人身上的“人”❶。人人身上存“性”，但并非人人可以行“伪”；存“性”者为“恶”性，行“伪”则可行善。“性”与“伪”、“善”与“恶”，即“天人之分”的标准。

> 本荒而用侈，则天不能使之富；养略而动罕，则天不能使之全；倍道而妄行，则天不能使之吉。……受时与治世同，而殃祸与治世异，不可以怨天，其道然也。故明于天人之分，则可谓至人矣。❷

假如荒废农业根本又追求奢靡的生活，那么天就不会使他富裕；衣食缺乏人又懒惰，那么天就不能使他健康；为所欲为地违背天道规则，那么天就不能使他吉利。荀子认为天道不因人而废或因人而存，乱世人们遭殃祸，治世人们享受幸福，遭殃的人们不应该推诿责任而怨天，是人们处世法犯了错误所自招的。天归天，人归人，故言天人相分不言合。天人各有不同的职能，《荀子·礼论》云：“天能生物，不能辨物，地能载人，不能治人。”❸指上天能产生万物，却不能治理万物；大地能养育人类，却不能治理人类。所以荀子说：“天有其时，地有其才，人有其治，夫是之谓能参。”❹上天拥有时令季节，大地拥有的天宝地材，人们拥有治理方法，这是天地人相参的自然状态。明白了人和天的不同，就可以称作是思想修养达到了最高境界的人了。

---

❶ 李巍. 性伪之分：荀子为什么反对人性善[J]. 学术研究，2018（12）.

❷《荀子·天论》。

❸《荀子·礼论》。

❹ 同❷。

3.虚壹而静

荀子在道德修养上倡导“虚壹而静”的认识论，即虚心、专一而冷静地观察事物，就能得到正确的认识。

第一，提出认识分阶段。荀子在心学的自然主义思想之上建立自己的认识论。在他看来，人的认识分成两个阶段：先是“天官簿类”，后是“心有征知”。荀子认为人首先依靠各种感觉器官感受事物存在及其特征，“缘天官。凡同类同情者，其天官之意物也同。”❶什么是“天官”？就是指人体感觉器官。荀子以人的目、耳、口、鼻、形体、心的不同感受，阐释人的认识的差异性：

> 形体、色理以目异；声音清浊、调竽、奇声以耳异；甘、苦、咸、淡、辛、酸、奇味以口异；香、臭、芬、郁、腥、臊、漏庮、奇臭以鼻异；疾、痒、凔、热、滑、铍、轻、重以形体异；说、故、喜、怒、哀、乐、爱、恶、欲以心异。❷

根据人天生的感官，凡是同一族类同一情感的，他们的感官就相同，那么对事物的感知也是相同的。这些人体意识是认识的第一个阶段，即“天官簿类”。第二阶段的“心有征知”必须建立的第一阶段“天官簿类”的认识前提下：

> 心有征知。征知，则缘耳而知声可也，缘目而知形可也。然而征知必将待天官之当簿其类，然后可也。❸

荀子说，心能够认知、感受到事物。因此辨别声音大小靠的是听觉器官，辨别事物形状靠的是视觉器官。但是心灵之外的，一定要依靠感觉器

---

❶《荀子 · 正名》。

❷ 同❶。

❸ 同❶。

官接触感知对象。所以，“天官簿类”和“心有征知”是认识的先后阶段，而且先后顺序不可调换。荀子认识论属于典型的经验主义认识论，但其中强调认识主体和客体的不同作用。《荀子·解蔽》有云：“凡以知，人之性也；可以知，物之理也。以可以知人之性，求可以知物之理。”[1]荀子认为，人能够感知和认识事物依靠的是人的本性，事物可以被感知和认识，根据的是事物发展规律。人的认识过程要凭借可以认识事物的人的本性，去探求可以被认识的事物的规律。可见荀子的认识论里蕴含着朴素的唯物主义意识。

第二，强调解蔽方法。荀子认为人在认识上最大的隐患，是被事物的某一个局部所蒙蔽而不明白全局性的大道理，所谓“凡人之患，蔽于一曲，而闇于大理”[2]。而要形成正确的认识就需要“解蔽”。“解蔽”就是指克服蒙蔽，全面、准确地认识事物。如何能够通过“解蔽”认识事物呢？荀子提供了答案：“人何以知道？曰：心。心何以知？曰：虚壹而静。”[3]荀了的意思是，人靠什么来感知、认识、理解“道”呢？就是通过“心”来实现。“心”怎么能够感知、认识、理解“道”呢？就是达到虚心、专心和静心。如何理解此三“心”？何谓“虚”？心不以已有的认识妨碍再去接受新的认识。何谓“壹”？心从来没有不彼此兼顾的时候，但却能心思专一。何谓“静”？心从来没有不活动的时候，但却能思想宁静。人在认识上能够到达三心俱备，就达到认识的最高状态：“虚壹而静，谓之大清明。”[4]

第三，强调“学至于行之而止”的知行观。探讨认识论就一定要涉及认识和实践的关系，即知行关系。在知行观上，荀子十分重视“行”的作用。其所谓“化性起伪”，“伪”是后天努力，也就是“行”的概念。关于知行关系，以及道德认识和道德实践的关系，《荀子·儒效》有一段详细表述：

---

❶《荀子·解蔽》。

❷ 同❶。

❸ 同❶。

❹ 同❶。

不闻不若闻之，闻之不若见之，见之不若知之，知之不若行之。学至于行之而止矣。行之，明也；明之为圣人。圣人也者，本仁义，当是非，齐言行，不失毫厘，无它道焉，已乎行之矣。故闻之而不见，虽博必谬；见之而不知，虽识必妄；知之而不行，虽敦必困。不闻不见，则虽当，非仁也。其道百举而百陷也。[1]

没有听到的不如听到，听到的不如亲眼看到，看到的不如理解、掌握，理解并掌握的不如付诸实践。学习到了实践和坚持的层次就能够达到极致了。学习的知识付诸实践就能促进理解事物，理解事物就能成为圣人。为什么圣人能够公道准确地判断对错，自己还可以做到言行一致，完全不违背原则，那是因为他以仁义为根本，并且把学到的知识切实地付诸实践。所以听到人家说的自己没有亲眼所见，虽然耳朵听到的信息很多也肯定有谬误之处；看见却不理解，虽然记住了也肯定有谬误之处；知道了却不付诸实践，虽然掌握的知识体系丰富也会陷入困境。没有正确、全面、科学地认识和把握事物的规律，把偶然性当成普遍性，无论做多少次结果都会导致失败。说明荀子的认识论既注重感性认识又肯定实践的能动作用。

4.道德教化

教化是儒家德育思想的重要内容，荀子继承发扬了道德教化的思想。孔子、孟子思想体系虽然都包含教化内容，但真正提出“教化”概念的是荀子：“论礼乐，正身行，广教化，美风俗。”[2]讲究礼制音乐，端正立身行事，推广教化，改善风俗，这些都是教育引导普通百姓并使他们道德修养能够协调一致的教化内容。

第一，“明分使群”的礼义次序。荀子认为，人与禽兽的一个重要区

---

[1]《荀子 · 儒效》。

[2]《荀子 · 王制》。

别在于“人能群，彼不能群”[1]。“群”就是社会组织，人能够组建不同社会组织，而禽兽不行。许多禽兽虽然也以群居存在，但这种“种群”状态不具备社会性质的特征，不是社会组织。人类的社会组织是如何构建起来的呢？荀子提出了“明分使群”：

离居不相待则穷，群居而无分则争；穷者患也，争者祸也，救患除祸，则莫若明分使群矣。[2]

作为群居动物的人不能脱离群体、脱离社会，否则就会导致困顿的境况；困顿的境况，人们间的纷争，这些问题该如何解决呢？最好的措施就是规定明确的礼仪制度、职分等级。荀子认为，人之所以“能群”，是由于有“分”。

人之生不能无群，群而无分则争，争则乱，乱则穷矣。故无分者，人之大害也；有分者，天下之本利也。[3]

社会组织是人类社会存在的依靠，但如果没有对社会组织规定明确名分，人们之间就容易出现纷争，纷争一出现就会导致混乱，混乱一出现就容易导致困顿的境况。所以，没有等级名分是社会组织的灾难；制定和坚持等级名分是维系整个社会组织的根本利益。荀子以等级名分分“群”而且将这个权利赋予君主，“人君者，所以管分之枢要也”[4]。这就带有明显的阶级局限性了。

如何分“群”并维系“群”的稳定运行？荀子的“明分使群”思想是和“礼法”紧密联系在一起的。荀子提出许多原则和举措，如“分何以能

---

[1]《荀子·王制》。

[2]《荀子·富国》。

[3] 同[2]。

[4] 同[2]。

行？曰：义”[1]“不可少顷舍礼义”[2]“分莫大于礼”[3]。显然，荀子“明分使群”的标准是礼义、法度。而且荀子认为，教化对象不同适用的礼义、法度也不同：“由士以上，则必以礼乐节之；众庶百姓，则必以法数制之。”[4]士以上用礼义和音乐来约束调节，对群众百姓就必须用法度去统治他们。可见，荀子道德教化的根本目的还是为维系封建礼制的次序，维护统治阶级的利益。

第二，“注错习俗”的教育环境。荀子认为人的性格才能的差异不是由于天性，而是后天努力和积习造成的，并提出后天环境和教育对人的发展的影响。

> 注错习俗，所以化性也；并一而不二，所以成积也。习俗移志，安久移质。并一而不二则通于神明，参于天地矣。[5]
>
> 譬之越人安越，楚人安楚，君子安雅。是非知能材性然也，是注错习俗之节异也。[6]

第一句话的意思是，长时间处于某个生活环境之中，容易受风俗习惯的影响，连同人的本性都会发生变化。如果一个人能够做到心无旁骛，就能与神明相通，与天地相参。

第二句话的意思是譬喻，越国人习惯越国的环境风俗，楚国人习惯楚国的环境风俗，君子习惯华夏的环境风俗，这和一个人的智慧、素质、天赋、秉性无关，这是由于他对智慧、素质、天赋、秉性等因素的运用情况受到风土人情、风气习俗影响的原因。

---

[1]《荀子 · 王制》。
[2] 同[1]。
[3]《荀子 · 非相》。
[4]《荀子 · 富国》。
[5]《荀子 · 儒效》。
[6]《荀子 · 荣辱》。

荀子认为后天环境对道德教育影响至大，依靠不一样的环境和努力，普通人既可以去做尧、禹那样的贤君，也可以做桀、跖那样的坏人，或者成为工匠，或者成为农夫、商人，这都在于各个人对它的措置以及习俗的积累罢了。

第三，“仪正影正”的正面示范。荀子的德育思想中注重正面教育引导，强调正面示范的作用。他说：“君者仪也，民者景（影）也，仪正而景（影）正。”❶荀子孟子认为，君主就像日晷的标杆，民众就像太阳照射标杆产生的影子，只要标杆是直的，那么影子自然也就直了。他进一步仔细阐述道，君主就像盘子，民众就像装在其中的水。只要盘子是圆形的，装在里面的水也成圆形。君主就像盂，民众就像装在其中的水，只要盂是方形的，装在里面的水也成方形了。所以说“楚庄王好细腰，故朝有饿人”，这就是正面示范引导的反面典型啊！

礼者、所以正身也，师者、所以正礼也。无礼何以正身？无师吾安知礼之为是也？礼然而然，则是情安礼也；师云而云，则是知若师也。情安礼，知若师，则是圣人也。故非礼，是无法也；非师，是无师也。❷

荀子认为礼法制度是用来端正一个人的言行举止的，老师就是那个阐释礼法制度的人。只要有礼法制度，就能够端正身心；只要有老师，就可以知晓礼法制度。根据礼法制度做事，是性情习惯于遵循礼法制度；按照老师教导做事，这就是理智顺从老师。如果能够坚持做到以上这两点，那就是圣人了。所以荀子绝不允许轻视礼法，藐视老师的情况出现。

荀子虽然以“明分使群”确认人的等级关系，但却没有把这种等级制度“世袭”化。他认为“礼义”是正身的标准和依据，“虽王公士大夫之

❶《荀子 · 君道》。

❷《荀子 · 修身》。

子孙也，不能属于礼义，则归之庶人。虽庶人之子孙也，积文学，正身行，能属于礼义，则归之卿相士大夫。”[1]因此，如果帝王公侯士大夫的后代不遵从礼义，也要把他们归入平民；反之，如果一个人刻苦学习，积累典籍知识，端正了言行举止，遵循了礼义法度，即使是平民的子孙也可以位列公卿大夫。

二、汉唐儒家的德育思想

先秦儒学在秦代因秦始皇“焚书坑儒”受到抑制，汉唐时吸收、综合诸家思想，重新受到统治阶层的重视，甚至超越先秦时代地位成为道统，进入政府官方意识形态层面。汉唐时期，儒家德育思想已经占据了社会意识形态领域的正统地位，成为宗法社会的理论资源和统治依据。

（一）董仲舒的德育思想

董仲舒（前179—前104），广川（今河北省景县广川大董故庄村）人，西汉哲学家。元光元年（前134），汉武帝诏令全国举孝廉，策贤良。董仲舒以贤良对策。汉武帝连问三策，董仲舒亦连答三章，史称《天人三策》（或《贤良对策》）。主要著述《春秋繁露》。

1.罢黜百家，独尊儒术

汉武帝建元六年（前135），窦太后去世，长期受到黄老之学压迫的儒家思想终于迎来自己的春天。一代大儒董仲舒抓住这个机会提出“罢黜百家，独尊儒术”。董仲舒在著名的《举贤良对策》中，把儒家思想与当时统治阶级需要相结合，并吸收了其他学派的理论，创建了一个以儒学为核心的新的帝制神授思想体系。

《春秋》大一统者，天地之常经，古今之通谊也。今师异道，人异论，百家殊方，指意不同，是以上亡以持一统，法制数变，

[1]《荀子·王制》。

下不知所守。臣愚以为诸不在六艺之科，孔子之道者，皆绝其道，勿使并进，邪辟之说灭息，然后统纪可一而法度可明，民知所从矣。❶

董仲舒在答汉武帝的策问中这段话，鲜明表达其“独尊儒术”的思想。董仲舒提出的“大一统”“罢黜百家，独尊儒术”等主张符合封建帝权意志，大受汉武帝赞赏。有人认为由于董仲舒的“罢黜百家，独尊儒术”思想才使得百家争鸣的学术形态受到破坏。实际上到战国末，百家争鸣的情况已经接近尾声，正如《周易·系辞下》：“天下同归而殊途，一致而百虑。”❷荀子的思想主要延续儒家学术但亦吸收、兼具百家精华。董仲舒的“独尊儒术”，实际上其学术思想也兼收儒学和阴阳学思想。汉以后儒家思想成为中国社会正统思想，影响长达两千多年，董仲舒有着十分重要的作用。在当时的社会条件下，董仲舒提出的“大一统”和“独尊儒术”思想是中国封建社会以来第一个占据统治地位的思想体系，对促进各民族统一，形成共同的文化认同具有积极的意义。但必须明确，董仲舒的思想中存在排斥儒家以外学术思想的成分，他说：“诸不在六艺之科孔子之术者，皆绝其道，勿使并进，邪僻之说灭息，然后统纪可一而法度可明，民知所从矣。”❸董仲舒为了适应封建统治者加强中央集权的需要，在中国历史上很长时间限制了诸子百家学说的发展，禁锢了人的个性思想。

2.“性三品”说

董仲舒批驳孟子“性恶论”，对荀子“性善论”的观点也是批判性继承，他说：“吾质之命性者异孟子。孟子下质于禽兽之所为，故曰性已善；吾上质于圣人之所为，故谓性未善。”❹董仲舒认为“性有善质而未能善”，

❶ 班固. 董仲舒传 · 汉书（卷56）[M]. 北京：中华书局，1980: 2523.

❷《周易 · 系辞下》。

❸ 同❶。

❹ 董仲舒. 深察名号第三十五 · 春秋繁露[M]. 北京：中华书局，2012: 383.

创造性提出“性未善”论。董仲舒还开创“性三品说”，认为性有“圣人之性”“中民之性”和“斗筲之性”三类：

> 使万民之性皆已能善，善人者为何不见也？观孔子言此之意，以为善甚难当。而孟子以为万民性皆能当之，过矣。圣人之性不可以名性，斗筲之性又不可以名性，名性者，中民之性。中民之性如茧如卵。❶

董仲舒提出怀疑：假如所有人都生来就是善的，为什么没有见到善的人？孔子认为善是很难达到的道德境界。而孟子以为所有人都是善的对立面，也是错的。圣人和小人的都不可以叫“性”，中民的性才是“性”。“中民之性”如同蚕茧和卵一样，要一段时间才能够长成，性也是要进行教化才能养成，并不是先天具备，属于“性未善”。因此，董仲舒进一步阐释道，“名性，不以上，不以下，以其中名之。性如茧如卵。卵待覆而成雏，茧待缫而为丝，性待教而为善。”❷

3. 以仁安人，以义正我

董仲舒继承了孔子、孟子的仁义思想，并进行发扬光大。他以《春秋》为例，相对应“仁”“义”的概念提出了“人”“我”的区别：

> 《春秋》之所治，人与我也。所以治人与我者，仁与义也。以仁安人，以义正我，故仁之为言人也，义之为言我也，言名以别矣。仁之与人，义之于我者，不可不察也。众人不察，乃反以仁自裕，而以义设人。诡其处而逆其理，鲜不乱矣。是故人莫欲乱，而大抵常乱。凡闇以于人我之分，而不省仁义之所在也。是故《春秋》为仁义法。仁之法在爱人，不在爱我。义之法在正

---

❶ 董仲舒. 深察名号第三十五 · 春秋繁露[M]. 北京：中华书局，2012: 388.

❷ 董仲舒. 深察名号第三十五 · 春秋繁露[M]. 北京：中华书局，2012: 378.

我，不在正人。我不自正，虽能正人，弗予为义。人不被其爱，虽厚自爱，不予为仁。[1]

“仁”是用来安定、关爱别人的，而“义”是用来规范、约束自我的。道德修养过程中要注意明察“仁”对于他人、“义”对于自我的关系。有的人不懂得明察“仁”“义”功能、“人”“我”的区别，竟然反过来以“仁”宽待自己、以“义”要求别人。由于不了解“人”“我”的区别，不清楚“仁”“义”之间的不同，所以《春秋》制定了仁义的原则。“仁者爱人”，爱的是他人，不在爱护自己；“以仁安人”，安定的是别人。另外，义的原则是约束、规范自己，不在匡正别人。董仲舒讲了一个晋灵公的故事。从前晋灵公因为厨师没有把肉煮烂而把厨师杀了，用弹弓弹射台下经过的行人来使自己心情愉悦。晋灵公太过于爱自己，可是却不能算作美善之人，是因为他不能爱别人，不能说是仁。董仲舒把“仁”“义”区别开来，教导人们在精神修养中要重视道德主体的自我修养，做到修己待人、修己敬人，严以律己、宽以待人。

4.明道重志，行道养志

董仲舒认为立志对一个人的修身、养德、明道、行道都十分重要。他说：“仁人者，正其谊不谋其利，明其道不计其功。”[2] 个仁义的人，能够坚持正确的道德操守而不谋取个人私利，严格加强自我修养而不谋取功名利禄。要做到这点，必须怀有坚定的意志力和恒心。

春秋之论事，莫重于志。今取必纳币，纳币之月在丧分，故谓之丧取也。且文公秋袷祭，以冬纳币，皆失于太蚤，春秋不讥其前，而顾讥其后，必以三年之丧，肌肤之情也，虽从俗而不能终，犹宜未平于心，今全无悼远之志，反思念取事，是春秋之所

---

[1] 董仲舒. 仁义法第二十九 · 春秋繁露[M]. 北京：中华书局，2012：314.

[2] 班固. 董仲舒传 · 汉书（卷 56）[M]. 北京：中华书局，1980：2524.

甚疾也。故讥不出三年，于首而已讥以丧取也，不别先后，贱其无人心也。缘此以论礼，礼之所重者，在其志，志敬而节具，则君子予之知礼；志和而音雅，则君子予之知乐；志哀而居约，则君子予之知丧。故曰非虚加之，重志之谓也。[1]

董仲舒认为无论是做学问还是修精神都要立心志，发挥人的主观能动性，“事在强勉而已矣。强勉学问，则闻见博而知益明；强勉行道，则德日起而大有功。”[2]努力求学就能够见闻广博、明理智；努力加强修身，就能够日益养成高尚品德。董仲舒说：“臣闻良玉不瑑，资质润美，不待刻瑑，此亡异于达巷党人不学而自知也。然则常玉不瑑，不成文章；君子不学，不成其德。”[3]意思是好的美玉即使不雕琢也保持优质和润美，这点即使是达巷党人不用学也知道。但是普通之玉不琢就不成器，君子不坚持学习就无法养成高尚的品德。

（二）韩愈的德育思想

韩愈（768—824），字退之，河南河阳（今河南孟州）人。因其自谓“郡望昌黎”，世称“韩昌黎”“昌黎先生”。韩愈是唐代古文运动的倡导者，被后人尊为“唐宋八大家”之首，有“文章巨公”和“百代文宗”之名，唐代文学家、思想家、哲学家、政治家、教育家。苏轼以一句“文起八代之衰，而道济天下之溺”[4]称赞韩愈“问道统一”的成就。在这里，“八代”指东汉、魏、晋、宋、齐、梁、陈、隋，可见苏轼对这位领导古文运动的文坛领袖的推崇。后句则是说韩愈辟佛、道义理，把天下沉溺于佛老之说的人拯救出来。

---

[1] 董仲舒. 玉杯第二 · 春秋繁露[M]. 北京：中华书局，2012: 30.
[2] 班固. 董仲舒传 · 汉书（卷 56）[M]. 北京：中华书局，1980: 2496.
[3] 班固. 董仲舒传 · 汉书（卷 56）[M]. 北京：中华书局，1980: 2510.
[4] 苏轼. 潮州韩文公庙碑 · 苏轼文集[M]. 北京：中华书局，1986: 509.

1. 辟佛兴儒

佛教自西汉传入中国，到魏晋、隋朝由于统治者的重视而日益兴盛。加上中国本土宗教道教的兴起，到唐中时期社会上信奉宗教风气更加浓厚，以致影响儒学原有的正统地位。元和十四年（819年），唐宪宗从凤翔法门寺迎佛骨入宫，成为唐代佛教隆盛的标志性事件。韩愈忧于佛老之说日盛，写下一系列有关攘斥佛老、复兴儒学的文字，其中以《原道》《原性》《原毁》《原人》《原鬼》《论佛骨表》等最为著名，世称“五原”。韩愈在《原道》批驳道：“周道衰，孔子没，火于秦，黄老于汉，佛于晋、魏、梁、隋之间。其言道德仁义者，不入于杨，则归于墨；不入于老，则归于佛。”[1]自周王朝衰落以后，孔子去世，秦始皇焚书，黄老学说盛行于汉代，佛教盛行于晋、魏、梁、隋。那时谈论道德仁义的人，不是归属于杨朱学派，就是归属于墨子学派；不是信奉道学，就是信奉佛学。那时候儒家思想的正统地位已经岌岌可危。韩愈认为儒家思想的道德教育的核心内容是“仁义”：

> 博爱之谓仁，行而宜之之谓义，由是而之焉之谓道，足乎己无待于外之谓德。仁与义为定名，道与德为虚位。故道有君子小人，而德有凶有吉。老子之小仁义，非毁之也，其见者小也。坐井而观天，曰天小者，非天小也。彼以煦煦为仁，孑孑为义，其小之也则宜。其所谓道，道其所道，非吾所谓道也。其所谓德，德其所德，非吾所谓德也。凡吾所谓道德云者，合仁与义言之也，天下之公言也。老子之所谓道德云者，去仁与义言之也，一人之私言也。[2]

博爱就是“仁”，努力、恰当地实践就是“义”。因为“仁”“义”有着明确的定位，“道”“德”却没有清晰的定论，导致世上存在君子之道和

---

[1] 韩愈. 原道·韩愈文集[M]. 沈阳：辽海出版社，2010: 3.

[2] 韩愈. 原道·韩愈文集[M]. 沈阳：辽海出版社，2010: 5.

小人之道，而“德”有吉德和凶德。韩愈认为老子轻视仁义，并不是诋毁仁义，而是由于老子观念狭隘不开阔，只是坐井观天罢了。

老子所指的“道”和“德”，并非正统儒家之“道”“德”，属于一家之言的片面理论；而儒家的之“道”“德”包含仁义之概念，属于天下人的公论，是“先王之道”❶。

韩愈提出“道统”的概念，主张：“夫所谓先王之教者何也？博爱之谓仁，行而宜之之谓义，由是而之焉之谓道，足乎己、无待于外之谓德。”❷仁义是先王教授的内容，博爱就是“仁”，合乎“仁”的行为就是“义”，从仁义再向前进一步提升就是“道”，依靠自身力量自律、自省称作“德”。既然道德的主要内容是“仁义”，那么“仁义”从哪里学来呢？依靠什么途径呢？韩愈对儒家道德的文、法、位，乃至衣食住行都是道德认识和道德实践的途径：

> 其文《诗》《书》《易》《春秋》，其法礼、乐、刑、政，其民士、农、工、贾，其位君臣、父子、师友、宾主，昆弟、夫妇，其服丝麻，其居宫室，其食粟米、果蔬、鱼肉。其为道易明，而其为教易行也。是故以之为己，则顺而祥；以之为人，则爱而公；以之为心，则和而平；以之为天下国家，无所处而不当。❸

儒家典籍《诗经》《尚书》《易经》和《春秋》等讲授仁义道德；儒家道德实践的方法是礼仪、音乐、刑法、政令；教育的对象覆盖士、农、工、商各社会群体，伦理次序是君臣、父子、师友、宾主、兄弟、夫妇；穿的衣服是丝绸麻布，居住的处所是房屋，吃的食物是粮食、果蔬、鱼和肉。以上这些，无论是典籍、伦理、政令，或者是普通的衣食住行都可以

---

❶ 韩愈. 原道 · 韩愈文集[M]. 沈阳：辽海出版社，2010: 4.

❷ 同❶。

❸ 韩愈. 原道 · 韩愈文集[M]. 沈阳：辽海出版社，2010: 13.

作为浅显易懂的理论，是很容易推行的。韩愈认为一定要延续儒学的传承，剔除佛、道的迷惑之说，甚至要拆除庙宇，让和尚、道士还俗。韩愈的观点虽然有一定的主观认识，但在当时佛道盛行、世风萎靡的情况下，对传播人文思想具有积极的意义。

2. “性三品”说

韩愈传承、发扬了董仲舒的“性三品”说，认为人的人“性”天生，分为上、中、下三个层次。但韩愈进一步将“性”“情”区分开来，并提出不同层次的“性”品应该采取不同的对策：

> 性也者，与生俱生也；情也者，接于物而生也。性之品有三，而其所以为性者五；情之品有三，而其所以为情者七。曰：何也？曰：性之品有上、中、下三。上焉者，善焉而已矣；中焉者，可导而上下也；下焉者，恶焉而已矣。其所以为性者五：曰仁、曰礼、曰信、曰义、曰智。上焉者之于五也，主于一而行于四；中焉者之于五也，一不少有焉，则少反焉，其于四也混；下焉者之于五也，反于一而悖于四。性之于情，视其品。情之品有上、中、下三，其所以为情者七：曰喜、曰怒、曰哀、曰惧、曰爱、曰恶、口欲。上焉者之于七也，动而处其中；中焉者之于七也，有所甚，有所亡，然而求合其中者也；下焉者之于七也，亡与甚，直情而行者也。情之于性视其品。[1]

韩愈认为“性”是先天形成、与生俱有的，“情”是后天与外物作用形成的产物。“性”和“情”之间相互作用、相互影响。人性有三品共五个方面，包括仁、义、礼、智、信；情感有三品七种形态，包括喜、怒、哀、惧、爱、恶、欲。上品的“性”是纯粹的善，下品的“性”是纯粹的恶，中品则可以引导为上品，也可能发展为下品。所以，

[1] 韩愈. 原道 · 韩愈文集[M]. 沈阳：辽海出版社，2010.

对一个人的道德养成进行正面的引导是必须的。

孟子之言性曰：人之性善。荀子之言性曰：人之性恶。扬子之言性曰：人之性善恶混。夫始善而进恶，与始恶而进善，与始也混而今也善恶，皆举其中而遗其上下者也，得其一而失其二者也。叔鱼之生也，其母视之，知其必以贿死。杨食我之生也，叔向之母闻其号也，知必灭其宗。越椒之生也，子文以为大戚，知若敖氏之鬼不食也。人之性果善乎？后稷之生也，其母无灾，其始匍匐也，则岐岐然、嶷嶷然。文王之在母也，母不忧；既生也，傅不勤；既学也，师不烦。人之性果恶乎？尧之朱，舜之均，文王之管蔡，习非不善也，而卒为奸。瞽瞍之舜，鲧之禹，习非不恶也，而卒为圣。人之性善恶果混乎？故曰：三子之言性也，举其中而遗其上下者也，得其一而失其二者也。[1]

对于孟子的性善论，荀子的性恶论，扬雄的性混论，韩愈都提出质疑和批评。韩愈认为这三者都关注中品而疏漏了上品和下品。叔鱼（羊舌鲋）是晋国大夫，史书记载第一个因受贿被惩处的官员。他出生时，其母就知道他将来一定会因为受贿而死。杨食我（羊舌食我）出生时，其母听到他的哭声就知道将来必定会带来灭族之祸。越椒出生时，子文知道将来若敖氏的祖先必定不再享有祭祀了。人的本性真的生来就是善良的吗？后稷出生时，其母亲并未遭遇灾殃；后稷学会爬行时就有早慧的表现。周文王在其母怀孕期间没有让母亲担忧，出生后不让王傅操劳，当学生时不让老师烦恼。人的本性真的生来就是邪恶的吗？尧的儿子丹朱，舜的儿子商均，文王的儿子管叔蔡叔，从小学习、成长的环境很好，然而最终变成恶人。瞽瞍的儿子舜，鲧的儿子禹，从小学习、成长的环境恶劣，然而最终成为圣人。韩愈认为性之上品和下品不能改变，而中品可以通过后天教

[1] 韩愈. 原道 · 韩愈文集[M]. 沈阳：辽海出版社，2010: 13.

化，导向上品或下品。上品通过学习就会变得明智，下品心存敬畏就可以教导。所以，对待不同的人要因材施教采取不同的教育方法，上品要正面引导，下品要制度约束。

对韩愈区别于前人的“性三品”说，陈寅恪称赞道，“退之首先发现《小戴记》中《大学》一篇，阐明其说，抽象之心性与具体之政治社会组织可以融会无碍，即尽量谈心说性，兼能济世安民，虽相反而实相成，天竺为体，华夏为用，退之于此奠定后来宋代新儒学之基础，退之固不世出之人杰，若不受新禅宗之影响，恐亦不克臻此”[1]。

3. 修辞明道

韩愈是唐宋文坛先驱，深知文章应该“言志载道”，主张“文道统一”。不论是道德仁义还是礼乐、刑罚、政令，都必须通过文章阐述、传播、确立，所以说：“故道德仁义，非文不明；礼乐刑政，非文不立。”[2]没有文则道将因缺乏表现方式而无以寄托，道德仁义没有文来表达则无法彰显，礼乐刑政没有文来表达则无法树立。

贞元十一年，韩愈向当朝宰相赵憬、贾耽、卢迈连续三次上书，明其志，诉其苦，以求擢任，不被采纳。在此状况下，韩愈仍然立志以文报国，自己撰文提到“求国家之遗事，考贤人哲士之终始，作唐之一经，诛奸谀于既死，发潜德之幽光”[3]，表示愿意搜求国家的遗闻佚事，考据圣贤哲士生平，撰写一部唐代的经书，声讨那些死去的奸诈谄媚的人，彰显隐士隐藏的美好品德。韩愈在《争臣论》中提出，人臣应该“居其位，则思死其官；未得位，则思修其辞以明其道”[4]。

在《答李翊书》一文中韩愈详细地阐述了自己为了做到文以载道，先“明道”后“修辞”的写作过程：“始者，非三代两汉之书不敢观，非圣人之志不敢存。处若忘，行若遗，俨乎其若思，茫乎其若迷。当其取于心而

---

❶ 陈寅恪. 论韩愈[J]. 历史研究，1954（2）：105-114.

❷ 梁肃. 常州刺史独孤及集后序 · 梁肃文集[M]. 兰州：甘肃人民出版社，2000: 37.

❸ 韩愈. 答崔立之书 · 韩愈文集[M]. 沈阳：辽海出版社，2010: 117.

❹ 韩愈. 争臣论 · 韩愈文集[M]. 沈阳：辽海出版社，2010: 56.

注于手也，惟陈言之务去，戛戛乎其难哉！其观于人，不知其非笑之为非笑也。如是者亦有年，犹不改。”❶韩愈自述在开始读书时，不是夏商周两汉的书不敢读，不是圣人立志之言不敢记，静坐时好像忘记什么，行走时好像丢失什么，严正的样子好像在思考，疑惑的样子好像很迷茫。写文章的时候要去除陈旧的辞藻，不担忧别人的看法。像这种样子过了许多年，自己依然坚持不懈怠。

4.为师之道

受魏晋门阀风气影响，至隋唐，时人尤耻为人师。韩愈三进国子监，任博士一职，后又任国子监祭酒。韩愈逆世风而上，敢为人师，最著名的当属《师说》一文，慨叹“师道之不传也久”，提出“师者，所以传道授业解惑也”❷。柳宗元也称赞他说,“独韩愈奋不顾流俗，犯笑侮，收招后学，作《师说》，因而抗颜而为师。”❸

如同韩愈撰《师说》描绘当时士大夫“耻为人师”社会现象：“巫医乐师百工之人，不耻相师。士大夫之族，曰师曰弟子云者，则群聚而笑之。”❹韩愈不仅写文章批评这种“耻为人师”的社会现象，而且亲自广招后学，教授弟子。韩愈认为师生的关系并不是固定不变的，只要是有学问的人就是自己的老师，即使是某一个方面强于自己的，也可以称为老师：

> 生乎吾前，其闻道也固先乎吾，吾从而师之；生乎吾后，其闻道也亦先乎吾，吾从而师之。吾师道也，夫庸知其年之先后生于吾乎？是故无贵无贱，无长无少，道之所存，师之所存也。
>
> 圣人无常师。孔子师郯子、苌弘、师襄、老聃。郯子之徒，其贤不及孔子。孔子曰：“三人行，则必有我师。”是故弟子不必不如师，师不必贤于弟子，闻道有先后，术业有专攻，如是而已。

---

❶ 韩愈. 答李翊书 · 韩愈文集[M]. 沈阳：辽海出版社，2010: 119.

❷ 韩愈. 师说 · 韩愈文集[M]. 沈阳：辽海出版社，2010: 19.

❸ 柳宗元. 答韦中立论师道书 · 柳宗元全集（卷三十四）[M]. 长春：时代文艺出版社，2002: 706.

❹ 同❷。

（三）柳宗元的德育思想

柳宗元（773—819），字子厚，祖籍河东郡（今山西省运城市）人，世称“柳河东”或“河东先生”，唐代文学家、哲学家、散文家和思想家，著有《河东先生集》。柳宗元是一个主张政治革新的人，推崇古文运动。他与韩愈共同倡导唐代古文运动，并称“韩柳”。柳宗元在学术思想上的一个重要贡献是把古代朴素唯物主义无神论思想发展到了一个新的高度。难能可贵的是，在柳宗元的学术思想对董仲舒“夏、商、周三代受命之符”的天命神授之说持否定态度，主张“自”论，强调人事，认为个人的主观能动性发挥积极作用。分析柳宗元的学术思想，他虽然自己说“自幼好佛”，但实际上只是吸收佛教主要义理，并融入儒学思想体系，苏轼称赞其“儒释兼通、道学纯备”。[1]

1. 顺木之天，以致其性

柳宗元主张人的德性修养、成长成才如同树木成长具有普遍规律，要遵循一定自然性。柳宗元在《种树郭橐驼传》中专门阐述了这个义理：

> 橐驼非能使木寿且孳也，能顺木之天，以致其性焉尔。凡植木之性，其本欲舒，其培欲平，其土欲故，其筑欲密。既然已，勿动勿虑，去不复顾。其莳也若子，其置也若弃，则其天者全而其性得矣。故吾不害其长而已，非有能硕茂之也；不抑耗其实而已，非有能早而蕃之也。他植者则不然，根拳而土易，其培之也，若不过焉则不及。苟有能反是者，则又爱之太恩，忧之太勤，旦视而暮抚，已去而复顾，甚者爪其肤以验其生枯，摇其本以观其疏密，而木之性日以离矣。虽曰爱之，其实害之；虽曰忧之，其实仇之，故不我若也。吾又何能为哉？[2]

---

❶ 苏轼. 书柳子厚大鉴禅师碑后 · 苏轼文集[M]. 北京：中华书局，1986: 515.

❷ 柳宗元. 种树郭橐驼传 · 柳宗元全集（卷十七）[M]. 长春：时代文艺出版社，2002: 401–402.

有个叫郭橐驼的非常擅长种树，旁人以为他有什么诀窍。他自己总结经验说，种树最主要的原则是顺应树木自然生长的天性。让树木依着天性自然舒展，培土要平，填土用旧土，填平后要压实。栽种后就不要刻意去管它，让树木按照自己生长的天性自然生长最好。过多呵护、过度照顾违背了植物生长的习性，树木反而生长不好了。培养人才也要遵循教育规律，符合一个人成长的基本规律，“爱之太恩，忧之太勤”一般的过度呵护、管教反而影响他的自然成长，有时候“勿动勿虑，去不复顾”反而能够让一个人快乐、自由成长。清朝龚自珍主张的“病梅说”也是同样道理。

柳宗元在《天说》里讲到“功者自功，祸者自祸”[1]，指一个人能够成功是因为自己建立的功绩，如果惹来灾祸也是自身因素招来的灾祸，意思是要取得成就主要应该依靠自身努力。他在《赵文子》中说：“偷者自偷，死者自死。”[2]意思是苟且偷安是苟且偷安，死去是死去，两者没有必然联系，更不是唯心主义的“天”主宰的结果。以上两句话都是柳宗元关于“自”论的经典论断，都充分表明了个体主观能动性的积极意义。关于人的主观能动性的思想，柳宗元还特别强调人在知识学习、道德修养中要加强自律、严于律己。韩愈与柳宗元是同僚兼诤友，当韩愈表示出因为畏惧压力不想当史官时，柳宗元写了一篇《与韩愈论史官书》专门与其讨论这个问题，直言“私心甚不喜”，批评韩愈一面自己“以为纪录者有刑祸，避不肯就”，另外一面自己不敢做的事情又引诱史馆中的青年学子去做，“今人当为而不为，又诱馆中他人及后生者，此大惑已。不勉己而欲勉人，难矣哉！”[3]遇事没有勉强自己却勉强别人，这实在是难以做到啊！柳宗元认为自己首先应该做到的，符合道德标准，才能够去要求别人做到。“敢问忧方，吾将告子，有闻不行，有过不徙，宜言不言，不宜而烦，宜退而

---

❶ 柳宗元. 天说 · 柳宗元全集（卷十六）[M]. 长春：时代文艺出版社，2002: 377.

❷ 柳宗元. 赵文子 · 柳宗元全集（卷四十五）[M]. 长春：时代文艺出版社，2002: 1032.

❸ 柳宗元. 与韩愈论史官书 · 柳宗元全集（卷三十一）[M]. 长春：时代文艺出版社，2002: 657.

勇，不宜而恐，中之诚悬，过又不及。”

遵循成长的自然规律，但并不排斥人个体的主观努力，尤其在遭遇逆境时更要保持良好的心态。柳宗元仕途并不顺利，“永贞革新”失败后屡次遭受贬谪，但他始终保持乐观、积极的心态。他专门写了《诫惧箴》和《忧箴》，阐述自己对恐惧、忧虑这些常见的负面情绪的积极观点。其中提到关于面对和处置忧愁的办法：

> 敢问忧方，吾将告子：有闻不行，有过不徙，宜言不言，不宜而烦；宜退而勇，不宜而恐，中之诚悬，过又不及。[1]

这段话的意思是，听说正确的建议却不去做，知道自己有过错却不去改，该说话的时候不说，不该说话却絮叨烦躁，应该退却时却逞匹夫勇莽，应该前进时却又心生恐惧。以上这些错误的行为应该诚恳、适度去做，但又要防止过犹不及。一个人如果成功克服恐惧和忧愁的负面影响，差不多就形成了良好的道德修养。

柳宗元虽然深信佛教，崇尚儒学，但其学术思想仍然带有可贵的唯物主义色彩。范文澜在《中国通史简编》指出：“柳宗元思想也分成两截，半截唯物，半截唯心。”[2]柳宗元在《天爵论》强调后天努力在塑造理想人格中的主观能动性，认为人的品德主要靠后天修养而成，并非“天爵”之说：

> 使仲尼之志之明，可得而夺，则庸夫矣；授之于庸夫，则仲尼矣。若乃明之远迩，志之恒久，庸非天爵之有级哉？故圣人曰：“敏以求之”，明之谓也；“为之不厌”，志之谓也。[3]

---

❶ 柳宗元. 忧箴 · 柳宗元全集（卷十九）[M]. 长春：时代文艺出版社，2002: 448.

❷ 范文澜. 中国通史简编（修订本）第三编第二册[M]. 北京：人民出版社，1965: 723.

❸ 柳宗元. 天爵论 · 柳宗元全集（卷三）[M]. 长春：时代文艺出版社，2002: 71.

孟子曾经提出“天爵”和“人爵”的概念，前者指上天赐予的优秀品质，后者指社会爵位。柳宗元否定孟子的天命论，批驳董仲舒天道神授。他提出，假设圣人的志向和明察之品质能够予以剥夺，就变得像庸夫一样了；反之，将志向和明察授予庸夫，庸夫也能够变成孔子般的圣人。如果能够明察远近，持之以恒，庸夫不是像获得“天爵”一般变成圣人。所以孔子说的“敏以求之”指敏捷勤勉地求索知识，这是讲“明察”的事；“为之不厌”指持之以恒地坚持，这是讲“宏志”的事。

2.立道示后，笃道植志

柳宗元主张道德教育要进行正面教育，采取树立优秀典范、鼓励先进分子、引导正确道路的教育方法。他在《时令论》提出，“圣人之立教，立中道以示于后。”[1]儒家道统中的圣人，一般认为是尧、舜、禹、汤王、文王、武王、周王、孔子，所以柳宗元说：“吾之所云者，其道自尧、舜、禹、汤、高宗、文武、周公、孔子皆由之，而子不谓圣道，抑以吾为与世同波，工为翦翦拘拘者？”[2]

> 若果以圣与我异类，则自尧舜以下，皆宜纵目卬鼻，四手八足，鳞毛羽鬣，飞走变化，然后乃可。苟不为是，则亦人耳，而子举将外之耶？若然者，圣自圣，贤自贤，众人自众人，咸任其意，又何以作言语、生道理，千百年天下传道之？[3]

历代圣人立教，都是立下中正的义理以示范于后人。柳宗元关于“明道”“立道”的主张强调正面教育引领的作用，具有积极的意义。但他延伸提出“中道”的内涵是：“曰仁、曰义、曰礼、曰智、曰信，谓之五常，

---

❶ 柳宗元. 时令论下 · 柳宗元全集（卷三）[M]. 长春：时代文艺出版社，2002: 77.

❷ 柳宗元. 与杨诲之第二书 · 柳宗元全集（卷三十三）[M]. 长春：时代文艺出版社，2002: 691.

❸ 柳宗元. 与杨诲之第二书 · 柳宗元全集（卷三十三）[M]. 长春：时代文艺出版社，2002: 689–690.

言可以常行者也。”[1]把“仁义礼智信”作为“五常”的道德标准，仍然具有封建礼教的局限性。柳宗元还提出“君子学以植其志，信以笃其道”[2]，意思是君子学习立下宏志，笃信才能坚持道。

柳宗元强调行道要有恒心、毅力，他在《送娄图南秀才游淮南将入道序》提到：“幸而好求尧、舜、孔子之志，唯恐不得；幸而遇行尧、舜、孔子之道，唯恐不慊，若是而寿可也。”[3]意思是努力寻求和尧、舜、孔子一般的恢宏大志，又担心无法获得；要做到如尧、舜、孔子一样的道，又担心别人不满，如果能够一样长寿就好了。

> 始吾幼且少，为文章，以辞为工。及长，乃知文者以明道，是固不苟为炳炳烺烺，务采色、夸声音而以为能也。凡吾所陈，皆自谓近道，而不知道之果近乎？远乎？吾子好道而可吾文，或者其于道不远矣。[4]

文以载道，柳宗元认为写文章是阐述、探索、讨论道的重要途径。他在给韦中立的回信中自述：我年轻的时候少不更事，写文章追求辞藻工巧、华丽，成年后才知道文章是用以阐明道理、义理的。因此写文章不再讲求格式漂亮、用词华丽、气势宏大。我所呈示的文章都自认为已经接近道了，但不知道事实是否如此？你追求道又能够喜爱我的文章，应该距离道不远了。

3.举世不师，故道益离

魏、晋以降，因门阀制度形成一个居于社会上层的特权阶层——氏

---

[1] 柳宗元. 时令论下 · 柳宗元全集（卷三）[M]. 长春：时代文艺出版社，2002: 77.

[2] 柳宗元. 送薛判官量移序 · 柳宗元全集（卷二十三）[M]. 长春：时代文艺出版社，2002: 516.

[3] 柳宗元. 送娄图南秀才游淮南将入道序 · 柳宗元全集（卷二十五）[M]. 长春：时代文艺出版社，2002: 548.

[4] 柳宗元. 答韦中立论师道书 · 柳宗元全集（卷三十四）[M]. 长春：时代文艺出版社，2002: 707.

族。晋以来氏族成员日渐骄奢，以致其子弟跋扈自恣，目中无人，毫无尊师重教之道。受氏族子弟风气影响，社会上逐渐产生轻视“师道尊严”之风气。孟子说过“人之患，在好为人师”❶，是在担心有的人自恃学问，喜欢对旁人指手画脚、评头论足。而自魏、晋直至唐代，“耻为人师”的风气即使在士人中也十分严重，出现“为人师者众笑之”❷的怪异现象，以致有为师之能的人“不敢为人师”❸。同韩愈一样，柳宗元对这种现象深恶痛绝，认为如果大家都不愿意当老师，距离“中道”崩溃就不远了。他说：

> 今之世，为人师者众笑之。举世不师，故道益离；为人友者，不以道而以利，举世无友，故道益弃。呜呼！生于是病矣，歌以为箴。既以儆己，又以诫人。不师如之何？吾何以成！❹

现在社会上的人都会讥笑做老师的，但没有人考虑过，如果大家都不当老师，距离“道”就越来越远了；和人交友，不是为了“道”而是为了利益，这世上就没有朋友，“道”也就日益被背弃了。我就是因为痛惜出现这种情况，才写了《师友箴》，既是警示自己，也是提醒大家。求学、求道之路怎么可以不依赖老师呢？没有老师，就无法取得成功。

柳宗元肯定师道，但不会“好为人师”，而是与学生“交以为师”。青年秀才严厚舆写信向柳宗元求教为师之道，柳宗元认真回复并赞扬其才气，认为师生之间应该互相学习、教学相长：

> 吾子文甚畅远，恢恢乎其辟大路将疾驰也。攻其车，肥其马，长其策，调其六辔，中道之行大都，舍是又悉师欤？亟待谋

---

❶《孟子·离娄上》。

❷ 柳宗元. 师友箴·柳宗元全集（卷十九）[M]. 长春：时代文艺出版社，2002: 448.

❸ 柳宗元. 答韦中立论师道书·柳宗元全集（卷三十四）[M]. 长春：时代文艺出版社，2002: 706.

❹ 同❷。

> 于知道者而考诸古，师不乏矣。幸而亟来，终日与吾子言，不敢倦，不敢爱，不敢肆。苟去其名，全其实，以其余易其不足，亦可交以为师矣。❶

"不敢倦，不敢爱，不敢肆"，真实反映柳宗元"交以为师"的谦虚姿态，柳宗元还主张，为师应该务实，不是为了弟子之师的名号，更不是为了承受弟子的大礼。只要有人愿意来和我讲道、谈古、探讨文章，我都会一一认真对待，而不是闭口不言：

> 仆之所拒，拒为师弟子名，而不敢当其礼者也。若言道、讲古、穷文辞，有来问我者，吾岂尝瞋目闭口耶？❷

这句话的意思是，我所拒绝的，是拒绝为不敢担当。如果是讲道，论古，有来向我请教者，我又何尝合目闭口，一言不发呢？

柳宗元虽然提倡师道，鼓励"交以为师"，但也特别注重择师、择友要有一定标准，对这个问题他说"道苟在焉，佣丐为偶；道之反是，公侯以走。内考诸古，外考诸物，师乎友乎，敬尔毋忽"。"道"是遴选师友的第一标准，一个人如果坚守"道"，即使是佣仆、乞丐也可以作为老师；如果丧失"道"了，即使是公侯也要敬而远之。考核师友，既要看考察其对历史的了解，也要考察其对社会现实的反应和表现，这是要十分警惕而不能忽视的问题。

4. 刚柔兼济，经权结合

柳宗元延续儒家"中庸"思想，认为君子追求的"道"应该是"中道"，其标准要刚柔兼济，如"花未全开月未圆"的境界为佳：

---

❶ 柳宗元. 答严厚舆秀才论为师道书 · 柳宗元全集（卷三十四）[M]. 长春：时代文艺出版社，2002：712.

❷ 同❶。

> 纯柔纯弱兮，必削必薄；纯刚纯强兮，必丧必亡。韬义于中，服和于躬；和以义宣，刚以柔通。守而不迁兮，变而无穷。交得其宜兮，乃获其终。姑佩兹韦兮，考古齐同。❶

至柔至弱者一定会被削弱、削薄；至刚至强者一定会被丢弃甚至灭亡。将义理之道隐藏在中庸的言行里予以宣讲，将“中和”的意识包含在谦恭的行动中得以表达。如果能够坚守中庸之道，无论情况如何变化都不会穷尽困顿的。一个人在自身修养过程中能够体会这点，一定能够获得道德修养上的成功。

柳宗元的中和思想还主张在道德实践中要“经权结合”。“经”是道德标准和行为规范；“权”是行为方式，是实现经的手段。柳宗元认为坚守中道的时候，既要坚持原则，也要有灵活性，不能太因循守旧、拘泥于法：

> 果以为仁必知经，智必知权，是又未尽于经权之道也。何也？经也者，常也；权也者，达经者也。皆仁智之事也。离之，滋惑矣。经非权则泥，权非经则悖。❷

如果认为达到仁义一定要知道道德规范，达到明智就要懂得变通行为方式，那就“经”和“权”都无法坚持了吗？“经非权则泥，权非经则悖”这句话很重要，只坚持规范不灵活处事就受到拘泥约束，一味变通背离规范就违反规范标准了。柳宗元认为二者都是仁义、明智的范畴，二者都不能违背。坚持“经权结合”在求道、处事中就不会疑惑了。

5. 济世安民，官为民役

儒家思想是一门经世济用学术思想体系，从诞生开始就将致力于服务社会为己任，所以孔子才会带着弟子们周游列国、传播儒学。儒家思想历

---

❶ 柳宗元. 佩韦赋 · 柳宗元全集（卷二）[M]. 长春：时代文艺出版社，2002: 41–42.

❷ 柳宗元. 断刑论 · 柳宗元全集（卷三）[M]. 长春：时代文艺出版社，2002: 80.

经几千年传承不断，一个最主要原因也是其为国、为民的思想主张收到历代大儒推崇、发扬。柳宗元秉持孔子德政思想，自述“凡儒者之所取，大莫尚孔子”[1]。习近平在纪念孔子诞辰2565周年国际学术研讨会暨国际儒学联合会第五届会员大会开幕会上的讲话中指出：“儒家思想和中国历史上存在的其他学说都坚持经世致用原则，注重发挥文以化人的教化功能，把对个人、社会的教化同对国家的治理结合起来，达到相辅相成、相互促进的目的。”[2]柳宗元出身山西氏族世家，却关注社会民生、心系百姓疾苦，“济世安民”是其学术思想的重要内容：

> 吾未尝为佞且伪，其旨在恭宽退让，以售圣人之道及乎人，如斯而已矣。尧舜之让，禹、汤、高宗之戒，文王之小心，武王之不敢荒宁，周公之吐握，孔子之六十九未尝纵心，彼七八圣人者所为若是，岂恒愧于心乎？[3]

唐永贞年间，柳宗元被贬永州期间，其岳父杨凭也被贬贺州。其妻弟杨诲之经永州看望父亲，柳宗元给他连续写信介绍自己德政思想。在第二封信中柳宗元回忆起自己当年在长安为政期间贪功冒进的情况，提醒杨诲之要坚守中和，外柔内刚尧舜的谦虚禅让，禹、汤、高宗武丁的自戒，文王的谨慎，武王不敢荒废懈怠，周公求贤若渴以致“一沐三握发，一饭三吐哺”，孔子到六十九岁依然不会放纵自己的心。这些圣人都能够做到如此，更何况我们呢？所以柳宗元立志“励材能，兴功力，致大康于民，垂不灭之声”[4]。

---

❶ 柳宗元. 与杨诲之第二书 · 柳宗元全集（卷三十三）[M]. 长春：时代文艺出版社，2002：690.

❷ 习近平同志在纪念孔子诞辰2565周年国际学术研讨会暨国际儒学联合会第五届会员大会开幕会上的讲话[M]. 北京：人民出版社，2014：11.

❸ 柳宗元. 与杨诲之第二书 · 柳宗元全集（卷三十三）[M]. 长春：时代文艺出版社，2002：691.

❹ 柳宗元. 答贡士元公瑾论仕进书 · 柳宗元全集（卷三十四）[M]. 长春：时代文艺出版社，2002：710.

柳宗元信奉儒家思想，认为自己要从熟读、理解儒家经典获得成功之道。柳宗元认为儒家典籍各自有其核心思想和独特之处：《尚书》阐释“圣人之道”，《诗经》阐释“道”的永恒原理，《礼记》阐释道德规范和行为准则，《周易》阐释天人关系和万物变化之法，《春秋》阐释善恶的尺度。他认为“此吾所以取道之原也”[1]。

“官为民役”是柳宗元的重要观点，在当时的封建时代，尤其对出身优渥的柳宗元来讲尤显珍贵。柳宗元在《送薛存义序》提到：

> 凡吏于土者，若知其职乎？盖民之役，非以役民而已也。凡民之食于土者，出其十一佣乎吏，使司平于我也。今我受其直，怠其事者，天下皆然。岂惟怠之，又从而盗之。向使佣一夫于家，受若直，怠若事，又盗若货器，则必甚怒而黜罚之矣。以今天下多类此，而民莫敢肆其怒与黜罚者，何哉？势不同也。势不同而理同，如吾民何？有达于理者，得不恐而畏乎？[2]

薛存义是柳宗元山西同乡人，被任永州湘源（今广西兴安县）县令。柳宗元在其上任前给他饯行，并叮嘱其要有“役于民”的意识。柳宗元认为，受命在地方上做官的人就一定知道自己的职责吗？实际上他们是老百姓的仆役，并不是来役使老百姓的。老百姓每年供奉田地收入的十分之一来“雇佣”官吏，就是希望官吏为自己主持公道。现在有的人做了官，接受了老百姓的奉养，却对百姓的事情怠惰。有的人甚至霸占、偷盗百姓财物。有明于事理的人，心里清楚百姓之所以不起来反对是形势所迫，但这种情况长此以往却令人心生惶恐。虽然柳宗元的出发点是维持社会秩序，维护统治阶级利益，但他的思想在那时已经十分珍贵，形成朴素的“官为民役”思想，对当前政治建设“执政为民”也有重要启迪价值。

---

❶ 柳宗元. 答韦中立论师道书 · 柳宗元全集（卷三十四）[M]. 长春：时代文艺出版社，2002: 708.

❷ 柳宗元. 送薛存义序 · 柳宗元全集（卷二十三）[M]. 长春：时代文艺出版社，2002: 514-515.

三、宋元明清儒家的德育思想

宋元明清时期自北宋建立（960年）至鸦片战争爆发（1840年）为止，属中国封建社会的后期。在宋元明清时期，经几位大儒综合儒家思想与佛、道思想理论，将儒家伦理哲学化，其核心关注是探讨天道与人性的关系，最有代表性的是理学和心学思想。儒家理学发端于北宋，成熟于南宋，盛行于元、明，后衰落于清代中期。儒家心学溯自孟子，南宋陆九渊开创，明代王守仁集大成。理学基本上属于客观唯心主义观点，心学则是主观唯心主义观点。儒家理学和心学都是儒家思想的成熟理论形态，也是中国古代传统文化的成熟理论形态。

（一）程颢、程颐的德育思想

程颢和程颐兄弟二人，河南洛阳人（祖籍徽州篁墩），出生于武汉市黄陂区。程颢（1032—1085）字伯淳，又称明道先生；程颐（1033—1109）字正叔，又称伊川先生。二人早年就学于周敦颐，并同为宋明理学洛学学派的实际开创者，世称“二程”。儒家思想自先秦创立后，至两汉“独尊儒术”成为统治阶级认可的思想文化系统，然后又出现近千年的衰微时期。一直到宋代，儒家思想再度恢复兴盛。宋代儒学以超越经学和消化佛学为主要理论支撑，以二程和朱熹为代表人物，衍生了新的儒学思想——理学，也称宋学。理学体系的最大特点是以哲学方法解构精神思想世界，其思想观点及语言体系多偏晦涩深奥。朱熹曾感慨称：“理学最难。可惜许多印行文字，其间无道理的甚多，虽伊洛门人亦不免如此。”[1]

二程长期在洛阳讲学，洛学学派是北宋时期影响最大也是最典型的理学派别。洛学以儒家道德伦理为核心，兼容道家宇宙生成理论和佛教思辨哲学，建立了一个博大深奥的思想体系。程颢和程颐兄弟的学术思想要旨基本一致，但在义理延伸及个人性情方面仍然存在较大差别。黄

---

[1] 黎靖德. 朱子语类（卷六十二）[M]. 北京：中华书局,1986: 1485.

宗羲在《宋元学案》中说：

> 大程德行宽宏，规模阔广，以光风霁月为怀。小程气质刚方，文理密察，以削壁孤峰为体。其道虽同，而造德各有所殊。[1]

1.“天即是理”的天理论

天理论是二程理学赋予儒家德育思想的重要特征。二程以儒家伦理道德为学术思想核心，吸收部分佛道思想，建立起一个比传统儒家思想更加精致、更具学术性、思辨性的学术思想体系。二程的道德伦理思想推崇“天即是理”，理是最高实体，所谓“天者理也”。二程理学思想的根本目的也是为专制统治的永恒性和道德伦理的合理性提供理论依据。二程将“理”作为道德伦理的最高范畴。程颐自己提到：“吾学虽有所受，天理二字却是自家体贴出来。”[2]二程认为“理”是宇宙本原同时也是主宰万物的唯一存在，所以说“万物皆可理照”“万物皆只是一个天理”[3]。

二程还提出，天下只有一个“理”，不会存在第二个“理”，“天下之理一也，涂虽殊而其归则同，虑虽百而其致则一。虽物有万殊，事有万变，统之以一，则无能违也。”[4]这是二程理学明确的世界万物的统一性。二程认为“理”有“自然之理”和“社会之理”，二者是一体的。“理”存在万物之中、又在万物之上，独立于天地万物却又主宰宇宙万物。自然界存在“自然之理”，因此“雷自有火，如钻木取火，如使木中有火，岂不烧了木？盖是动极生阳，自然之理”[5]。人类社会也存在“社会之理”，因此“君臣父子，天下之定理，无所逃乎天地间”[6]。人身上存在“天理”是人的

[1] 黄宗羲.宋元学案［M］.北京：中华书局，1986：540.
[2] 程颢，程颐.二程集·河南程氏外书（卷十二）[M].北京：中华书局，2004：424.
[3] 程颢，程颐.二程集·河南程氏遗书（卷十八）[M].北京：中华书局，2004：193.
[4] 同[3]。
[5] 程颢，程颐.二程集·河南程氏遗书（卷二）[M].北京：中华书局，2004：1263.
[6] 程颢，程颐.二程集·河南程氏遗书（卷五）[M].北京：中华书局，2004：77.

本性，人与禽兽的区别就在于人具有“天理”，否则“天理之不存，则与禽兽有何异矣”❶。

“存天理，灭人欲”是二程理学思想的核心观点，也是后世受到道家、佛家甚至儒家其他学派批斥最多的思想。事实上，这一概念并非二程创造，孔子在《礼记》中已有记载：“人化物也者，灭天理而穷人欲者也。于是有悖逆诈伪之心，有淫泆作乱之事。”❷这里所谓“灭天理而穷人欲者”就是指泯灭天理而为所欲为者。二程对此进一步延伸：“人心私欲，故危殆。道心天理，故精微。灭私欲则天理明矣。”❸二程把孔子的“穷人欲”的概念明确定位为“灭人欲”。在“灭人欲”的基础上，二程把“理”作为封建社会等级制度和与之相适应的社会伦理道德规范，“上下之分，尊卑之义，理之当也，礼之本也。”❹二程通过天理论使封建社会等级制度和封建伦理道德穿上神圣化、合理化的外衣。这也是二程理学在后来很长时间成为各朝统治者青睐的道德伦理学说的一个重要原因。

2.人性论

二程认为“性”是天理在人的身上的体现。人性有“天命之性”和“气质之性”之分，“天命之性”就是仁、义、礼、智、信，是至纯至善的，这点从圣贤、帝王到普通百姓都一样。“性无不善，而有不善者，才也。”❺二程主张“善恶皆天理”❻。人为什么有善恶之分，是因为构成的物质即“气”不相同。“气”有清浊的不同，因此“禀其清者为贤，禀其浊者为愚”❼。

为了愚弄、欺瞒普通百姓，二程提出“天命之性”的宿命论观点：

---

❶ 程颢，程颐. 二程集 · 河南程氏粹言（卷二）[M]. 北京：中华书局，2004: 1272.

❷《礼记 · 乐记》。

❸ 程颢，程颐. 二程集 · 河南程氏遗书（卷二十四）[M]. 北京：中华书局，2004: 312.

❹ 程颢，程颐. 二程集 · 周易程氏传（卷一）[M]. 北京：中华书局，2004: 749.

❺ 程颢，程颐. 二程集 · 河南程氏遗书（卷十八）[M]. 北京：中华书局，2004: 204.

❻ 程颢，程颐. 二程集 · 河南程氏遗书（卷二）[M]. 北京：中华书局，2004: 14.

❼ 同❺。

在天曰命，在人曰性，循性曰道。性也，命也，道也，各有所当。天所赋为命，物所受为性，天之付与之谓命，禀之在我之谓性，见于事物之谓理。理也，性也，命也，三者未尝有异。穷理则尽性，尽性则知天命矣。天命，犹天道也，以其用而言之则谓之命。命者，造化之谓也。[1]

二程认为，所谓天理，在天就是“命”，在人就是“性”，在事就是“理”，理、性、命三者是统一的。而“仁、义、礼、智、信”是至善之性，只是名称不同而已，“合而言之，皆道；别而言之，亦皆道也”[2]。利用天理论，二程也给仁、义、礼、智、信“五常”赋予绝对的权威性和合法性。

3. 格物致知论

格物致知论是二程思想体系的重要内容。关于“格物”的概念，二程认为训“格”为穷，训“物”为事，格物即“穷理而至于物”[3]看来，所格之“物”指宇宙万物，不仅包括天地人、日月星，还包括人的思想世界。所以二程认为“思”对格物具有重要作用：“穷至物理无他，唯思而已矣。‘思曰睿，睿作圣’，圣人亦自思而得，况于事物乎！……思虑久后，睿自然生。若于一事上思未得，且别换一事思之，不可专守着这一事。盖人之知识，于这里蔽着，虽强思亦不通。”[4]

二程主张：“要在明善，明善在于格物穷理”[5]。二程提倡的“格物穷理”，格的是世间万物，穷的是人伦之理，格物的目的是达到“明善”，但最终目的即道德修养的最高目标是“致圣”。二程认为，只要掌握“格物”的方法，每个人都可以成为圣人；而且必须立志成为圣人，否则就等于放弃自己的道德修养，他说：“人皆可以至圣人，而君子之学必至于圣人

---

❶ 程颢，程颐. 二程集 · 河南程氏遗书（卷二十二）[M]. 北京：中华书局，2004: 318.

❷ 同❶。

❸ 程颢，程颐. 二程集 · 河南程氏外书（卷二）[M]. 北京：中华书局，2004: 365.

❹ 程颢，程颐. 二程集 · 河南程氏遗书（卷十八）[M]. 北京：中华书局，2004: 186.

❺ 程颢，程颐. 二程集 · 河南程氏遗书（卷十五）[M]. 北京：中华书局，2004: 144.

而后已。不至于圣人而后已者，皆自弃也。”[1]但无论是达到“明善”还是“致圣”，二程认为道德修养没有捷径，全在于积累而成：

> 或问：格物须物物格之，还只格一物而万理皆知？曰：怎得便会贯通？若只格一物，便通众理，虽颜子亦不敢如此道。须是今日格一件，明日又格一件，积习既多，然后脱然自有贯通处。[2]

4.知行统一论

关于道德修养中常见的知行观点，二程主张知行统一论，提出“须以知为本。知之深，则行必至，无有知之而不能行者。知之而不能行，只是知得浅”[3]。二程知行统一论与其格物致知论是密切联系、一脉相承。但在立足知行统一的基础上，二程强调“知”的作用，认为应该“以知为本”。难能可贵的是，二程对“知”的程度还进行区分，分为“深知”和“浅知”。这应该是较早有感性认识和理性认识的概念，体现二程思想中具有一定的理性主义。

5.诚信论

二程道德修养特别重视诚信教育，提出“不诚无以为善，不诚无以为君子”[4]，认为诚信是德的重要内容。二程主张：“进学不诚则学杂，处事不诚则事败，自谋不诚则欺心而弃己，与人不诚则丧德而增怨。”[5]意思是学问之道如果没有诚心就会导致知识体系庞杂，为人处世如果没有诚心就会导致失败，思谋自己的事情若没有诚心就是自欺、自弃，对待人如果没有诚心就会丧失德性并招致怨恨。在此，二程把诚信与求学、谋虑、处事、待人都联系在一起，可见其对诚信的重视程度。做学问的人贵在讲信用，讲信用贵在诚心。没有诚心就不会有善心，一个人如果没有诚心和善心，

---

❶ 程颢，程颐. 二程集·河南程氏遗书（卷二十五）[M]. 北京：中华书局，2004: 318.

❷ 程颢，程颐. 二程集·河南程氏遗书（卷十八）[M]. 北京：中华书局，2004: 188.

❸ 同❷。

❹ 程颢，程颐. 二程集·河南程氏遗书（卷二十五）[M]. 北京：中华书局，2004: 326.

❺ 同❹。

就无法立足于社会。因此说“明善在明，守善在诚”❶，明白善的道理关键在于思考，坚守善的原则则在于诚心。

（二）朱熹的德育思想

朱熹（1130—1200），字元晦，又字仲晦，号晦庵，晚称晦翁。祖籍徽州府婺源县（今江西省婺源），出生于南剑州尤溪（今属福建省尤溪县），南宋时期理学家、思想家、哲学家、教育家、诗人。朱熹19岁考中进士，曾任同安县主簿，知南康、漳州，做过浙东巡抚，一生主要时间和精力都投身于学术研究和儒学教育。朱熹梳理总结宋代理学思想，建立了系统的理学体系，成宋代理学之集大成者。宋以来很长时间其学术思想被尊奉为官学，以致朱熹被与孔子并提，称为“朱子”。由于朱熹理学思想受统治阶级重视，对后世影响深远，卒谥号“文”，元朝时赐号“公”，故世称“朱文公”。朱熹著述众多，以《四书章句集注》最为著名，后被钦定为科举考试标准和教科书。朱熹对道德修养的途径讲求“格物致知”，其具体内容是“穷天理，明人伦，讲圣言，通事故”❷，这里的“天理”主要是指仁、义、礼、智、信等道德标准。

1.德育为先

朱熹重修白鹿书院，制订《白鹿书院揭示》作为学规，影响深远，是该书院后来位列四大书院之一的重要原因。朱熹在《白鹿书院揭示》的一个重要贡献是明确提出学校教育的根本目的在于“明理修身”：“熹窃观古昔圣贤所以教人为学之意，莫非使之讲明义理以修其身，然后推己及人；非徒欲其务记览为词章，以钓声名取利禄而已。”❸朱熹认为，古代圣贤教授为学的本意是讲明义理、修养身心，并且推己及人，反对做学问讲求功利性，以死记文章词句获取功名利禄为目的。对学习教学内容，朱熹明确

❶ 程颢，程颐．二程集 · 河南程氏遗书（卷六）[M]．北京：中华书局，2004：577.

❷ 朱熹．朱子全书（第22册）[M]．上海：上海古籍出版社，2002：1756.

❸ 朱熹．朱子全书（第24册）[M]．上海：上海古籍出版社，2002：3587.

为“礼、乐、射、御、书、数及孝、弟、忠、信之事”[1]，除六艺以外，最重要的是“孝、弟、忠、信”，强调的仍然是道德教育。

朱熹继承孟子性善论，说“当其未感，五性具备，岂有不善？及其应事，才有照顾不到处，这便是恶”[2]。朱熹认为人生来具备五性：仁、义、礼、智、信，没有不善良的，只是后来处理事情的时候做得不到位的地方，才形成“恶”。

2.明人伦

朱熹德育思想的核心是“明人伦”，他主张：“父子有亲、君臣有义、夫妇有别、长幼有序、朋友有信，此人之大伦也。”[3]朱熹在《白鹿书院揭示》将上述五伦作为学规列为“五教之目”[4]。为了达到“明人伦”的德育目标，朱熹延续二程学术“存天理，灭人欲”思想，并且重新强调孔子“克己复礼”思想在“灭人欲”中的重要作用。朱熹说：“孔子所谓‘克己复礼’,《中庸》所谓‘致中和’‘尊德性’‘道问学’,《大学》所谓‘明明德’,《书》曰‘人心惟危，道心惟微，惟精惟一，允执厥中’，圣贤千言万语，只是教人存天理、灭人欲。”[5]朱熹认为儒家典籍《中庸》《大学》《尚书》等记载许多圣人关于道德修养的语录，但归根到底都是在讲“天理”和“人欲”。朱熹思想立足儒家“仁”的核心观点，所谓“天理”即是仁，所谓“人欲”即是不仁，并进一步指出：“人之一心，天理存则人欲亡，人欲胜则天理灭。未有天理人欲夹杂者。”[6]人的内心，有天理（仁）则人欲（不仁）就剔除，反之，人欲（不仁）胜过天理（仁）则天理（仁）就丧失了。朱熹明确，这世上不可能存在二者共存的情况。所以朱熹也认为圣人是很难达到，甚至难以坚持的“圣人万善皆备，有一毫之失，此不足

[1] 黎靖德. 朱子语类（卷七）[M]. 北京：中华书局，1986: 124.

[2] 黎靖德. 朱子语类（卷九十四）[M]. 北京：中华书局，1986: 2395.

[3] 朱熹. 四书章句集注 [M]. 北京：中华书局，2015: 1025.

[4] 朱熹. 朱子全书（第24册）[M]. 上海：上海古籍出版社，2002: 3587.

[5] 黎靖德. 朱子语类（卷十二）[M]. 北京：中华书局，1986: 207.

[6] 黎靖德. 朱子语类（卷十三）[M]. 北京：中华书局，1986: 224.

为圣人”[1]。即使犯了一丝一毫的过失，就称不上圣人了。不过，按照朱熹的观点，“灭人欲”并不是消灭一切人的欲望，他明确区别合理的欲望和不仁的欲望：“饮食，天理也，山珍海味，人欲也，夫妻，天理也，三妻四妾，人欲也。”[2]意思是正常的普通人的需求也是符合“天理”的，但过分追求欲望，就陷入“人欲”之中。客观地说，朱熹的本意不是要完全“灭人欲”，只是被统治者加以假借、利用其学术观点，用以控制百姓思想、禁锢人民合理追求罢了。

3.为学之序

朱熹认为学习要遵循基本规律，讲究循序渐进，他在《白鹿书院揭示》规定学习途径的顺序：“而其所以学之之序，亦有五焉，其别如左：博学之。审问之。慎思之。明辨之。笃行之。右为学之序。学、问、思、辨，四者所以穷理也。”[3]博学、审问、慎思、明辨、笃行是学习的基本过程，学、问、思、辨是学习途径和方法的基本规律，都必须遵循。朱熹系统介绍学校（书院）学习的过程：“立学校以教其民，……必始于洒扫、应对进退之间，礼、乐、射、御、书、数之际，使之敬恭，朝夕修其孝、悌、忠、信而无违也。然后从而教之格物致知以尽其道，使知所以自身及家，自家及国而达之天下者，盖无二理。”[4]在这里，朱熹对学生学习提出的要求，契合其“知先行后”的知行观。关于个人道德修养（知）和实践（行）孰先孰后？朱熹认为，道德实践需要道德伦理的指导，因此主张“知为先”。但是道德伦理不能只流于空谈，所以个人的道德实践也很重要，所谓“行为重”。关于“论先后，知在先”，朱熹进一步提出：“知、行常相须，如目无足不行，足无目不见。论先后，知在先；论轻重，行为重。”[5]

朱熹创造性地将学习阶段分为小学和大学，8~15岁为蒙养教育阶段，

---

❶ 黎靖德. 朱子语类（卷十三）[M]. 北京：中华书局，1986: 2011–2012.

❷ 同❶。

❸ 朱熹. 朱子全书（第24册）[M]. 上海：上海古籍出版社，2002: 3587.

❹ 朱熹. 朱子全书（第24册）[M]. 上海：上海古籍出版社，2002: 3719.

❺ 黎靖德. 朱子语类（卷九）[M]. 北京：中华书局，1986: 148.

15岁以后为大学教育阶段。区别于过去大学的学习内容，朱熹专门编写《小学》一书，内篇包括《立教》《明伦》《敬身》和《稽古》，选材以儒家典籍为主，所谓“萃十三经之精华”；外篇包括《嘉言》和《善行》，内容为历代圣贤高德之士语录逸事，所谓“采十七史之领要”。朱熹的《小学》成为中国传统启蒙教育的经典教材，对今后中国教育界、学术界都产生深远影响。《小学》开宗明义，将小学教育作为德育之本，“古者小学，教人以洒扫，应对，进退之节；爱亲，敬长，隆师，亲友之道。皆所以为修身，齐家，治国，平天下之本。”❶朱熹认为，小学启蒙虽然内容简单，实则为道德修养的基础，为将来实现修身、齐家、治国、平天下打好德育之基，即培养“圣贤坯璞”❷。而大学教育阶段的德育内容是“穷理、正心、修己、治人之道”❸。朱熹根据儒学典籍的内容和特点，对大学教育读书的次序都做了规定：

> 某要人先读大学，以定其规模；次读论语，以立其根本；次读孟子，以观其发越；次读中庸，以求古人之微妙处。大学一篇有等级次第，总作一处，易晓，宜先看。论语却实，但言语散见，初看亦难。孟子有感激兴发人心处。中庸亦难读，看三书后，方宜读之。❹

朱熹让学生按照一定次序读《四书》：先读《大学》，作为初学者“入德之门”，确定儒家思想价值观；次读《论语》，确立孔子的政治主张、伦理思想、道德观念等基本思想；再读《孟子》，了解其发扬超越孔子的思想；最后读《中庸》，理解古人圣贤的思想观点。

难能可贵的一点是，朱熹教学提倡发挥学生学习主体性，他和学生说：“某此间讲学时少，践履时多，事事都用你自去理会，自去体察，自

---

❶ 朱熹. 朱子全书（第13册）[M]. 上海：上海古籍出版社，2002：393.

❷《朱子语类》（卷七）：“这里定已自是圣贤坯璞了，但未有圣贤许多知见。”

❸ 朱熹. 四书章句集注［M］. 北京：中华书局，2015：763.

❹ 黎靖德. 朱子语类（卷十四）［M］. 北京：中华书局，1986：419.

去涵养，某只是作得个引路的人，作个证明底，有疑难处同商量而已。”❶

4.科学思维

朱熹的学术思想具有一定的科学内涵和探索精神。朱熹阐述“格物致知”时说：“上而无极、太极，下而至于一草一木一昆虫之微，亦各有理。一书不读，则阙了一书道理；一事不穷，则阙了一事道理；一物不格，则阙了一物道理。须着逐一件与他理会过。”❷意思是上至浩瀚无穷的宇宙，下至自然界的一草一木一虫，都是有各自存在的道理的。一本书不读，就有一个书里的道理不明白；一件事情不探究，就有一件事的道理不明白；一样事物不研究，就有一样事物的道理不明白。凡事必须研究意义、考求其道理。李约瑟曾经说过：“现代中国的知识分子所以会共同接受共产主义的思想，其中一个很重要的因素是因为新儒学家和辩证唯物主义在思想上是密切联系的。换句话说，新儒学家这一思想体系代表着中国哲学思想发展的最高峰，它本身是唯物主义的，但不是机械的唯物主义。实际上，它是对自然的一种有机的认识，一种综合层次的理论，一种有机的自然主义。”❸李约瑟盛赞朱熹是“中国历史上最高的综合思想家”。❹

5.美育熏陶

朱熹自己在德育修养的过程中，喜爱到山水田园游玩，注重接受美的熏陶。朱熹在《与丞相别纸》中自述：“熹愚昧之资，少即稀疏懒，书史之外，酷好山水。今以某官造化之力，乃得为吏，庐阜之下，其丘林泉石号为东南最殊胜处。固已私惬所愿，而去岁劳农山间。又得所谓白鹿洞者，溪山邃密，林樾茂美，尤有幽绝之致。”❺朱熹在游历山水之间产生了许多绝美隽永的山水诗，其中不乏从自然景象中悟出生活真谛。朱熹著名的《观书有感二首》，名为观书，实为览景，闻名于悟理。第一首“半

---

❶ 黎靖德. 朱子语类［M］. 北京：中华书局，1986：20.

❷ 黎靖德. 朱子语类（卷十五）［M］. 北京：中华书局，1986：477.

❸ 李约瑟. 四海之内[M]. 上海：生活 · 读书 · 新知三联书店，1987：61.

❹ 李约瑟. 中国科学技术史（第二卷）[M]. 北京：科学出版社，1990：489.

❺《江西通志》（卷一百四十）。

亩方塘一鉴开，天光云影共徘徊。问渠那得清如许？为有源头活水来”❶，寓意人的学习需要不断吸收新知识，才能使自己的思想保持活跃、永不固化、僵硬。第二首“昨夜江边春水生，艨艟巨舰一毛轻。向来枉费推移力，此日中流自在行”❷，寓意告诉人们学习要循序渐进、厚积薄发，待到条件成熟自然能够水到渠成、水涨船高，这是事物发展的规律。朱熹正是以灵动的意象将深刻的义理寄托于秀美山水，这也是他带头进行“格物”的成功示范。朱熹一生将四十余年的时间投入到书院教育中，在福建、江西多地建设书院，开学教化。据黄榦《朱子行状》记载，朱熹对书院选址十分重视，往往必须是依山傍水、环境清雅之地。而且他授课不会拘泥于室内课堂教学，常常带着弟子们游历山水之间，交流学问思想：“每休沐辄一至，诸生质疑问难，诲诱不倦，退则相与徜徉泉石间，竟日乃返。”❸朱熹提倡的美的教育对现代教育仍然具有很深的启迪价值。

（三）陆九渊的德育思想

陆九渊（1139—1193），字子静，抚州金溪人，南宋哲学家、教育家，是宋明两代“心学”的开山祖，其主张“吾心即是宇宙”“明心见性”，重视持敬的内省工夫，认为“心即是理”。因其书斋名“存”，世称“存斋先生”；又因其讲学于江西象山书院，被称为“象山先生”或“陆象山”。陆九渊自认为学术思想传承自孟子，并且是孟子之后唯一能够理解孟子的：“窃不自揆，区区之学，自谓孟子之后至是而始一明也。”❹

1.道德“本心”

陆九渊提出“心即理”的哲学命题，形成一个新的学派——“心学”。他认为道德“本心”乃是与生俱有的，不是后天得来的。人的本心是什么呢？陆九渊认为：“仁义者，人之本心也。”人的道德修养基本途径就是

---

❶ 朱熹．朱子全书（第20册）[M]．上海：上海古籍出版社，2002：286.

❷ 同❶。

❸ 王懋竑．朱子年谱[M]．北京：中华书局，1998：95.

❹ 陆九渊．陆九渊集（卷十）[M]．北京：中华书局，1980：134.

“存心”“养心”“求放心”。因此，陆九渊与朱熹学术思想上最大的不同就在于，朱熹认为格物在于向外而得，陆九渊认为“本心”中的道德伦理是心中固有的，格物是向人的内心而得，他主张世上只有一个“心”：

孟子曰：“所不虑而知者，其良知也；所不学而能者，其良能也。”此天之所与我者，我固有之，非由外铄我也。故曰：“万物皆备于我矣。反身而诚，乐莫大焉。此吾之本心也。”❶

心只是一个心，某之心，吾友之心，上而千百载圣贤之心，下而千百载复有一圣贤，其心亦只如此，心之体甚大。❷

汝耳自聪，目自明，事父自能孝，事兄自能弟，本无欠阙，不必他求，在乎自立而已。❸

陆九渊认为世上只有一个“心”、一个“理”，就是指“仁”，如果存在“二心”，就是“不仁”，他说：“盖心，一心也，理，一理也，至当归一，精义无二，此心此理，实不容有二。”❹陆九渊还认为，既然“本心”是心中固有的，则每个人的“本心”是相同的，即使普通人和圣贤相比较也是一样的。他说：

此心此理，我固有之，所谓万物皆备于我，昔之圣贤先得我心之所同然者耳。❺

非独贤者有是心也，人皆有之，贤者能勿丧耳。❻

人非木石，安得无心？……又曰：“人之所以异于禽兽者几

❶ 陆九渊. 陆九渊集（卷一）[M]. 北京：中华书局，1980: 13.
❷ 陆九渊. 陆九渊集（卷三十五）[M]. 北京：中华书局，1980: 444.
❸ 陆九渊. 陆九渊集（卷三十四）[M]. 北京：中华书局，1980: 408.
❹ 陆九渊. 陆九渊集（卷一）[M]. 北京：中华书局，1980: 4-5.
❺ 陆九渊. 陆九渊集（卷一）[M]. 北京：中华书局，1980: 440.
❻ 陆九渊. 陆九渊集（卷十一）[M]. 北京：中华书局，1980: 149.

希，庶民去之，君子存之。”去之者，去此心也，故曰：“此之谓失其本心。”存之者，存此心也，故曰：“大人者不失其赤子之心。”四端者，即此心也。“天之所以与我者”，即此心也。人皆有是心，心皆具是理，心即理也。故曰：“理义之悦我心，犹刍豢之悦我口。”所贵乎学者，为其欲穷此理，尽此心也。[1]

但为什么圣贤在德行方面表现和普通人不一样呢？陆九渊说：“理乃天下之公理，心乃天下之同心，圣贤之所以为圣贤者，不容私而已。”意思是天理是天下人的公理，本心乃是天下人一样的本心，圣贤之所以德行像圣贤一样，只是因为他们心中没有私心而已。在陆九渊看来，天下只有一个“理”，而且是作为宇宙间的客观存在，不会受到人的行为、思想或者道德标准的影响而发生变化。他说：“此理在宇宙间，固不以人之明不明、行不行而加损。”这个“理”也不会无缘无故消失，因为“此理在宇宙间，未尝有所隐遁，天地之所以为天地者，顺此理而无私焉耳。人与天地并立而为三极，安得自私而不顺此理哉”。

2. 自作主宰

陆九渊虽然基本继承孟子的学术思想，包括“仁”的道德伦理论，但其与孟子思想的一个显著区别在于，孟子认为“仁”是道德标准和道德实践，而陆九渊认为“仁”即本心，体现典型的本体论，强调道德修养要发挥人的主观意识作用。在道德修养的本体论方面，陆九渊认为人是自己提升道德层次的“主宰”，他说：“人精神在外，至死也劳攘，须是收拾作主宰。收得精神在内，当恻隐即恻隐，当羞恶即羞恶。谁欺得你？谁瞒得你？见得端的后，常涵养，是甚次第。”[2]意思是如果放任人的精神游离在外，终生劳碌无为。一定要收拾内心做自己的主宰。一个人如果能够主宰自己的精神修养，以自己的本心作为道德标准和道德实践的原则，向内反

[1] 陆九渊．陆九渊集（卷十一）[M]. 北京：中华书局，1980: 149.

[2] 陆九渊．陆九渊集（卷三十五）[M]. 北京：中华书局，1980: 454.

身求仁，那么无论是恻隐之心还是羞辱厌恶之心，都无可奈何。内省自求，谁都无法欺骗和隐瞒你，因为你靠的是自己。

宇宙之间，如此广阔，吾身立于其中，须大做一个人。❶

人生天地间，为人自当尽人道。学者所以为学，学为人而已，非有为也。❷

陆九渊认为天、地、人“三才”中，天为“覆物”者，地为“载物”者，人居其中而又“灵于万物”。所以人不能看轻自己，而要立鸿鹄之志，行经天伟业，做一个堂堂正正、光明磊落的人。在这点，陆九渊甚至豪迈地发出“仰首攀南斗，翻身倚北辰，举头天外望，无我这般人”❸的号召，激励学子做一个品德高尚、为整个社会作出贡献的“大人”，而不是谋计蝇头私利的“小人”。

陆九渊认为，评价一个人要有系统观念，要坚持全面性，他说：“铢铢而称之，至石必谬；寸寸而度之，至丈必差。”❹意思是一铢一铢地称量，累计到一石，实际重量与一次性称足一石有差别；一寸一寸地丈量，累计到一丈时，实际长度与一次性量够一丈肯定有出入。陆九渊用形象的比喻说明看人要看其总体，不能一件一件小事累积起来进行测评，否则就会有片面性。

3. 明心见性

陆九渊认为天理、人理、物理只在吾心中，心是唯一实在：“四方上下曰宇，往古来今曰宙。宇宙便是吾心，吾心即是宇宙。”❺陆九渊提出，人的内心世界和宇宙万物包括一草一木、一花一土都是一体的，因此“宇

---

❶ 陆九渊. 陆九渊集（卷三十五）[M]. 北京：中华书局，1980: 439.

❷ 陆九渊. 陆九渊集（卷三十五）[M]. 北京：中华书局，1980: 470.

❸ 同❷。

❹ 陆九渊. 陆九渊集（卷十）[M]. 北京：中华书局，1980: 140.

❺ 陆九渊. 陆九渊集（卷二十二）[M]. 北京：中华书局，1980: 483.

宙内事是己分内事，己分内事是宇宙内事”❶。

同养心一样的道理，陆九渊认为治学应“发明本心”，不必拘泥于圣贤之书，不需要一味靠多读书外求。治学也要发挥人的主观能动性，敢于质疑“为学患无疑，疑则有进”❷“小疑则小进，大疑则大进❸”。古之学者多数希望著作等身，陆九渊一生授徒无数却没有留下专著，他自称：

> “学苟知本，六经皆我注脚。”又“或问先生何不著书；对曰‘六经注我，我注六经’。”❹

同“举头天外望，无我这般人 ”的寓意一样，陆九渊此言并非狂妄之语。他一心致力于传承发扬儒家学说，不是否定或者轻视儒家典籍，而是认为一个人治学的根本目标和主要途径在于“涵养此心”，而不是耽于古人圣贤的词章语句。陆九渊甚至觉得自己无事时只是个“无知无能”的人，但有事时却可以成为“无所不知无所不能之人”❺。

4.治学方法

陆九渊关于治学的方法有一套系统性观点，主要包括易简工夫、剥落和优游读书。

谈到“易简工夫”就必须先说说陆朱之争。陆九渊与朱熹同为南宋重要理学家，但两人学术思想存在明显分歧，特别是围绕所谓“教人”之法，也就是认识论上应该“尊德性”还是“道问学”，即应该先立宏志还是先做学问。在这个问题上，朱熹强调“格物致知”，认为“格物”就是穷尽事物之理，“致知”就是推致其知以至其极。陆九渊则主张“心即理”，认为“格物”就是“发明本心”，体认本心，只要做到心明则人世间

❶ 陆九渊. 陆九渊集（卷二十二）[M]. 北京：中华书局，1980: 483.
❷ 陆九渊. 陆九渊集（卷二十四）[M]. 北京：中华书局，1980: 472.
❸ 陆九渊. 陆九渊集（卷二十四）[M]. 北京：中华书局，1980: 482.
❹ 同❸。
❺ 陆九渊. 陆九渊集（卷三十五）[M]. 北京：中华书局，1980: 445.

的道理自然贯通，不必多读书，也不必忙于考察外界事物。南宋淳熙二年（1175年），吕祖谦为了调和朱熹和陆九渊之间的理论分歧，使两人的哲学观点“会归于一”，出面邀约双方在江西省铅山县鹅湖寺辩论。六月初，陆九龄、陆九渊与朱熹在鹅湖寺见面，双方就各自的哲学观点展开了激烈的辩论，这就是中国思想史上著名的“鹅湖之辩”。这次辩论实质上是朱熹的客观唯心主义和陆九渊主观唯心主义的一场争论。陆九渊和朱熹观点不同，反映了宋儒理学与心学的内在矛盾，无形中成为中国古代思想史上一次堪称典范的学术讨论会，首开书院会讲之先河。陆九渊门人朱亨道有一段较为详细的记载：

> 鹅湖讲道，诚当今盛事。伯恭盖虑朱、陆议论犹有异同，欲会归于一，而定所适从。……论及教人，元晦之意，欲令人泛观博览而后归之约，二陆之意欲先发明人之本心，而后使之博览。[1]

陆九渊专门写了一首诗记录这场鹅湖之会：

> 墟墓兴衰宗庙钦，斯人千古不磨心。
> 涓流滴到沧溟水，拳石崇成泰华岑。
> 易简工夫终久大，支离事业竟浮沉。
> 欲知自下升高处，真伪先须辨古今。[2]

陆九渊认为自己治学思想与朱熹最大的不同在于，朱熹的理论支离破碎，而自己的学术采纳的是易简工夫。陆九渊对自己的“易简”进行详细阐述：

---

❶ 陆九渊. 陆九渊集（卷三十六）[M]. 北京：中华书局，1980: 491.

❷ 陆九渊. 陆九渊集（卷二十五）[M]. 北京：中华书局，1980: 301.

临川一学者初见，问曰：“每日如何观书？”学者曰：“守规矩。”欢然问曰：“如何守规矩？”学者曰：“伊川《易传》、胡氏《春秋》、上蔡《论语》、范氏《唐鉴》。”忽呵之曰：“陋说！”良久复问曰：“何者为规？”又顷问曰：“何者为矩？”学者但唯唯。次日复来，方对学者诵“《乾》知太始，《坤》作成物，《乾》以易知，《坤》以简能”一章，毕，乃言曰：“《乾·文言》云‘大哉乾元’，《坤·文言》云‘至哉坤元’，圣人赞《易》，却只是个简易字道了。”遍目学者曰：“又却不是道难知也。”又曰：“道在迩而求诸远，事在易而求诸难。”顾学者曰：“这方唤作规矩，公昨日来道甚规矩。”❶

易简功夫是建立在“发明本心”的理论基础之上的，陆九渊解释自己的易简功夫来源于《周易》，并且分析提出道德修养的进程如同易卦顺序：《履》《谦》《复》对应立本心，《恒》《损》《益》《困》对应发本心，《井》《巽》对应明本心。陆九渊多次论述自己的易简功夫，在《与高应朝》中强调：“学无二事，无二道，根本苟立，保养不替，自然日新。所谓可久可大者，不出易简而已。”❷又在《与李宰二》中提出：“易而易知，简而易从，初非甚高难行之事。”❸陆九渊正是采用这种化繁为简的治学功夫诠释、传播深奥的心学理论。

“剥落”是陆九渊另外一种重要的治学养德方法。陆九渊认为人心会存在恶念，“害吾心”，即“欲”也。“夫所以害吾心者何也？欲也。欲之多，则心之存者必寡；欲之寡，则心之存者必多。……欲去，则心自存矣。”❹什么会损害本心呢？是人的欲望，即物欲、人欲。欲望越多，本心

❶ 陆九渊. 陆九渊集（卷三十四）[M]. 北京：中华书局，1980: 9.

❷ 陆九渊. 陆九渊集（卷五）[M]. 北京：中华书局，1980: 158.

❸ 陆九渊. 陆九渊集（卷十一）[M]. 北京：中华书局，1980: 423.

❹ 陆九渊. 陆九渊集（卷三十二）[M]. 北京：中华书局，1980: 423.

就少了；欲望越少，本心就多了。完全去除了欲望，本心就都存在了。解决“欲”的办法也很简单，就是剥离、剔除，道理如同现代医学的外科手术。陆九渊主张：

> 人心有病，须是剥落。剥落得一番，即一番清明。后随起来，又剥落，又清明。须是剥落得净尽方是。❶

陆九渊认为，人的本心出现问题，产生“欲”之心就要剥落。但这种剥落不是一次性解决问题的，须得反反复复、来了再去，一直到最后剔除得干干净净，才能达到最终修养目标。

陆九渊治学的第三种方法是优游读书。陆九渊虽然自称“我注六经”，但其意在读圣贤书要发挥直观性，要有独立见解，并非否定儒家典籍，更不是认为典籍无用。他说过：“自古圣人亦因往哲之言，师友之言，乃能有进。况非圣人，岂有自任私智而能进学者？”❷意思是自古以来的圣人都是因为读了先贤的书，通过老师、友人的交流才能够得以进步。没有人可以依靠自己的一家之见获得求学的进步的。陆九渊写过一首《读书》：

> 读书切戒在荒忙，涵泳工夫兴味长。
> 未晓莫妨权放过，切身须要急思量。
> 自家主宰常精健，逐外精神徒损伤。
> 寄语同游二三子，莫将言语坏天常！❸

陆九渊认为读书不能贪多图快，要悠游而行，细细体会其中寓意、内涵。遇到不明白的地方不要囫囵吞枣，要仔细琢磨，消化理解。治学要发

❶ 陆九渊．陆九渊集（卷三十五）[M]. 北京：中华书局，1980: 458.
❷ 陆九渊．陆九渊集（卷二十一）[M]. 北京：中华书局，1980: 263.
❸ 陆九渊．陆九渊集（卷三十四）[M]. 北京：中华书局，1980: 408.

挥本心的主观能动性，不要一味凭借向外而求。

总体来说，陆九渊的学术观点是实实在在的唯心主义学说，但其对教学对象的特殊性和求学的不同结果却是比较客观的认识，他说："人各有能有不能，有明有不明。若能为能，不能为不能；明为明，不明为不明，乃所谓明。"❶意思是每个人都有擅长的和不擅长的，有懂得的有不懂的。如果做到擅长就说擅长，不擅长就说不擅长；懂得就是懂得，不懂就是不懂，才是真正的懂得了。这句话的意思和孔子教育子路的"知之为知之，不知为不知，是知也"❷，意思完全一样。

（四）王守仁的德育思想

王守仁（1472—1529），本名王云，字伯安，号阳明，又号乐山居士。浙江余姚人，明代杰出的思想家、文学家、军事家、教育家。王守仁先后仕于孝宗、武宗、世宗三朝，自刑部主事历任贵州龙场驿丞、庐陵知县、右佥都御史、南赣巡抚、两广总督等职。王守仁是明朝文官中少数能做到文武双全的，曾因先后平定南赣、两广盗乱及宸濠之乱，凭军功获封"新建伯"，成为明代因军功封爵的三位文官之一。王守仁因反对宦官刘瑾，被谪贬至贵州龙场（在贵阳西北七十里，修文县治）当驿丞。贵州龙场当时还是未开化的地区，王守仁在《瘗旅文》中描绘当地"连峰际天兮，飞鸟不通"，慨叹吏目"纵不尔瘗，幽崖之狐成群，阴壑之虺如车轮，亦必能葬尔于腹"❸，唯恐自己也一样客死他乡。不过后来王守仁没有气馁，开化教导当地人，受到民众爱戴。他在这段时期写了《教条示龙场诸生》，以"立志""勤学""改过""责善"训诫学生。在谪居龙场期间，王守仁对《大学》的中心思想有了新的领悟，提出"圣人之道，吾性自足，向之求理于事物者误也"，超越前人思想，史称"龙场悟道"。王守仁开创阳明

---

❶ 陆九渊. 陆九渊集（卷三）[M]. 北京：中华书局，1980: 41.

❷《论语·为政》。

❸ 王守仁. 王阳明全集（卷二十五）[M]. 上海：上海古籍出版社，1992: 952.

心学是明代心学的集大成者，不仅在中国成为儒家思想的主流学说之一，后来传到日本，对日本、韩国都有较大影响。日本明治时代海军元帅东乡平八郎，被誉为“日本军神”，曾率日本海军击败俄国海军。东乡平八郎是王阳明的忠实追随者，他做了一块木牌挂于自己腰间，牌上简简单单七个字“一生俯首拜阳明”。1905年，孙中山在《在东京中国留学生欢迎大会上的演说》说过：“日本的旧文明皆由中国传入，五十年前维新诸豪杰，沉醉于中国哲学大家王阳明的知行合一说，救四千五百万人于水火，成就大功。”

1. 心即理，致良知

王守仁和陆九渊一样，认为“心即理”，“心”就在人心，不需要通过格物才能寻得。陆九渊是心学创立者，王守仁将心学发扬光大。但二者关于“心”和“理”的主张有很大区别。陆九渊认为的“理”包含宇宙万物，王守仁认为的“理”只是人的内心，更加强调人的主体性。王守仁认为道德修养的途径和目标就是“致良知”，此为其心学核心。他说：“吾平生讲学，只是‘致良知’三字。”[1]又说：“心之良知是谓圣。圣人之学，惟是致良知而已。”[2]王守仁认为通过“致良知”这一“不二法门”，直指人心的“良知”开导，就可以“安天下之民”“成天下之治”。王守仁有一句名言：“良知只是个是非之心，是非只是个好恶，只好恶就尽了是非，只是非就尽了万事万变。”[3]王守仁认为良知能知道善恶，良知能辨明是非，而是非的最后标准在人心之好恶。只要诚其意，知善恶，明是非，致良知，就越来越接近圣贤了。

我的灵明，便是天地鬼神的主宰。天没有我的灵明，谁去仰他高？地没有我的灵明，谁去俯他深？鬼神没有我的灵明，谁去

---

❶ 王守仁. 王阳明全集（卷二十六）[M]. 上海：上海古籍出版社，1992: 818.

❷ 王守仁. 王阳明全集（卷三十五）[M]. 上海：上海古籍出版社，1992: 1070.

❸ 王守仁. 王阳明全集（卷一）[M]. 上海：上海古籍出版社，1992: 111.

辨他吉凶灾祥？天地鬼神万物离却我的灵明，便没有天地鬼神万物了。我的灵明离却天地鬼神万物，亦没有我的灵明。[1]

在这里“灵明”即为“良知”。王守仁强调道德的主体性，他认为个体独立于天地万物之外且主宰着天地万物。良知自在人心，心中存善则万物为善。

如何才能“致良知”呢？王守仁认为，“致”为行动和实现，只有采取行动才能达到“良知”，才能达到圣贤的道德境界。“省察克治”是王守仁创立的心学修养方法，即一个人道德修养过程中要时刻自省反思，自查内心，克制欲望，制止私欲。儒家六艺之射箭不仅是一种单纯的武术技能，它的修习目标和修习方法还潜藏了精神修养、礼仪规范等儒家道德修养的深刻内容。《礼记》云：“射者，仁之道也。射求正诸己，己正然后发，发而不中，则不怨胜己者，反求诸己而已矣。”[2]王守仁以射箭比喻道德涵养“省察克治”的方法：

君子之于射也，内志正，外体直，持弓矢审固，而精可以言中，故古者射以观德也，德也者，得之于其心也。是故燥于其心者其动妄，荡于其心者其视浮，慊于其心者其气馁，忽于其心者其貌惰，傲于其心者其色矜。五者心之不存也，不存也者，不学也。

君子之于射，以存其心也。是故心端则体正，心敬则容肃，心平则气舒，心专则视审，心通故时而理，心纯故让而恪，心宏故胜而不张，负而不驰也。七者备，君子之德成。[3]

[1] 王守仁. 王阳明全集（卷三）[M]. 上海：上海古籍出版社，1992: 109.

[2]《礼记 · 射义》。

[3] 王守仁. 王阳明全集（卷七）[M]. 上海：上海古籍出版社，1992: 208.

王守仁以射箭譬喻，从正反两个方面阐述君子养德如射箭之养心，最主要在于心性。他援引并发展《礼记》说："射也者，射自心之鹄也，鹄也者心也，各射己之心也故曰：射以观德也。"须身态中正，防止燥心、荡心、慊心、忽心、傲心，保持心端、心敬、心平、心专、心通、心纯，方可成德。

2.知行合一

"知行合一"是王守仁"心学"的重要内容，是其提出"致良知"之后的又一重要学术思想。关于"知"和"行"的概念，王守仁提出："知之真切笃实处即是行，行之明觉精察处即是知。"[1]意思是求知若能做到真真切切、实实在在便是"行"；行为若能做到明明白白、清清楚楚便是"知"。王守仁"知行合一"思想包括以下两层意思：一是知中有行，行中有知；二是以知为行，知决定行。王守仁反对道德教育上的知行脱节，认为知行不能割裂，因为"知行原是两个字，说一个工夫"[2]。因此，要"致良知"必须有自觉的行动才能达到。二是王守仁认为"知""行"二者之间存在主次，"知"决定"行"，"行"执行"知"，知是行之始，行是知之成。王守仁认为一个人要达到最高道德标准需要进行必需的道德实践，而且这种通往"圣贤"的实践过程可能是曲折、螺旋的。他在《朱子晚年定论》中回忆自己求学之路和学术思想发展变化情况：

> 守仁早岁业举，溺志词章之习，既乃稍知从事正学，而苦于众说之纷扰疲苶，茫无可入，因求诸老、释，欣然有会于心，以为圣人之学在此矣！然于孔子之教，间相出入，而措之日用，往往缺漏无归；依违往返，且信且疑。其后谪官龙场，居夷处困，动心忍性之余，恍若有悟，体验探求，再更寒暑，证诸五经、四子，沛然若决江河而放诸海也。然后叹圣人之道坦如大路。[3]

---

[1] 王守仁. 王阳明全集（卷二）[M]. 上海：上海古籍出版社，1992: 37.

[2] 王守仁. 王阳明全集（卷六）[M]. 上海：上海古籍出版社，1992: 209.

[3] 王守仁. 王阳明全集（卷三）[M]. 上海：上海古籍出版社，1992: 144.

大意是承认自己心学思想承于陆、朱又有自己的发展超越，但这不是一开始就存在的，而是经过漫长的学术探索才实现的。王守仁认为自己初学时沉溺于游侠仗义，再沉溺于骑射技艺，三沉溺于文章词句，四沉溺于道教修习，五沉溺于佛教义理，一直到三十四岁（时年正德丙寅）方才真正回归到儒家圣贤之学。

3. 植树种德

王守仁以植树比喻立德、养德、成德，认为高尚品德的养成来之不易，他常以植树譬喻“种德”。

> 种树者必培其根，种德者必养其心。欲树之长，必于始生时删其繁枝；欲德之盛，必于始学时去夫外好。
>
> 与人论学，亦须随人分限所及。如树有些萌芽，只把这些水去灌溉，萌芽再长，便又加水，自拱把以至合抱，灌溉之功，皆是随其分限所及。若些小萌芽，有一桶水在，尽要倾上，便浸坏它了。
>
> 如树之种，但勿助勿忘，只管培植将去，自然日夜滋长，生气日完，树叶日茂。树初生时，便抽繁枝，亦须刊落，然后根干能大；初学时亦然。故立志贵专一。❶

王守仁认为，种树要从伺弄树根开始培养，道德修养要从涵养心性开始。若想树木长高，从一开始就要删剪繁茂的旁枝；若想达到品德高尚，从一开始就要剔除不好的喜好。养德如养树，不能一味给外力扶持也不能完全遗忘。认真培土之后，树木自然会吸取日月精华，不断成长为参天大树。树苗开始长大时，就要修剪繁枝，然后树干才能长得巨大。初学者也是一样，所以立志贵在专一。

王守仁德育思想有一个非常重要的贡献，就是关于儿童教育的学术思

❶ 王守仁. 王阳明全集（卷一）[M]. 上海：上海古籍出版社，1992: 13.

想。王守仁任南赣巡抚时，在颁发给各社学蒙师的教学条规提出：

> 大抵童子之情，乐嬉游而惮拘检，如草木之萌芽，舒畅之则条达，摧挠之则衰微。今教童子必使其趋向鼓舞，中心喜悦，则其进自不能已。譬之时雨春风，沾被卉木莫不萌动发越，自然日长月化。若冰霜剥落则生意萧索，日就枯槁矣。❶

一般说来，儿童的性情往往喜欢嬉戏玩耍而害怕约束，就像草木刚开始发芽时，如果让它舒展畅快地生长，就能迅速发育繁茂，如果有意阻挠生长或者摧残它就会很快衰败。在儿童教育过程中，要以奖惩鼓励为主，激励他们遵循内心本性，保持愉悦心情，自然就很容易取得学业上进步。这就好像花木遇到时雨春风就会快速成长，遇到雨雪冰霜就会很快枯槁了。所以教育儿童一定要顺其心性，既不能违逆规律又不能粗暴对待。

王守仁传承孔子因材施教的教育理论，认为学校教育要根据个体特点引导其扬长避短健康成长：

> 学校之中，惟以成德为事，而才能之异，或有长于礼乐，长于政教，长于水土播植者，则就其成德，而因使益精其能于学校之中。❷

王守仁认为儿童教育必须遵循其成长规律，根据儿童特征采取相适应的方式，所谓“童子自有童子的格物致知”❸。为了增强儿童学习兴趣，王守仁创造性提出“歌诗”教学法，寓教于乐：

❶ 王守仁. 王阳明全集（卷二）[M]. 上海：上海古籍出版社，1992: 87-88.
❷ 王守仁. 王阳明全集（卷三）[M]. 上海：上海古籍出版社，1992: 90.
❸ 王守仁. 王阳明全集（卷三）[M]. 上海：上海古籍出版社，1992: 136.

童生班次，皆如歌诗，每间一日，则轮一班习礼，其余皆就席敛容肃观。习礼之日，免其课仿。每十日则总四班递习于本学，每朔望则集各学会习于书院。❶

（五）李贽的德育思想

李贽（1527—1602），福建泉州人。明代官员、思想家、文学家，泰州学派的一代宗师。李贽初姓林，名载贽，后改姓李，名贽，字宏甫，号卓吾，别号温陵居士、百泉居士等。历共城教谕、国子监博士，万历中任姚安知府，不久弃官，在湖北黄安（今湖北省红安县）、麻城讲学。李贽的一生充满着对传统和历史的重新考虑，这也是明朝后期社会思想变革的重要折射。

1.反对思想禁锢

李贽并非否定孔子，而是否定假借孔子之名、孔学之名谋取富贵、声誉的人。实际上李贽学术思想主流仍然是延续儒家基本原则，只是他认为后世的儒学已经不是当时的儒学，甚至从孟子开始就难以得到李贽的认可。李贽不止一次说过颜回之后孔学没落的话："然颜子没而好学遂亡。"❷相反的，许多维护封建礼教的假道学和那些满口仁义道德的卫道士"自孔子后，学孔子者便以师道自任，未曾一日为人弟子，便去终身为人之师，以为此乃孔子家法"❸。

李贽以孔孟传统儒学的"异端"而自居，尤其痛斥道学家都是伪君子，"名为山人而心同商贾，口谈道德而志在穿窬"。李贽毫不留情面地嘲讽他们："幸而能诗，则自称曰山人；不幸而不能诗，则辞却山人而以圣人名。幸而能讲良知，则自称曰圣人；不幸而不能讲良知，则谢却圣人而

❶ 王守仁. 王阳明全集（卷三）[M]. 上海：上海古籍出版社，1992：100-101.

❷ 李贽. 焚书（卷一）[M]. 北京：中华书局，2018：101.

❸ 同❷。

以山人称。”[1]而假道学家辗转反复切换身份、字号，其根本目的急速“欺世获利”。李贽批评他们名心太重，读书的目的是谋求高位，当官之后又谋求尊显，再加上又一心护己、护短，“实多恶也，而专谈志仁无恶，实偏私所好也，而专谈泛爱博爱”[2]。

李贽认为正是由于这些假道学、伪君子出于私欲的极力推崇才会导致男尊女卑、重农抑商、社会腐败、贪官污吏，最严重的是禁锢人的思想。针对明代这种人性禁锢、思想压抑的社会现象，黄仁宇在《万历十五年》中以李贽作为最后一个篇章并在结尾写道：“当一个人口众多的国家，个人行动全凭儒家简单粗浅而又无法固定的原则所限制，而法律又缺乏创造性，则其社会发展的程度，必然受到限制。即便是宗旨善良，也不能补助技术之不及。”[3]李贽认为道德修养也不能忽视人的真情实感，“非于情性之外复有所谓自然而然也”[4]。针对当时政治腐败的社会现象，李贽提出“至道无为，至治无声，至教无言”[5]的政治理想。他认为统治者要顺乎民情和民性，少干涉或者不干涉人的社会生活，“因其政不易其俗，顺其性不拂其能”[6]。不过在当时社会条件下，他这样的政治理想或许只能存在于李贽的内心。

2.“随其资性”的童心说

所谓“童心”，非儿童之心，真心也。李贽《童心说》开篇即提出童心的概念：“夫童心者，真心也。若以童心为不可，是以真心为不可也。”“童心者，心之初也。”[7]李贽认为童心就是人的初心、真心，否定人的童心就是否定人的真心。每个人的言行都要遵循“童心”办事，才是办真事、做真人。李贽提倡人性自由，主张个性解放，思想自由。李贽认为

---

[1] 李贽. 焚书（卷二）[M]. 北京：中华书局，2018: 45.
[2] 李贽. 焚书（卷一）[M]. 北京：中华书局，2018: 31.
[3] 黄仁宇. 万历十五年[M]. 北京：中华书局，2007: 219.
[4] 李贽. 焚书（卷一）[M]. 北京：中华书局，2018: 768.
[5] 李贽. 焚书（卷三）[M]. 北京：中华书局，2018: 106.
[6] 李贽. 焚书（卷三）[M]. 北京：中华书局，2018: 82.
[7] 李贽. 焚书（卷三）[M]. 北京：中华书局，2018: 585.

"士贵为己，务自适"[1]。意思是做人贵在做自己，要独立自主，不依傍他人。他说："千万其人者，各得千万人之心，千万其心者，各遂千万人之欲。"[2]世上千万人中每个人都有自己的初心，每个人都有其各自私欲，因此要"各从所好，各骋所长"[3]。李贽主张主体认识论，他说："天下无一人不生知，无一物不生知，亦无一刻不生知者，但自不知耳，然又未尝不可使之知也。"[4]李贽反对神化孔子，反对"咸以孔子之是非为是非"，否定一切以孔子为标准的传统思想，具有解放思想的进步作用。

特别可贵的是，在那个以人伦道德禁锢人的思维的时代，李贽勇敢批驳男尊女卑的封建思想，专门写了《夫妇篇》《答以女人学道为见短书》作为其反对"夫为妻纲"、男尊女卑的檄文。针对卫道士们侮辱卓文君和司马相如自由结合是"淫奔"，李贽认为卓文君投奔司马相如是得身而非失身。李贽不仅理论上反对"饿死事小、失节事大"，针对社会普遍谬论"妇人见短，不堪学道"[5]，李贽在湖北麻城讲学时既收男生，也收女学生。他自己老年无子，却坚持不纳妾。

3.利己利他的人性私欲论

在当时人人以君子自居的风气下，李贽坦然承认人有私欲是一个自然而然的事实。他说："夫私者人之心也。人必有私而后其心乃见，若无私则无心矣。"[6]李贽认为私欲是人的本性，不承认私欲就是否定人的本性存在。李贽在给耿定向的信中说："夫天生一人自有一人之用，待取给于孔子而后足也。若必待取足于孔子，则千古以前无孔子，终不得为人乎？故为愿学孔子之说者，乃孟子自所以止于孟子，仆方痛撼其非夫，而公谓我愿之欤？"[7]李贽嘲讽当时假道学者说，你们以孔子是非论是非，认为不这

❶ 李贽．焚书（增补一）[M]．北京：中华书局，2018：251.

❷ 李贽．初谭集[M]．北京：商务印书馆，2020：333.

❸ 李贽．焚书（卷一）[M]．北京：中华书局，2018：16.

❹ 李贽．焚书（卷一）[M]．北京：中华书局，2018：5.

❺ 李贽．焚书（卷一）[M]．北京：中华书局，2018：59.

❻ 李贽．李贽文集（卷2）[M]．北京：社会科学文献出版社，2000：626.

❼ 李贽．焚书（卷一）[M]．北京：中华书局，2018：15.

样便不是求学。但是却没有想过孔子未尝教人学习自己；不但未尝教人学自己，也未尝教人学某一人。退一万步说，如果只能学习孔子，孔子之前无孔子，岂非“不得为人”？所以李贽的观点是不以孔子是非论是非，不以他人是非论是非，即所谓“学者为己”“求诸己”。

与许多假道学者不同，李贽敢于直面人的本性。他认为一个人的力量有限，即使要帮助别人也不可能泛滥无边，因为那属于“愿外之思”。他说：

> 我辈惟是各亲其亲，各友其友。各自有亲友，各自相告诉，各各尽心量力相救助。若非吾亲友，非吾所能谋，亦非吾所宜谋也。何也？愿外之恩，出位之诮也。❶

李贽承认人的私欲存在，他认为处理人际关系应该以自己为中心，如有能力帮助别人也是尽自己所能帮最亲近的人。甚至在遇到天灾的时候也是如此，因为“天灾时行，人亦难逃，人人亦自有过活良法”❷。李贽此番言论看似冷酷无情实则实事求是、符合事理。为此，李贽还提出“庇人之事”作为个体道德修养的重要路径。他说：“凡大人见识力量与众不同者，皆从庇人而生。”❸他主张为己就是为人，为己与为人是一而非二，为己之外并无为人之学。同样道理，学问应该求诸己而非求诸人（求诸己而悟者乃真学问）。这就是李贽主张的“我以自私自利之心，为自私自利之学”❹。饱读佛理的李贽的观点“自利利他”，并非他的攻击者所说的利己而排他的极端利己主义。李贽人性私欲论的真正观点是“为己便是为人，自得便能得人”❺“自利利他，同归于至顺极治”❻。

---

❶ 李贽. 焚书（卷一）[M]. 北京：中华书局，2018: 58.

❷ 同❶。

❸ 李贽. 焚书（卷二）[M]. 北京：中华书局，2018: 304.

❹ 李贽. 焚书（增补一）[M]. 北京：中华书局，2018: 257.

❺ 李贽. 焚书（卷一）[M]. 北京：中华书局，2018: 479.

❻ 李贽. 焚书（增补一）[M]. 北京：中华书局，2018: 457.

4.强烈的求友意识

李贽在求学之路十分重视交友，渴望在与志同道合者交往中获得知音、取得进步。李贽幼年丧母，自言“幼而孤，莫知所长”❶。寡交的李贽慨叹学术探索中遇到疑惑时希望有好友“可与商证”。李贽在与友人交往中常常谦虚提出“尚有许多相商”❷，甚至他还把自己患病的原因归结为缺乏交友、交流：“独坐穷山，足音不闻，欲无病得乎？”李贽曾写诗《独坐》，语风沉郁顿挫，表达其孤寂落寞“无人问”之时更加渴望“有客来”：

> 有客开青眼，无人问落花。
> 暖风熏细草，凉月照晴沙。
> 客久翻疑梦，朋来不忆家。
> 琴书犹未整，独坐送残霞。❸

即使是曾经与其有过隔阂的同僚骆问礼，素来狂放自傲的李贽在给他的信中首先自谦“某粗疏无用人也，又且傲慢好自用”，希望“若为学道计，则豪杰之难久矣，非惟出世之学莫可与商证者，求一超然在世丈夫，亦未易一遇焉”❹“聊以与之游，不令人心神俱爽，贤于按籍索古，谈道德，说仁义乎？以至文墨之交，骨肉之交，心胆之交，生死之交：所交不一人而足也”。李贽在《李生十交文》自言交友的目的是获得心灵呼应和学问进益：“聊以与之游，不令人心神俱爽，贤于按籍索古，谈道德，说仁义乎？以至文墨之交，骨肉之交，心胆之交，生死之交：所交不一人而足也。”❺所以李贽将寻求“胜己之友”❻作为自己一生求学之要。

---

❶ 李贽. 焚书（卷三）[M]. 北京：中华书局，2018: 233.

❷ 李贽. 焚书（卷二）[M]. 北京：中华书局，2018: 45.

❸ 李贽. 独坐，焚书。

❹ 李贽. 续焚书（卷一）[M]. 北京：社会科学文献出版社，2013: 79.

❺ 李贽. 焚书（卷三）[M]. 北京：中华书局，2018: 217.

❻ 李贽. 焚书（卷二）[M]. 北京：中华书局，2018: 79.

李贽一生强调人的主体性，多次强调每个个体都有其独特的性情："性者，心所生也，亦非止一种已也。"❶主张"性非一也"的李贽一生求友但不限于友，他在《复邓石阳》说道："愿作圣者师圣，愿为佛者宗佛。不同在家出家，人知与否，随其资性，一任进道，故得相与共为学耳。"❷意思是即使朋友之间也不互相约束各自求学之道，而应该随着各自心性和主张，但可以相互学习、共进。

（六）顾炎武的德育思想

顾炎武（1613—1682），明末清初思想家、学者，南直隶昆山人。本名继绅，字忠清，后改名炎武，字宁人，居亭林镇，学者尊称亭林先生。顾炎武被尊为清代"开国儒师""清学开山"始祖，与黄宗羲、王夫之合称清初三大启蒙思想家。

1. 文须有益于天下

有别于明初社会深受程朱理学、陆王心学影响，明末空谈心性的空疏学风日盛，顾炎武提倡经世致用，主张做学问要结合社会实践，以书中之学问匡时济世，解决具体的国家治理和民生诉求问题，并"君子为学，以明道也，以救世也。徒以诗文而已，所谓雕虫篆刻，亦何益哉"❸。他认为以怪力乱神之事、无稽之言论、谀佞之文章对社会没有益处，提出"文须有益于天下"❹的治学志向：

> 文之不可绝于天地间者，曰明道也，纪政事也，察民隐也，乐道人之善也。若此者，有益于天下，有益于将来，多一篇，多一篇之益矣。若夫怪力乱神之事，无稽之言，剿袭之说，谀佞之

❶ 李贽. 焚书（卷三）[M]. 北京：中华书局，2018：519.
❷ 李贽. 焚书（卷一）[M]. 北京：中华书局，2018：10.
❸ 顾炎武. 顾亭林诗文集 · 与友人书[M]. 北京：中华书局，1983：98.
❹ 顾炎武. 日知录（卷十九）[M]. 上海：上海古籍出版社，2011：739.

文，若此者，有损于己，无益于文，多一篇，多一篇之损矣。[1]

顾炎武学术研究重视考证，他说："经学自有源流，自汉而六朝而唐而宋，必一一考究，而后及于近儒之所着，然后可以知其异同离合之指。"[2]

古人之于经传，敬之如神明，尊之如师保，谁敢僭而加之评骘？评骘之多自近代始，而莫甚于越之孙氏、楚之钟氏。……句读之不析，文理之不通，俨然丹黄甲乙，衡加于经传，是之谓非圣者无法，是之谓侮圣人之言，而世方奉为金科玉条，递相释述。学术日颇，而人心日坏，其祸有不可胜言者。[3]

顾炎武批评宋明以来治学风气不古，舍弃儒学经典，弱化训诂，空衍义理，竟生狂诞批评。顾炎武批评学人不经考古就乱改儒学经文，导致以讹传讹，败坏学风，影响人心。不过顾炎武信经而不妄信，而是以质疑态度对待，比如，他说过："《五经》得于秦火之余，其中固不能无错误。学者不幸而生乎二千余载之后，信古而阙疑，乃其分也。"[4]正是由于顾炎武以严谨的治学态度稽考典籍、校订谬误，对后世经学起到十分积极的引导作用。《四库全书》"日知录提要"云："炎武学有本原，博赡而能贯通。每一事必详其始末，参以证佐，而后笔之于书，故引据浩繁，而抵牾者少。"梁启超在《清代学术概论》中赞誉顾炎武是清代"黎明运动"第一人，其所以能成为一代开派宗师在于治学方面"贵创""博证""致用"，认为："盖炎武研学之要诀在是。论一事必举证，尤不以孤证自足，必取之甚博，证备然后自表其所信。"[5]

---

[1] 顾炎武. 日知录（卷十九）[M]. 上海：上海古籍出版社，2011: 740.

[2] 顾炎武. 日知录（卷四）[M]. 上海：上海古籍出版社，2011: 91.

[3] 顾炎武. 日知录（卷十八）[M]. 上海：上海古籍出版社，2011: 1428.

[4] 顾炎武. 日知录（卷二）[M]. 上海：上海古籍出版社，2011: 123.

[5] 梁启超. 清代学术概论[M]. 上海：上海世纪出版集团，2005: 10.

2. 天下兴亡，匹夫有责

顾炎武是清初实学的开创者，认为治学之道应以经学济世为宗旨，他说："人之为学，不日进则日退……久处一方，则习染而不自觉。"❶意思是一个人求学每天都要有进步，否则就每天都在退步。他倡导读书应该走出书斋，游历社会，认识国情。在明末抗清失败后，顾炎武立即北游各地，二十余年时间都在山东、陕西等省考察调研，所以自己曾经说过"九州历其七，五岳登其四"。顾炎武利用自己游历期间搜集史籍、实录、方志及有关国计民生的资料写下《天下郡国利病书》一书，并对其中所载山川要塞、风土民情作实地考察。《天下郡国利病书》以讲究郡国利病贯穿全书，重点辑录了兵防、赋税、水利三方面内容，通篇充斥顾炎武以天下为己任的社会责任感。梁启超赞誉此书为"政治地理学"。顾炎武的学生潘耒赞誉其"综贯百家，上下千载，详考其得失之故，而断之于心，笔之于书，朝章、国典、民风、土俗，元元本本，无不洞悉，其术足以匡时，其言足以救世，是谓通儒之学"❷。在潘耒看来，与多数长于雕琢辞章、缀辑故实、高谈阔论的"俗儒"不同，顾炎武重视经世济用的实学，乃是"通儒"，堪称"明三百年来殆未有也"❸。

"天下兴亡，匹夫有责"语出顾炎武《正始》，但其原文并非如此。刘洁修经过考辨之后，认为"天下兴亡，匹夫有责"的语意本于顾炎武，而八字成文的语型则出自梁启超。《正始》有云：

> 有亡国，有亡天下。亡国与亡天下奚辨？曰："易姓改号，谓之亡国；仁义充塞，而至于率兽食人，人将相食，谓之亡天下。是故知保天下，然后知保其国。保国者，其君其臣肉食者谋之；保天下者，匹夫之贱与有责焉耳矣。"❹

---

❶ 顾炎武. 顾亭林诗文集 · 与友人书[M]. 北京：中华书局，1983: 190.

❷ 潘耒.《日知录序》，见顾炎武《日知录集释》（卷首）[M]. 上海：上海古籍出版社，2011: 11.

❸ 同❷。

❹ 顾炎武. 日知录（卷十三）· 正始[M]. 上海：上海古籍出版社，2011: 526-527.

刚刚经历满人入关、反清复明时代的顾炎武，已经跳出了狭隘的民族主义，他所说的“天下兴亡”，不是指某姓某王朝的兴亡，而是指整个中华民族。所以他的意思是易姓改号只是亡国，到仁义丧失以致人吃人的地步，才是“亡天下”。顾炎武认为，保国是君臣的事，而保天下是每个普通人的职责。顾炎武一生以“天下为己任”，为民族大义奔波于大江南北，即使病中还不忘发出呼吁：“天生豪杰，必有所任。……今日者，拯斯人于涂炭，为万世开太平，此吾辈之任也。”❶

3.博学于文，行己有耻

顾炎武强调“学”“行”统一，前者重“博”，后者重“耻”。在礼、义、廉、耻是儒家道统的“四维”中，其中顾炎武尤其重视“耻”。

> 礼义廉耻，国之四维，四维不张，国乃灭亡。善乎，管生之能言也！礼义，治人之大法；廉耻，立人之大节；盖不廉则无所不取，不耻则无所不为。人而如此，则祸败乱亡，亦无所不至；况为大臣而无所不取，无所不为，则天下其有不乱，国家其有不亡者乎？然而四者之中，耻尤为要。故夫子之论士，曰：“行己有耻。”❷

顾炎武认为礼、义、廉、耻四维不张会导致国家灭亡。四维中，礼义是治国法度，廉耻是道德约束。“行己有耻”出自《论语·子路》，孔子认为，“士”在行事前，凡自己认为可耻的就不去做。顾炎武继承并发扬孔子思想，认为“耻”是进行自我道德约束的途径，“行己有耻”是要用羞恶廉耻之心来约束自己的言行。顾炎武认为行己有耻具体体现在国家政治和日常生活中，他把“出入、往来、辞受、取与”❸等处世待人之道都看成是属于“行己有耻”的范围。顾炎武认为，士大夫秉承儒学教育，如果行

❶ 顾炎武. 顾亭林诗文集 · 病起与蓟门当事书[M]. 北京：中华书局，1983: 48.
❷ 顾炎武. 日知录（卷十七）· 廉耻[M]. 上海：上海古籍出版社，2011: 568.
❸ 顾炎武. 顾亭林诗文集 · 与友人论学书[M]. 北京：中华书局，1983: 41.

“不耻”之事，性质更加严重。他在《与友人论学书》进一步阐述道：“士而不先言耻，则为无本之人；非好古而多闻，则为空虚之学。以无本之人，而讲空虚之学，吾见其日从事于圣人而去之弥远也。”[1]意思是士大夫自己不先谈羞耻之心，那就成为无所依靠的人了。不是因为喜爱古代文化而博采众长，那就会形成空虚无用的学问。作为无所依靠的人，去讲解空虚的学问，即使每天读圣贤的书，但实际上与圣贤的距离越来越远了。所以顾炎武说“故士大夫之无耻，是谓国耻”[2]。

顾炎武在“行己有耻”的基础上对义利、公私关系进辨析。他说：

> 自天下为家，各亲其亲，各子其子，而人之有私，固情之所不能免矣。故先王弗为之禁，非惟弗禁，且从而恤之。建国亲侯，胙土命氏，画井分田，合天下之私以成天下之公，此所以为王政也。至于当官之训，则曰以公灭私。然而禄足以代其耕，田足以供其祭，使之无将母之嗟、室人之谪，又所以恤其私也。此义不明久矣。世之君子必曰：有公而无私。此后代之美言，非先王之至训矣。[3]

顾炎武强调家国情怀，希望人人以家国为己任，但并不否定私欲、否定私利。他把人之有私看作是完全合乎情理的现象，并且认为“用天下之私，以成一人之公而天下治”[4]。他认为所谓“君子”鼓吹的“有公无私”是后世诡称，并非圣人的理论。顾炎武对“私”的肯定，以及利民富民和“财源通畅”的主张，和中国“聚私为公”的传统思维一致，体现儒家德育思想修身、齐家、治国、平天下的终极目标，也反映了清初资本主义生产关系萌芽状态的思想意识。

---

[1] 顾炎武. 顾亭林诗文集 · 与友人论学书[M]. 北京：中华书局，1983: 41.

[2] 顾炎武. 日知录（卷十七）· 廉耻[M]. 上海：上海古籍出版社，2011: 568.

[3] 顾炎武. 日知录（卷三）[M]. 上海：上海古籍出版社，2011: 141.

[4] 顾炎武. 顾亭林诗文集 · 郡县论五[M]. 北京：中华书局，1983: 14.

（七）王夫之的德育思想

王夫之（1619—1692），字而农，号姜斋，人称“船山先生”，湖广衡阳县（今湖南省衡阳市）人，与顾炎武、黄宗羲并称明末三大启蒙思想家。顺治初年，投靠永历帝朱由榔，参加反清斗争。斗争失败后，当时清朝政府严令汉人剃发，王夫之誓死反对，转徙至苗瑶族聚居区域的山洞躲避清兵追捕。直至清康熙八年（1669年）王夫之才辗转回到衡阳，定居的石船山麓仍然是处于荒岩绝壑。王夫之虽备尝艰辛仍坚持学问之道，以捡到的破纸、账簿为稿纸继续著作不辍。王夫之一生坚持民族气节，面对威逼利诱而不改初衷。康熙十七年（1678年）三月，拒绝为吴三桂撰写劝进表。《清史稿》载：“康熙十八年，吴三桂僭号于衡州，有以劝进表相属者，夫之曰：‘亡国遗臣，所欠一死耳，今安用此不祥之人哉！’遂逃入深山……三桂平，大吏闻而嘉之……夫之以疾辞……自题墓碣曰‘明遗臣王某之墓’。”王夫之的湖南老乡曾国藩对王夫之十分推崇，其思想和行为深受王夫之影响，组织校阅、刊刻《王船山遗书》并亲自作序评：

> 独先生深閟固藏，追焉无与。平生痛诋党人标谤之习，不欲身隐而文著，来反唇之讪笑。用是，其身长遯，其名寂寂，其学亦竟不显于世。荒山敝榻，终岁孜孜，以求所谓育物之仁，经邦之礼。穷探极论，千变而不离其宗；旷百世不见知，而无所于悔。先生没后，巨儒迭兴，或攻良知捷获之说，或辨易图之凿，或详考名物、训诂、音韵，正《诗集传》之疏，或修补三礼时享之仪，号为卓绝。先生皆已发之于前，与后贤若合符契。虽其著述大繁，醇驳互见，然固可谓博文约礼，命世独立之君子已。[1]

[1] 曾国藩. 曾国藩全集 · 诗文[M]. 长沙：岳麓书社，2011：278.

1. 唯物论思维萌芽

王夫之的学术思想蕴含有一定的唯物论倾向，他认为一切物都是客观存在的实体。王夫之关于“物”的哲学思考源于《周易》“观物取象”观点。《周易·系辞》有云：“《易》之为书也，原始要终，以为质也。”[1]《周易·系辞》又云：“古者包牺氏之王天下也，仰则观象于天，俯则观法于地，观鸟兽之文，与地之宜。近取诸身，远取诸物，于是始作八卦，以通神明之德，以类万物之情。”[2]“观物取象”是《周易》卦象的基础，王夫之对其继承并进行发扬：

> 物生而形形焉，形者质也。形生而象象焉，象者文也。形则必成象矣，象者象其形矣。在天成象而或未有形；在地成形而无有无象。视之则形也，察之则象也。所以质以视章，而文由察著。未之察者，弗见焉耳。[3]

但是王夫之认为我们所看到的现象是物质呈现的外象，并非物质的本质，更无法体察其规律，故提出“惟其有可见之实也。物之所由，惟其有可循之恒也”[4]。人们之所以能够看见物体，是因为构成物体的“气”呈现出外形：气聚集并显示人们就说物体存在，气消散隐藏了人们就说物体不存在。

本质和现象是存在必然的因果关系，因此分析一个物体必须从分析其现象开始，但如果只停留于现象则无法达到对物体本质的认识和对其规律的把握。孟子曾以“白马”理论论述“仁内义外”[5]的逻辑，王夫之继续援引“白马论”说，白马、白雪、肤白之人同样具有白色外观，但他们只是统一于白颜色。白马一定是马，白雪一定是雪，肤白之人也一定是人，但

---

[1] 周振甫. 周易译注[M]. 北京：中华书局，1991: 270.

[2] 同[1]。

[3] 王夫之. 尚书引义 · 毕命（卷六）[M]. 北京：中华书局，1976: 175.

[4] 王夫之. 周易外传（卷五）[M]. 北京：中华书局，1977: 178.

[5]《孟子 · 告子上》。

不能说白色的必定是马，是马一定是白色。只有既是马又是白色才可以称作“白马”，所以说“文质不可不分”[1]“质以视彰，文由察著。未之察者，弗见焉耳”[2]。

王夫之朴素的唯物论还肯定事物的发展变化，具有一定辩证思维，他说：

> 天地之德不易，而天地之化日新。今日之风雷，非昨日之风雷，是以知今日之日月，非昨日之日月也。风同气，雷同声，月同魄，日同明，一也。是以知今日之官骸，非昨日之官骸，视听同喻，触觉同知耳，皆以其德之不易者，类聚而化相符也。……守其故物而不能日新，虽其未消，亦槁而死，不能待其消之已尽而已死，则未消者槁。故曰：“日新之谓盛德。”岂特庄生藏舟之说为然哉？[3]

王夫之这段话源于《大学》和《易传》。《大学》引用汤之《盘铭》说：“苟日新，日日新，又日新。”[4]《易传·系辞上》说：“日新之谓盛德。”[5]以上论述都蕴含着主张促进事物日新月异、循环发展的辩证思想。古希腊哲学家赫拉克利特被列宁称为“辩证法的奠基者”[6]，他有一句名言“人不能两次走进同一条河流”，王夫之所说“今日之风雷，非昨日之风雷”，也表达了事物是永恒地发展变化的。

2. 反禁欲主义

王夫之在“观物取象”的朴素唯物论基础上提出承认人欲、私欲存

---

❶ 王夫之. 尚书引义 · 毕命（卷六）[M]. 北京：中华书局，1976：175.

❷ 同❶。

❸ 王夫之. 思问录[M]. 上海：上海古籍出版社，2000：268.

❹《大学》。

❺《易传 · 系辞上》。

❻ 列宁全集（第38卷）[M]. 北京：人民出版社，1955：390.

在，在其《周易外传》《尚书引义》等书中对程朱理学的“存天理，灭人欲”提出了批评。王夫之提出：“饮食男女之欲，人之大共也。”[1]王夫之认为要承认人欲存在，天理在于人性之中的，不承认人欲和人性存在就等于否定天理，所以道德教育应该充分尊重人性，而不是以“灭人欲”的做法压抑、控制人性自由。但是王夫之虽然倡导反对禁欲，否定“存天理，灭人欲”，同时又接受传统儒家伦理等级秩序思想，强调“尊其尊，卑其卑，位其位，事其事”[2]，说明其对儒家德育思想采取的是选择性继承的态度。

王夫之在现象—本质的逻辑基础上对道德伦理的人性论进行创新性阐述：

> 礼虽纯为天理之节文，而必寓于人欲以见，虽居静而为感通之则，然因乎变合以章其用。唯然，故终不离人而别有天，终不离欲而别有理也。离欲而别为理，其惟释氏为然。盖厌弃物则，而废人之大伦矣。[3]

从这段阐述可以看出，王夫之反对“存天理，灭人欲”，但并不是将“天理”与“人欲”对立，所以王夫之的理欲观不是“理不离欲”，而是“理寓欲中、以理导欲”。王夫之主张“若圣人，则欲即理也”[4]，意思是即使是圣人也主张欲即是理。但是王夫之认为人欲应该分为“公欲”和“私欲”。他在《张子正蒙注·中正》提出：“恻然有动之心，发生于太和之气，故苟有诸己，人必欲之，合天下之公欲，不违二气之正，乖戾之所以化也。”[5]王夫之认为的“公欲”指公众之欲望，源于太和之气，符合社会公共需求。“私欲”指一己私利，往往是损人利己、损公肥私的欲望。王夫之强

---

❶ 王夫之．船山全书（第3册）· 诗广传[M]. 长沙：岳麓书社，1992: 376.

❷ 王夫之．船山全书（第12册）· 黄书[M]. 长沙：岳麓书社，1992: 103.

❸ 王夫之．船山全书（第4册）· 礼记章句[M]. 长沙：岳麓书社，1992: 605.

❹ 王夫之．船山全书（第6册）· 读四书大全说[M]. 长沙：岳麓书社，1992: 218.

❺ 王夫之．船山全书（第12册）· 张子正蒙注[M]. 长沙：岳麓书社，1992: 157.

调道德修养要“去私欲”，因为“人所必不可有者，私欲耳”[1]。王夫之认为“公欲”应先于“私欲”，也体现其义先于利的理念。他认为：“私欲净尽，天理流行，则公矣。天下之理得，则可以给天下之欲矣。”[2]采取“以理导欲”使欲望由不合理过渡到合理的状态，先实现公欲，则可得“理”，然后天下人可以实现私欲。所以王夫之反禁欲主义，并没有全盘否定朱熹理学，相反他还称颂朱熹关于“须先教心直得无欲”的说教“推勘得精严，较他处为细”[3]。可见王夫之人性论思想仍然具有明显的阶级局限性。

3. 行为知先的知行观

王夫之延续了儒家德育思想学派中主流的知行合一观，在知行关系上，王夫之首先明确“知行终始不相离”[4]，二者密切不可分离，“相资以互用”“亦各有功效”[5]。但他进一步主张行为知先、知为行后甚至是行重于知。他说：

> 且夫知也者，固以行为功者也；行也者，不以知为功者也。行焉可以得知之效也，知焉未可以得行之效也。……行可兼知，而知不可兼行。[6]

王夫之认为行是知的基础和前导，知以行为功但行不以知为功，因此行可以兼顾到知，而知不可兼顾到行，所以他又说：“皆知先后行，划然离行以为知者也。”[7]

在解决了知行之辩的基础上，王夫之反对“生而知之”的先验论，对认识论的心物关系提出自己的观点：

---

[1] 王夫之. 船山全书（第6册）· 读四书大全说[M]. 长沙：岳麓书社，1992: 218.

[2] 王夫之. 船山全书（第12册）· 张子正蒙注[M]. 长沙：岳麓书社，1992: 406.

[3] 王夫之. 船山全书（第12册）· 读四书大全说[M]. 长沙：岳麓书社，1992: 761.

[4] 王夫之. 船山全书（第12册）· 读四书大全说[M]. 长沙：岳麓书社，1992: 19.

[5] 王夫之. 船山全书（第4册）· 礼记章句[M]. 长沙：岳麓书社，1992: 1256.

[6] 王夫之. 船山全书（第2册）· 尚书引义[M]. 长沙：岳麓书社，1992: 314.

[7] 同[6]。

> 耳有聪，目有明，心思有睿知。入天下之声音研其理者，人之道也。聪必历于声而始辨，明必择于色而始晰，心出思而得之，不思则不得也。岂蓦然有闻，瞥然有见，心不待思，洞洞辉辉，如萤乍曜之得为生知哉？果尔，则天下之生知，无若禽兽。❶

王夫之认为人性分为先天之性和后天之性，先天之性就是人的耳、目、口、鼻等器官所感知的，而后天之性就是通过学习获得的知识体系和思想认识。所以人的知识和思想是后天努力获得的，一定要通过人的主观努力才能取得。

4. 日生而日成的人性论

中国传统哲学关于人性问题的争论很多，至少有性善论、性恶论、无恶无善论、有善有恶论等观点。王夫之关于人性论的一个重要贡献是提出将人性分为“先天之性”和“后天之性”。王夫之认为性是先天存在的，但不是人生下来就一成不变，而是随着人的认识逐渐发展变化的，人性可能变善也可能变恶，这其中起到关键作用的是人的主观性，因此他说：“性者，生也，日生而日成之也。”❷

王夫之认为教育要顺从人的天性，是在教学方法的应用，王夫之说：“教者顺其性之所以近以深造之，各如其量可矣。”❸意思就是说教育者必须根据不同教育对象的具体特点因材施教，顺应人的自然本性因人而异地进行，才能使教育对象发展到他能够达到的最大程度。王夫之把人性论的观点应用到儿童教育上。他认为父母的本性不同、职责不同，在家庭教育中应该起到不同作用，“父刚母柔，教养道合，故得上九克家之子。”❹

---

❶ 王夫之. 船山全书（第12册）· 读四书大全说[M]. 长沙：岳麓书社，1992: 458.
❷ 王夫之. 船山全书（第2册）· 尚书引义[M]. 长沙：岳麓书社，1992: 300.
❸ 王夫之. 船山全书（第7册）· 四书训义[M]. 长沙：岳麓书社，1992: 321.
❹ 王夫之. 船山全书（第1册）· 周易内传[M]. 长沙：岳麓书社，1992: 29.

四、近现代儒家的德育思想

中国近代政治、经济、文化都呈现危机四伏的情况，各界有识之士纷纷寻找、尝试各个途径试图挽救国家民族于水深火热之中。马克思、恩格斯较早开始关注中国："天朝帝国万世长存的迷信破了产，野蛮的、闭关自守的、与文明世界隔绝的状态被打破，开始同外界发生联系。"❶到了清代末期，儒家思想学术代表人物当属严复、康有为、梁启超等，基于儒家学说又对其思想进行一定的改良和促进。"五四运动"前后在中国知识分子当中爆发"打倒孔家店"批孔风暴，批判包括儒学德育思想在内的儒家思想成为当时的时代潮流。但中国学术界一批学者开始重新思考如何对待以儒家思想为代表的中国传统文化。他们坚信中国本土固有的儒家思想和人文思想存在永恒的价值，以批判与继承的态度开始重新研究儒家思想为代表的中国传统文化，代表人物是：梁漱溟、冯友兰等。

（一）严复的德育思想

严复（1854—1921），原名宗光，字又陵，后改名复，字几道，福建侯官县人。先后毕业于福建船政学堂和英国皇家海军学院，曾担任过京师大学堂译局总办、上海复旦公学校长、安庆高等师范学堂校长，清朝学部名辞馆总编辑。严复翻译《天演论》，创办《国闻报》，系统地介绍西方资本主义民主思想和先进的科学知识，对近代中国产生了深远影响。严复是近代极具影响力的资产阶级启蒙思想家，著名的翻译家、教育家，中国近代史上向西方国家寻找真理的"先进的中国人"之一，被康有为赞誉为"中国西学第一者也"❷。

1."三民"教育思想

严复是最早"睁眼看世界"的中国人之一。面对国家民族的危难，严

❶ 马克思恩格斯选集（第1卷）[M]. 北京：人民出版社，1995: 690-691.

❷ 康有为. 康有为政论集（上）· 与张之洞书[M]. 北京：中华书局，1981: 436.

复提出走教育救国的道路，提高国民素质。他认为救国首先要从废科举入手，并提出“八股三大害”——“锢智慧”“怀心术”“滋游手”。严复的“教育救国”思想的代表主张是“增民力、开民智、新民德”。1895年甲午中日战争之后，严复在天津的《直报》上发表的《原强》阐述了其“增民力，开民智，新民德”的教育救国主张。严复强调的救国途径是增强国民的综合素质教育，包括德育、智育、体育。1895年，严复在《原强》中提出综合素质教育的内涵，认为一个国家的强弱存亡取决于其国民三个基本素质：“一曰血气体力之强，二曰聪明智慧之强，三曰德性义仁之强。”然而当时“民力已堕，民智已卑，民德已薄，虽有富强之政，莫之能行”。在《论教育与国家之关系》中，他再次系统阐述这个观念：

> 处物竞剧烈之世，必宜于存者而后终存。考五洲之历史，凡国种之灭绝，抑为他种所羁縻者，不出三事：必其种之寡弱，而不能强立者也；必其种之暗昧，不明物理者也；终之必其种之恶劣，而四维不张者也。是以讲教育者，其事常分三宗：曰体育，曰智育，曰德育。三者并重，顾主教育者，则必审所当之时势而为之重轻。是故居今而言，不佞以为智育重于体育，而德育尤重于智育。

严复的一个杰出贡献是翻译了英国赫胥黎著作《天演论》，将“物竞天择，适者生存”的进化论思想引入中国，在当时引起国人前所未有的震撼。严复自己承认：“物竞、天择二义，发于英人达尔文。”❶

> 民物各争，有以自存。其始也，种与种争，群与群争，弱者常为强肉，愚者常为智役……是故每有太古最繁之种，风气渐革，越数百年，数千年，消磨歇绝，至于靡有孑遗，如辨学家之

❶ 严复. 天演论 · 导言[M]. 北京：商务印书馆，1981: 3.

古禽古兽是已。动植如此，民人亦然。[1]

其达尔文者，英之讲动植之学者也。垂数十年而著一书曰《物种探源》……其书之二篇尤著，西洋缀闻之士，皆能言之。其一篇曰：物竞；又其一曰：天择。物竞者，物争自存也；天择者，存其宜种也。[2]

民物各争，有以自存。其始也，种与种争，群与群争，弱者常为强肉，愚者常为智役……是故每有大古最繁之种，风气渐革，越数百年，数千年，消磨歇绝，至于靡有孑遗，如辨学家之古禽古兽是已。动植如此，民人亦然。[3]

严复的启蒙思想强调“物竞天择适者生存”，认为物竞天择的竞争、你死我活的弱肉强食是“线性进化论”的核心理念。他的教育理论的许多思想也建立在进化论基础之上。他考察历史上各国历史，认为一国覆灭，一个重要原因在于国民种族寡弱、暗昧和恶劣。要解决这个问题就只能依靠包括体育、智育、德育在内的国民教育。

严复教育思想特别是国民综合素质教育的观点，对亟待增强国民素养的近代中国具有非常重要的意义，对近代中国思想启蒙产生很大影响。1912年，蔡元培在吸收严复“三民”教育思想的基础上提出了五育理论：“以心理学各方面衡之，军国民主义毗于意志；实利主义毗于知识；德育兼意志情感二方面；美育毗于情感；而世界观则统三者而一之。”“以教育界之分言三育者衡之，军国民主义为体育；实利主义为智育；公民道德及美育皆毗于德育；而世界观则统三者而一之。”而且“本此五主义而分配于各教科，则视各教科性质之不同，而各主义所占之分数，亦随之而异。……军国民主义当占百分之十，实利主义当占其四十，德育当占

[1] 严复. 原强（载《晚清文选》）[M]. 上海：生活书店，1937: 657.

[2] 同[1]。

[3] 同[1]。

其二十，美育当占其二十五，而世界观则占其五”❶。蔡元培的五育理论包括军国民教育、实利主义教育、道德教育、世界观教育和美感教育。1920年，蔡元培对自己的五育理论进行修订：“前年我国审查教育会，把普通教育的宗旨，定为（一）养成健全的人格，（二）发展共和的精神。”“所谓健全的人格，内分四育，即（一）体育，（二）智育，（三）德育，（四）美育。”“这四育是一样重要，不可放松一项的。”换言之，“以上四育，都宜时时试验演进，要一无偏枯，才可教练得儿童有健全的人格。”❷

2.德育重于智育

严复的“增民力，开民智，新民德”三项内容中，其首推“新民德”为其中最重要也最难做到。他说：

> 至于新民德之事，尤为三者之最难。今微论西洋教宗如何，然而七日来复，必有人焉聚其民而耳提面命之，而其所以为教之术，则临之以帝天之严，重之以永生之福。人无论王侯君公，降以至于穷民无告，自教而观之，则皆为天之赤子，而平等之义以明。平等义明，故其民知自重，而有所劝于为善。❸

严复之所以这么强调“新民德”，是因为他看到中国民众受封建统治阶级长期的“愚民”政策，亟须得到思想启蒙。他和孙中山谈话中提到：“以中国民品之劣，民智之卑，即有改革，害之除于甲者将见于乙，泯于丙者将发之于丁。为今之计，惟急从教育上着手，庶几逐渐更新乎！”严复认为，由于中国民众品行（德性）低劣，去除掉第一个人身上的毛病，会在第二个人的身上看到，消除掉第三个人身上的恶习，结果在第四个人身上又看了。想要改变这种状况，只有在教育上有所改变，通过全体

---

❶ 蔡元培．蔡元培选集（上卷）[M]．杭州：浙江教育出版社，1993.

❷ 同❶。

❸ 严复．严复集（第一册）[M]．北京：中华书局，1986：30.

国民的思想启蒙才能彻底地解决。严复认为正是由于专制思想下限制民众自由才导致当时中国民众普遍缺乏公德之心，所以增强民众道德层次的重要途径是增强国民团结一致、同仇敌忾之心，“是故居今之日，欲进吾民之德，于以同力合志，联一气而御外仇，则非有道焉使各私中国不可也。”❶

严复是较早考察西方国家，具有一定国际视野的中国知识分子。他认为“新民德”不仅适应中国，而且在全世界都具有普遍规律。严复在环球中国学生会上的演说提到：

> 须知东西历史，凡国之亡，必其人心先坏；前若罗马，后若印度、波兰，彰彰可考，未有国民好义，君不暴虐，吏不贪污，而其国以亡，而为他族所奴隶者。故世界天演，虽极离奇，而不孝、不慈、负君、卖友一切无义男子之所为，终为复载所不容，神人所共疾，此则百世不惑者也。不佞目睹今日之人心风俗，窃谓此乃社会最为危岌之时，故与诸公为此惊心动魄之谈，不胜大愿，愿诸公急起而救此将散之舟筏。惟此之关系国家最大。故曰德育尤重智育也。❷

严复认为，像罗马、印度、波兰等国的灭亡，主要原因就是国民无义、君主暴虐、官吏贪污，才会被外族所奴役。可见不论是对东西方、中国外国，德育的重要性都远远超过智育。

3.批判对待儒家思想

随着西方列强的坚船利炮打开中国故步自封的大门，西方资本主义的各类思潮紧跟着涌入中国。中华民族和中国人民对传承几千年的传统文化特别是占主流位置的儒家思想产生前所未有的疑惑和惶恐。著名汉

---

❶ 严复. 严复集（第一册）[M]. 北京：中华书局，1986: 31.

❷ 严复. 严复集（第一册）[M]. 北京：中华书局，1986: 168–169.

学家、美国中国近代思想史研究学者列文森对近代中国的儒家思想的状况描述道："儒教集团在荆棘与蓟条的环绕下正走向崩溃，它们的鼓、锣被抛在一边，置于腐臭的杂草与废物之间。数千年来赋予孔夫子的神圣色彩已经消失了，而且没有人试图挽救它。"❶严复虽然是在儒家为代表的传统文化环境下成长，但作为中国较早考察世界历史和思考中国现状的思想家，在反思和质疑中也开始从反面观察儒家德育思想。针对儒家德育普遍"重义轻利"的价值观念，严复进行辩证的思考，他在翻译的《天演论》中提出，"大抵东西古人之说，皆以为功利与道义相反，若薰莸之必不可同器。而今人则谓生学之理，舍自营无以为存……非正谊则无以谋利，功利何足病？"❷严复反对"重义轻利"，认为要正确对待"功利"，而不是简单将"功利"与"道义"置于对立的立场，倡导合理的利己主义。

严复的思想中最为可贵的是吸收西方"自由"思想，提出"身贵自由，国贵自主"❸。他说："西之教平等，故以公治众而贵自由。自由，故贵信果。东之教立纲，故以孝治天下而首尊亲。尊亲，故薄信果。然其流弊之极，至于怀诈相欺，上下相遁，则忠孝之所存，转不若贵信果者之多也。"❹

严复虽然充分吸收西方先进思想，但并非完全否定传统文化，他在《救亡决论》说，以儒家思想为代表的旧学"非真无用也，凡此皆富强而后物阜民康，以为怡情遣日之用，而非今日救弱救贫之切用也"。他还在《保教余义》专门阐述对孔教（儒学）的态度："孔教专明人事，平实易行，而民智未开，虽为国教而民未能奉行。"严复晚年思想日趋复旧，积极提倡尊孔读经。1917年，严复致函熊纯如："暮年观道，以为吾国旧法断断不可厚非，即他日中国果存，其所以存，亦恃数千年旧有之教化，决不在

❶ 列文森. 梁启超与中国近代思想[M]. 刘伟，刘丽，译. 成都：四川人民出版社，1986: 269.

❷ 赫胥黎. 天演论[M]. 严复，译. 北京：商务印书馆，1981: 92.

❸ 严复. 严复全集（卷七）· 原强（修订稿）[M]. 福州：福建教育出版社，2014: 25.

❹ 严复. 严复集（第一册）[M]. 北京：中华书局，1986: 31.

今日之新机。”1921年，严复临终遗嘱：“须知中国不灭，旧法可损益，必不可叛。”[1]

（二）康有为的德育思想

康有为（1858—1927），字广厦，号长素、明夷、更甡，广东省南海县人，人称康南海或南海先生，曾得光绪乙未科进士。光绪二十一年（1895年），甲午战争中国战败后，康有为得知《马关条约》签订，带领十八省1300多名举人上万言书，史称“公车上书”。空前的群众运动方式代表了当时觉悟较高的士大夫爱国思想和民主主义萌芽意识。后来康有为创建强学会，一方面树立革命的理论体系，另一方面为变法自强作准备。康有为在向光绪帝所呈之《法国革命记叙》《波兰分灭记叙》中，都表现出强烈的民族思想和国家危机意识。在其所著的《大同书》《孟子微》中，充满了新兴布尔乔亚求解放谋自由争人权的思想意识。光绪二十四年（1898年），康有为发起、领导戊戌变法，失败后逃往日本，史称“百日维新”。康有为作为晚清社会的活跃分子，倡导维新运动时，体现了历史前进的方向。但辛亥革命后，他成为保皇党领袖，带头反对共和制。民国六年（1917年），康有为和张勋发动复辟，拥立溥仪登基，不久即在当时北洋政府段祺瑞的讨伐下宣告失败。康有为是中国晚清时期重要的政治家、思想家、教育家，资产阶级改良主义的代表人物。

1.三世进化史观

康有为继承孔子在《春秋》中强调的“微言大义”，延续传统公羊学“三世说”[2]思想，融合近代传入中国的西方进化论，创造性地提出三世进

---

[1] 严复. 严复集（第一册）· 遗嘱[M]. 北京：中华书局，1986: 359-360.

[2] “三世说”渊源于春秋公羊学，是关于社会历史学说，《春秋公羊传》记载，孔子写《春秋》，“所见异辞，所闻异辞，所传闻异辞”。东汉何休提出“三世”的概念，认为孔子著《春秋》，是取春秋时期 242年“著治法式”，将社会治乱兴衰分为三世：衰乱—升平—太平。康有为将《春秋公羊传》“三世说”及《礼记 · 礼运》“小康”“大同”观与资产阶级历史进化论相揉和，提出“大同”空想社会主义理想主张，后成为维新变法运动的理论基础。

化史观。康有为连续完成的《孟子微》等著作，连同其基本在同一时期写的《礼运注》《中庸注》《大学注》《论语注》等，乃是经过一段时间“研治古经、佛学、西学，以及改革与流亡之余而想重建儒学的一个结果”[1]。三世进化史观是康有为成为中国近代思想界代表性人物的一个重要原因。梁启超曾回忆他的老师说：“先生之哲学，进化派之哲学也。……盖中国有创意言进化学者，以此为嚆矢。先生于中国史学，用力最深，心得最多，故常以史学言进化之理。”[2]

康有为三世进化史观的学术思想仍然是以儒家思想为核心，主要理论来源是《春秋》《孟子》《公羊传》等：

> 孔子之为《春秋》，张为三世：据乱世则内其国而外诸夏，升平世则内诸夏而外夷狄，太平世则远近大小若一。盖推进化之理而为之。
>
> 人道进化，皆有定位……由君主而渐为立宪，由立宪而渐为共和……盖自据乱进化而升平，升平进化为太平，进化有渐，因革有由，验之万国，莫不同风。[3]
>
> 乱世、升平世、太平世，皆有时命运遇，不能强致，大义则专为国民。若其因时选革，或民主、或君主，或君民共主，迭为变迁，皆必有之义，而不能少者也。即如今大地中，三法并存，大约据乱世尚君主，升平世尚君民共主，太平世尚民主矣。[4]

康有为延续儒家“三世”学说，认为乱世、升平世、太平世是社会发展演变的三个必然进程，同时引入西方资产阶级改良主义思想，提出乱

---

[1] 萧公权. 近代中国与新世界：康有为变法与大同思想研究，[M]. 汪荣祖，译. 南京：江苏人民出版社，1997: 68.

[2] 康有为. 康南海自编年谱[M]. 北京：中华书局，1992: 253.

[3] 康有为. 康有为全集（第一集）· 论语注[M]. 北京：中国人民大学出版社，2007: 393.

[4] 康有为. 康有为全集（第五集）· 孟子微[M]. 北京：中国人民大学出版社，2007: 464.

世、升平世、太平世的演变进程正如社会政治制度由君主制到立宪制、再到共和制的演变，都是社会“进化”的结果，是每个国家都会有的必经之路。不过康有为认为三世进化的规律是由天命决定，人力不能改变，这又回到儒家“天理”理论上来。所以，康有为的学术思想本质上还是致力于维护封建统治秩序的儒家学说，导致他终其一生维护君主制度，成为近代中国保皇派的最大精神领袖，在一定程度上成为阻滞近代中国社会向前发展的思想障碍。

2. 自然人性论

康有为否定荀子的性恶论，接受孟子性善说。他认为孔子以后真正传承孔子儒家思想的是孟子：“举中国百亿万群书，莫如《孟子》矣！传孔子《春秋》之奥说，明太平大同之微言，发平等同民之公理，著隶天独立之伟义，以拯普天生民于卑下钳制之中，莫如孟子矣！”[1]康有为肯定孟子儒学善观点，他指出：“孟子直截责人人自贼，专意教人扩充。夫有恶而防绝之甚难，不如有善念而扩充之甚易。待人以恶，而立峻法以降伏之，何如与人为善，引之高流而鼓舞之？”[2]

康有为认为每个人本性都是善的，因此尧舜等圣王与普通人一样，人人平等相同。康有为赞同孟子提出的理想世界，只要人人自立，人人平等，上下团结一心，人人安居乐业，必将共同缔造出一个繁荣而稳定的理想社会。

康有为的人性论以孔孟思想为主要基础，以“仁”为核心要义：

> 不忍人之心，仁也，电也，以太也，人人皆有之，故谓人性皆善。……一切仁政，皆从不忍之心生，为万化之海，为一切根，为一切源，一核而成参天之树，太平大同皆从此出。[3]

❶ 康有为. 康有为全集（第五集）· 孟子微[M]. 北京：中国人民大学出版社，2007: 412.
❷ 康有为. 孟子微[M]. 北京：中华书局，1984: 9.
❸ 同❷。

康有为认为“仁”是一种抽象存在的气，如电，如以太，但却人人都具备。正是人人有仁，所以才能人人皆善。因此梁启超评价说：“先生之论理，以‘仁’字为唯一之宗旨，以世界之所以立，众生之所以生，国家之所以存，礼义之所以起，无一不本于仁，苟无爱力，则乾坤应时而灭矣……其哲学之大本，盖在于是。”[1]通过康有为的改造，儒家“仁”学思想已经转化为融合当时资产阶级思潮，具有一定西方民主色彩的儒家人文主义。康有为处于西方自由、平等、民主思潮涌入中国的时代，他巧妙地在以儒家“仁”学为核心，杂糅佛、道思想，融合西方资本主义思想，提出符合国家、国人亟须的儒家人文主义。“重‘仁’是康有为进化思想最突出的特点。从社会思潮的角度考察，康有为恰是在西方进化思想被国人广泛接受的当口，提出重‘仁’进化思想，视‘仁’为进化的动力和标准，然其意义或许不仅仅是对传统思想的自觉传承和对西方思想知识的积极传播。”[2]

康有为及其弟子都自谓为儒家思想传人，“孔教”旗手，但被许多其他学者所批驳。正如章太炎批评梁启超等人所说：“梁卓如等倡言孔教，余甚非之。或言康有为字长素，自谓长于素王，其弟子或称超回、轶赐。”[3]不过在当时中国现实情况下，康有为的思想已经算是相对进步的了。对于康有为人性论，李泽厚比较客观地指出：“这些看似是无穷的烦琐哲学的空谈苦恼，在这些古旧的传统语言中，应看出它的近代的新意义，认出它的近代资产阶级自然人性论的新的光芒。”[4]

3.延续“微言大义”方法论

清代学者普遍接受黄式三、黄以周的“识字—通经—达道”[5]治学方

---

[1] 梁启超. 饮冰室合集（第六集）· 南海康先生传[M]. 北京：中华书局，1989: 57.

[2] 杨华.《孟子微》在康有为进化思想中的地位[J]. 华东师范大学学报（ 哲学社会科学版），2018（2）: 88.

[3] 汤志钧. 章太炎年谱长编[M]. 北京：中华书局，1979: 38.

[4] 李泽厚. 中国思想史（中）[M]. 合肥：安徽文艺出版社，1999: 443.

[5] 清代黄以周延续其父黄式三学说，在《说文解字补说叙》中提到：“古圣既往，道载于文。六经之外，无所谓道；六书之外，无所谓文。故欲谭道者，先通经；欲通经者，先识字。”参丁福保《说文解字诂林补遗 · 前编上 · 叙跋类七》，第 59 页。

法，此法被康有为批评为“磨砖作镜”“蒸沙而欲成饭”，如无源之水、缘木求鱼。康有为继承孔子“微言大义”的治学方法，认为求学应该先从古圣贤心志入手，读通儒家经典中微言大义，然后再谈具体的考据问题。康有为抨击宋明理学扼杀人性，呼吁“开智”“求仁”，在儒家思想义理之学中找到突破儒学藩篱的缺口。康有为著作《新学伪经考》《孔子改制考》，被有的人认为是推翻孔子2000多年封建思想文化。实际上康有为通过多方考据，认为自东汉以来的儒学乃是“新学”而不是汉学，许多传世的儒家经典乃是后人根据统治需要改订（特别是刘歆为帮王莽篡权而修经），而非纯正孔子思想，导致之后1000多年中国历史文化均背离了孔子之道，是造成中国黑暗、衰微的重要原因。

康有为青年时期曾师从广东名儒朱次琦。朱次琦是近代著名教育家，主张“经世致用”，对康有为影响很大。康有为曾经自述这段求学经历及受业影响：

> 先生硕德高行，博极群书。其品诣学术，在涑水、东莱之间，与国朝亭林、船山为近，而德器过之。……特重气节，而主济人经世，不为无用之高谈空论。其教学者之恒言，则曰四行五学。四行者敦行孝悌、崇尚名节、变化气质、检摄威仪；五学则经学、文学、掌故之学、性理之学、词章之学也。先生动止有法，进退有度，强记博闻。每议一事、论一学，贯穿今古，能举其词，发先圣大道之本，举修己爱人之义，扫去汉、宋之门户，而归宗于孔子。于时捧手受教，乃如旅人之得宿，盲者之睹明，乃洗心绝欲，一意归依，以圣贤为必可期，以群书为三十岁前必可尽读，以一身为必能有立，以天下为必可为。[1]

从上述文字可以看出康有为坚持儒家传统“微言大义”治学方法，虽

---

❶ 康有为．康有为全集（第五集）· 我史[M]. 北京：中国人民大学出版社，2007: 61.

然是清末资产阶级改良主义的领导者，但自认为思想文化体系的根源和主流仍然是儒家思想。梁启超曾评价康有为的“其言有伦脊，先排古文以追孔子之大义，次排荀学以追孔子之微言”❶，是康有为“微言大义”治学之道的概括。

4. 较强的自然科学思维

在近代，西方先进的自然科学随着资产阶级思潮在进入中国，作为清末学习意识强、思想觉悟较高的学者，康有为在青年时期就开始接触西方自然科学知识。在领导戊戌变法之前，他已经学习过《环游地球新录》《西国近事汇编》等西方书籍，并阅读了徐继畬临摹欧洲地图所撰《瀛寰志略》和魏源的《海国图志》等，接收西方先进知识体系和学术思想。其中《海国图志》是一部介绍西方国家的科学技术和世界地理历史知识的综合性图书，书中详细叙述了世界各国历史、政治、风俗、技术。魏源在书中提出“师夷长技以制夷”令国人振聋发聩，具有划时代意义。在西学东渐的大潮中，康有为是较早“援西入儒”的学者。康有为在广州办立万木草堂授学时，将西学纳入教学内容。据梁启勋（梁启超胞弟）回忆，当时学生“除读中国古书外，还要读很多西洋的书”❷。

康有为学术思想中的自然科学思维最主要体现在他对达尔文自然进化论的选择性接受。他在《孟子微》中提出：“智愚强弱之殊，质类不齐。竞争自出，强胜弱败，物争而天自择之。”❸康有为认为世间万物天生存在区别，有聪明的也有愚蠢的，有强悍的也有弱小的。自然竞争也是存在的，强者胜弱者败，都是上天选择的结果。不过康有为批评达尔文的线性进化论，指出正是由于受其影响的西方思潮一味强调竞争才导致战争不断、人祸连连。他认为竞争是“古今世界公共之至恶物者”“若循天演之例，则普大地人类，强者凌弱，互相吞噬，日事兵戎”❹。康有为尝试以自然科学

---

❶ 梁启超. 论中国学术思想变迁之大势[M]. 上海：上海古籍出版社，2006: 106-107.

❷ 梁启勋. “万木草堂”回忆[M]. 广州：广东高等教育出版社，1989: 15.

❸ 康有为. 孟子微[M]. 北京：中华书局，1984: 30.

❹ 康有为. 大同书[M]. 北京：中华书局，2012: 285-286.

的原理来阐释人生形态和社会现象，在当时已经算是比较进步的认识论。

（三）梁启超的德育思想

梁启超（1873—1929），字卓如，号任公、饮冰室主人，时人称梁任公。广东省广州府新会县人，中国近代思想家、政治家、教育家、史学家、文学家。从师康有为，后成为资产阶级改良派的宣传家，维新派代表人物，与康有为共同领导戊戌变法。变法失败后，其政治思想上逐渐走向保守，在海外推动君主立宪。梁启超倡导新文化运动，支持五四运动。其著作合编为《饮冰室合集》。

1.改造国民性的“新民说”

近代以来，中国知识分子面对陷入困境的国家民族，一心希望找到救国救民之策，对中国之问题把脉问诊。除了在政治体制、经济建设、文化发展上找根源，许多人将中国之问题归咎于国民性恶劣，前文提到严复也说到“中国民品之劣，民智之卑”。与梁启超同为康有为弟子的麦孟华曾经提出：“中国民气散而不聚，民心默而不群，此其所以百事而不一效者也。”[1]他们没有意识到中国落后的根本原因是封建主义制度禁锢、帝国主义殖民压迫、新兴资产阶级的剥削，而是纷纷将国家落后、民族蒙辱归罪到人民身上，认为是民众知识匮乏、德性不足，团结力低下等，这些都是资产阶级改良派的阶级局限性所导致。

同样，梁启超也将国家落后挨打归罪于“国民劣根性”。不过他认为中华民族文明璀璨、国家强盛的原因也是因为国民特质优秀。梁启超说过，“凡一国之能立于世界，必有其国民独具之特质。”“我同胞能数千年立国于亚洲大陆，必其所具特质有宏大、高尚、完美，厘然异于群族者。”[2]针对当时中华民族落后的情况，他在《中国积弱溯源论》一文中

[1] 麦孟华. 中国思想史参考资料集（晚清至民国卷）· 总论（民义第一）[M]. 北京：清华大学出版社，2005: 80.

[2] 梁启超. 新民说[M]. 沈阳：辽宁人民出版社，1994: 8.

列举了“国民劣根性”的六个特征：“一曰奴性，二曰愚昧，三曰为我，四曰好伪，五曰怯懦，六曰无动。”[1]在梁启超眼里，中国国民奴性、愚昧、自私、虚伪、懦弱、慵懒，这是中国积弱积贫的原因。实际上，梁启超认为中国国民劣根性远远不止以上六点，他说：“吾观我祖国国民性之缺点，不下十百。”[2]在梁启超所谓“不下十百”的国民劣根性中，特别强调体质方面的匮乏，这点是以往大儒较少关注到的。梁启超反对“野蛮人尚力，文明人尚智”的二元论思想，他在《论尚武》中提出中国人长期耽溺安逸生活，导致社会风气“重文轻武，民气柔靡”“两千年之腐气败习，深入国民之脑，遂使群国之人，奄奄如病夫……戢戢如驯羊”[3]。他在《中国积弱溯源论》中进一步具体解释导致这种情况的原因：“不讲卫生，婚期太早，以是传种，种已孱弱……以文弱为美称，以羸怯为娇贵，翩翩年少，弱不禁风，名曰丈夫，弱于少女；弱冠而后，则又缠绵床第以耗其精力，吸食鸦片以戕其身体，鬼躁鬼幽，蹝步欹跌，血不华色，面有死容，病体奄奄，气息才属：合四万万人，而不能得一完备之体格，呜呼！其人皆为病夫，其国安得不为病国也！”[4]他认为健强体魄对坚韧精神的作用很大，因为有“健康强固之体魄，然后有坚忍不屈之精神”[5]。梁启超提出“尚武”精神需包括三个方面：心力、胆力、体力，希望国民能够“练其筋骨，习于勇力，无奄然颓惫以坐废也主”[6]。

梁启超关于解决“国民劣根性”的主要观点集中在《新民说》一书[7]

---

[1] 梁启超. 饮冰室合集（第五集）· 中国积弱溯源论[M]. 北京：中华书局，1989: 18-28.

[2] 梁启超. 新民说[M]. 沈阳：辽宁人民出版社，1994: 139.

[3] 梁启超. 新民说[M]. 沈阳：辽宁人民出版社，1994: 153.

[4] 梁启超. 新民说[M]. 沈阳：辽宁人民出版社，1994: 160.

[5] 梁启超. 饮冰室合集（第1集）· 论尚武[M]. 北京：中华书局，1989: 11.

[6] 同[5]。

[7]《新民说》是梁启超在清代光绪二十八年（1902年）至三十二年（1906年），以“中国之新民”的笔名发表在《新民从报》上的二十篇政论文章。1916年部分收入梁启超自选的《饮冰室文集》。

里面。梁启超在其中提出“新民”论的概念，并视其为“今日中国第一急务”❶。梁启超提出：“故欲其身之长生久视，则摄生之术不可不明，欲其国之安富尊荣，则新民之道不可不讲。”❷

梁启超虽然提出直面“国民劣根性”，主张国民性改造，但他并不认为这种“劣根性”在中国人身上古来有之。相反，他认为中国传统文化根基深厚，国民原具有优异的品性：“吾固信其根器之本极深厚，而磨砻而光晶之，固甚易易。”❸梁启超以“尚武”精神为例，说过“我国古代尚武之风本甚盛，春秋战国间，遗迹可考者甚多”。

作为近代中国资产阶级改良派的代表人物，梁启超认为中国应该“睁眼看世界”，提出“内地无外人之比较，不足以见我之长短，故在内地不如在外洋”。梁启超认为要改变中国现状，就必须推进改制宪政，加强国民教育，培养民众国家意识、公德意识和尚武精神等国民意识，把普通民众从过去的“老百姓”变成“现代公民”。

2. 利群、益群的“群己观”

“利群”和“益群”是梁启超在1902年发表的《论公德》一文提出的，而这两个概念是在对“公德”“私德”探讨的基础上提出。梁启超说：“是故公德者，诸国之源也，有益于群者为善，无益于群者为恶，（无益而有害者为大恶，无害亦无益者为小恶。）此理放诸四海而准，俟诸百世而不惑者也。”❹他认为判断道德的本源是看其是否“利群”——“本原惟何？亦曰利群而已。”❺因为“群有以益我，而我无以益群，是我逋群之负而不偿也”❻。梁启超在《中国积弱溯源论》一文中指出中国人性格中过度强调“为我”是造成中国积弱的原因之一。由于过去强调自我，“中国人不知群

❶ 梁启超．新民说[M]．沈阳：辽宁人民出版社，1994: 160.

❷ 梁启超．新民说[M]．沈阳：辽宁人民出版社，1994: 2.

❸ 梁启超．梁启超全集·中国前途之希望与国民责任［M］．北京：北京出版社，1999: 2388.

❹ 梁启超．饮冰室合集（第6集）·论公德[M]．北京：中华书局，1989: 14.

❺ 同❹。

❻ 同❹。

之物为何物，群之义为何义也，故人人心目中，但有一身之我，不有一群之我”[1]。对比西方公德，梁启超认为西方价值观范畴，只有有益于群体的才是善，无益于群体的就是恶。他号召当代有识之士以国际视野纵观世界大势，观察和思考中国和中华民族，进而培养一种能够“固吾群、善吾群、进吾群”[2]的新道德。而只要倡导公德，新道德就能够形成，新民就能够产生了。

在当时就具有国际视野的梁启超对中国和西方的道德伦理内涵进行对比，中国旧伦理主要指君臣、父子、兄弟、夫妇、朋友关系，而西方伦理包括家族伦理、社会（即人群）伦理、国家伦理。两相对比就可以发现鲜明的区别，前者以“己”为中心展开所有人际关系的远近亲疏，后者以“群”为中心，以国家、社会伦理为主体。梁启超对忠君爱国进行较为透彻的分析，认为忠君之义偏，忠国之义完。他提出：“人非父母无自生，非国家无自存，孝于亲，忠于国，皆报恩之大义，而非为一姓之家奴走狗者所能冒也。”[3]在当时仍然处于满清“一姓”统治之下的中国，梁启超提出“非为一姓之家奴走狗者”，确实具有改良派非同一般的眼光和胆略。

何谓公德？何谓私德？梁启超给出了明晰的概念：“人人独善其身者谓之私德，人人相善其身者谓之公德，二者皆人生所不可缺之俱也。”[4]虽然梁启超较多吸收西方思想，但其学识和观点仍然是在延续儒家为主的传统文化范畴。他在讨论“公德”和“私德”区别及联系的时候，采取儒家思想的“推”的概念。他说：“公德者私德之推也。知私德而不知公德，所缺者只在一推；蔑私德而谬托公德，则并所以推之具而不存也。故养成私德，而德育之事思过半焉矣。”[5]梁启超的“公德”观是建立在“群”的

---

[1] 梁启超. 梁启超全集 · 积弱之源于风俗者[M]. 北京：北京出版社，1999: 417.

[2] 梁启超. 饮冰室合集（第6集）· 论公德[M]. 北京：中华书局，1989: 15.

[3] 梁启超. 饮冰室合集（第6集）· 论国家思想[M]. 北京：中华书局，1989: 18-19.

[4] 梁启超. 饮冰室合集（第6集）· 论公德[M]. 北京：中华书局，1989: 13.

[5] 梁启超. 饮冰室合集（第6集）· 论私德[M]. 北京：中华书局，1989: 119.

基础上，他说："公德者何？人群之所以为群，国家之所以为国，赖此德焉以成立者也。"❶

梁启超道德伦理思想许多观点来源于儒家德育思想。他在1905年12月发表《德育鉴》，汇编了孔子、孟子、荀子、二程、朱熹、王阳明等古代先贤大儒的语录，并将历代大儒思想梳理总结为辨术、立志、知本、存养、省克、应用。梁启超认为，中国传统道德伦理虽然强调道德修养但却以"私德"为主体：

> 中国道德之发达，不可谓不早，虽然，偏于私德，而公德殆阙如。试观《论语》《孟子》诸书，吾国民之木铎，而道德所从出者也。其中所教，私德居十之九，而公德不及其一焉。如《皋陶谟》之九德，《洪范》之三德，《论语》所谓温良恭俭让，所谓克己复礼，所谓忠信笃敬，所谓寡尤寡悔，所谓刚毅木讷，所谓知命知言，《大学》所谓知止慎独，戒欺求慊，《中庸》所谓好学力行知耻，所谓戒慎恐惧，所谓致曲，《孟子》所谓存心养性，所谓反身强恕，凡此之类，关于私德者发挥几无余蕴，于养成私人（私人者对于公人而言，谓一个人不与他人交涉之时也。）之资格，庶乎备矣。虽然，仅有私人之资格，遂足为完全人格乎？是固不能。❷

按照中国旧的价值观，"私德"在道德伦理的范畴中比例大，而且对社会风气、价值观念等都造成不好影响。梁启超认为"私家之事，成绩可观者往往而有，一涉公字，其事立败"❸，分析说"中国人心风俗之败坏，至今日而已极，人人皆先私而后公"❹，提出"我国人所以至今不振者，一

❶ 梁启超．饮冰室合集（第6集）·论公德[M]．北京：中华书局，1989: 12.

❷ 梁启超．饮冰室合集（第6集）·论公德[M]．北京：中华书局，1989: 13.

❸ 梁启超．梁启超全集·积弱之源于风俗者[M]．北京：北京出版社，1999: 2843.

❹ 梁启超．梁启超全集·积弱之源于风俗者[M]．北京：北京出版社，1999: 976.

言蔽之，曰公共心缺乏而已”[1]。

梁启超倡导“公德”，但并不否定“私德”，相反他认为“公德”是“私德”推广后实现的，是道德修养层次得到提升。这里的“推”私德来源于儒家传统道德伦理。《诗经·大雅·思齐》说君主要先给妻子做榜样，再推广到兄弟，再推广到家族和国家。《孟子》说推广恩德足以安定天下，推广善行才能成为圣贤。

3.境者心造的“心力论”

梁启超曾说过：“境者心造也，一切物境皆虚幻，惟心所造之境为真实。”他认为人心之外的事物都是我们内心的投射，分别不在境而在心。同样的江河湖海、风花雪月，但是每个人内心的感受却大不相同。他说：“同一江也，同一舟也，同一酒也，而一为雄壮，一为冷落，其境绝异。然则天下，岂存物境哉？”[2]梁启超认为，天下万物之境，没有什么是一定会引起人快乐、忧伤、惊诧或欢喜的，也没有什么一定不会令人快乐、忧伤、惊诧或欢喜，是否因为事物环境快乐、忧伤、惊诧或欢喜，全在人心。他说：“现在正当物质枯燥、人心烦闷的时期，或许是陆、王学术复活的时机罢？”[3]可以看出，梁启超的思想立场属于明显的唯心主义，更多地偏向陆九渊、王阳明心学思想。实际上这也是以康有为、梁启超为代表人物的百日维新运动中资产阶级改良主义的共性，“戊戌维新之所以神化‘自心’，夸大精神意志力量和人的主观能动性，推崇宗教与‘自心造世界’的主观唯心论，其目的就是为中国寻找推动社会变革的力量。”[4]

梁启超给出了“人生观”的概念。他说：“人类从心界、物界两方面调和结合而成的生活，叫作‘人生’。我们选一种理想来完成这种生活，叫作‘人生观’（物界包含自己的肉体及己身以外的人类乃至己身所属之

---

[1] 梁启超 . 梁启超全集 · 积弱之源于风俗者 [M]. 北京：北京出版社，1999: 2844.

[2] 梁启超 . 梁启超全集 · 惟心 [M]. 北京：北京出版社，1999: 361.

[3] 梁启超 . 梁启超全集（第 16 集）· 陆王学派与青年修养 [M]. 北京：中国人民大学出版社，2018: 276.

[4] 姜华 . 试论戊戌时期维新派的“心力”说 [J]. 求是学刊，1998（5）.

社会等)。”[1]梁启超虽然总体上属于唯心主义者，但他并不否定物质的作用。他提出“物界”的概念，认为“物界”包括人体自身、他人、社会、世界万物等。不过梁启超认为决定人的当属“超科学”的“最重要的部分”，乃是“情感”：“人生问题，有大部分是可以，而且必要用科学方法来解决的。却有一小部分，或者还是最重要的部分是超科学的。”[2]梁启超说：“理性只能叫人知道某件事该做，某件事该怎么做法，却不能叫人去做事，能叫人去做事的，只有情感。”[3]梁启超明确了情感和理性的“主仆”地位：“若是发心着手做一件顶天立地的大事业，那时候，情感便是威德巍巍的一位皇帝，理性完全立在臣仆的地位。”[4]

经过长期的考察调研，梁启超学习、吸收了西方“独立”“自主”的思想。他称赞说：“其独立自主之风最盛，自其幼年在家庭、在学校，父母师长，皆不以附庸待之，使其练习世务，稍长而可以自立，不依赖他人，其守纪律、循秩序之念最厚，其常识(common sense)最富，常不肯为无谋之躁妄举动，其权利之思想最强，视权利之思想为第二生命，丝毫不肯放过。”[5]针对中国国民思想状态，梁启超认为人不能堕落为“心奴”。他列举了四种心奴：古人的奴隶、世俗的奴隶、境遇的奴隶、情欲的奴隶。他认为要追求心灵的自由，必须逐次去除心中的奴隶。在追求客观真理面前，能够以“我”为主，做到“我有耳目，我物我格，我有心思，我理我穷”[6]。

(四)孙中山的德育思想

孙中山(1866—1925)，名文，字载之，号日新，又号逸仙，化名中山樵，伟大的民族英雄、伟大的爱国主义者、中国民主革命的伟大先驱，

[1] 梁启超．梁启超全集(第12集)·人生观与科学观——对张、丁论战的批评[M]．北京：中国人民大学出版社，2018: 96.

[2] 同[1]。

[3] 梁启超．梁启超全集·评非宗教同盟[M]．北京：北京出版社，1999: 968.

[4] 同[3]。

[5] 梁启超．饮冰室合集(第6集)·向英美学习[M]．北京：中华书局，1989: 11.

[6] 梁启超．梁启超全集(第12集)·论自由[M]．北京：中国人民大学出版社，2018: 570.

“三民主义”的倡导者。孙中山生于广东省广州府香山县，青年时期原在香港学医。孙中山目睹中华民族有被西方列强瓜分的危险，首举彻底反帝反封建的旗帜，推翻清王朝，建立民主共和国，“起共和而终两千年封建帝制”。1894年11月，孙中山在檀香山创立兴中会。1905年（光绪三十一年），成立中国同盟会。辛亥革命后被推举为中华民国临时大总统。1925年3月12日在北京逝世。孙中山著有《建国方略》《建国大纲》《三民主义》等。

1.心性文明

孙中山德育思想源于中国传统文化，自认为其学术思想许多是因袭祖国“固有道德”“固有之思想”。由于深受儒家思想影响，孙中山重视道德伦理和道德修养，甚至强调“有道德始有国家，有道德始有世界”❶。孙中山坚持儒家传统道德修养学的“修身齐家治国平天下”理论，认为近代中国落后原因诸多，有外国压迫，有物质文明落后，但归根结底是因为国民修身不足：

> 只要先能够修身，便可来讲齐家、治国。现在各国的政治都进步了，只有中国是退步，何以中国要退步呢？就是因为受外国政治经济的压迫，推究根本原因，还是由于中国人不修身。……我们现在要能够齐家、治国，不受外国的压迫，根本上便要从修身起。❷

孙中山对中国传统道德伦理感到自豪：“我们道德上文明，外国人是万万赶不及我们的。”❸他在《在安徽都督府欢迎会的演说》提出：“又我中国是四千余年文明古国，人民受四千余年道德教育，道德文明比外国人

❶ 孙中山. 孙中山全集（第3卷）[M]. 北京：中华书局，1985: 25.
❷ 孙中山. 孙中山全集（第9卷）[M]. 北京：中华书局，1985: 249-250.
❸ 孙中山. 孙中山全集（第2卷）[M]. 北京：中华书局，1985: 533.

高若干倍，不及外国人者只是物质文明。”[1]孙中山承认要向西方学习先进技术，要派出留学生学习，甚至可以引进西方人才和资本，但他认为中国心性文明（道德文明）始终超过外国。孙中山曾经在《建国方略》对中西方文明、道德进行比较，他认为近代中国物质文明与欧美差距甚远，在心性文明方面虽也有很多地方不如欧美，但仍然有一些地方是超过欧美，所以不能把中国文明（包括物质文明和心性文明）抹杀得一无是处。中国心性文明源于古代先贤，应该先考察其源流，对其进行批判性继承，才能辩证地进行补偏救弊。孙中山对五四运动期间许多知识分子对孔子及儒家思想一棍子打倒持批评意见，他反对说：“讲到中国固有的道德，中国人至今不能忘记的，首是忠孝，次是仁爱，其次是信义，其次是和平。这些旧道德，中国人至今还是常讲的。但是，现在受外来民族的压迫，侵入了新文化，那些新文化的势力此刻横行中国。一般醉心新文化的人，便排斥旧道德，以为有了新文化，便可以不要旧道德。不知道我们固有的东西，如果是好的，当然是要保存，不好的才可以放弃。”[2]对近代一些国人盲目信奉西方道德伦理，甚至片面地认为中国没有“仁爱”精神，孙中山提出批评。他指出：“中外交通之后，一般人便以为中国人所讲的仁爱不及外国人，因为外国人在中国设立学校，开办医院，来教育中国人、救济中国人，都是为实行仁爱的。照这样实行一方面讲起来，仁爱的好道德，中国现在似乎远不如外国。中国所以不如的原故，不过是中国人对于仁爱没有外国人那样实行，但是仁爱还是中国的旧道德。我们要学外国，只要学他们那样实行，把仁爱恢复起来，再去发扬光大，便是中国固有的精神。”[3]

孙中山笃信中国“固有道德”在当代仍然具有积极意义，但并不迷信甚至盲从。比如对于儒家倡导的“忠”，孙中山提出加以改进、拓展：“我们到现在说忠于君固然是不可以，说忠于民族可不可呢？忠于事又是可不

[1] 孙中山．孙中山全集（第2卷）[M]．北京：中华书局，1985：533．
[2] 孙中山．孙中山全集（第9卷）[M]．北京：中华书局，1985：243．
[3] 孙中山．孙中山全集（第9卷）[M]．北京：中华书局，1985：244．

可呢？我们做一件事，总是要始终不渝，做到成功。”❶孙中山眼里的“忠”已经与儒家德育思想传统内涵发生很大变化，由效忠于一人的忠君发展为忠于国家、忠于民族、忠于事业、忠于四万万人民，“故忠字的好道德还是要保存”❷。

孙中山认为东西方道德伦理从内涵到层次都不相同，他在1924年11月28日对神户商业会议所等团体的演说中说到：

> 我们东洋向来轻视霸道的文化。还有一种文化，好过霸道的文化，这种文化的本质，是仁义道德。用这种仁义道德的文化，是感化人，不是压迫人。是要人怀德，不是要人畏威。这种要人怀德的文化，我们中国的古话就说是“行王道”。所以亚洲的文化，就是王道的文化。❸

在孙中山看来，东方文化包括日本文化在内都深受儒家思想文化影响，讲求仁义道德，追求以感化、怀德实现“王道”，与西方“霸道”文化截然不同。

孙中山认为社会发展到一定程度要依靠物质文明和心性文明协调发展。一个国家能够强盛，起初都是因武力的发展，最后仍然要依靠弘扬文化才能成功，但是要维持民族和国家的长治久安，最终要靠道德。“在物质文明方面，所以使人类安适繁华，而文字之用则以助人类心性文明之发达。实际则物质文明与心性文明相待，而后能进步。中国近代物质文明不进步，因之心性文明之进步亦为之稽迟。”❹心学文明的发达以高水平的物质文明为基础，近代中国之所以落后于西方，主要原因是物质文明落后导致心性文明落后。

---

❶ 孙中山. 孙中山全集（第9卷）[M]. 北京：中华书局，1985: 244.

❷ 同❶。

❸ 孙中山. 孙中山全集（第11卷）[M]. 北京：中华书局，1985: 407.

❹ 孙中山. 孙中山全集（第6卷）[M]. 北京：中华书局，1985: 180.

2.“经世济用”的实学思想

在儒家思想文化氛围下成长的孙中山热爱中国传统文化，其许多学术思想注重从祖国优秀文化中汲取真髓。且他又曾经久居国外，也吸收了西方、日本等国先进的文明文化。孙中山于1896年曾写过一篇自述寄给《伦敦与中国电信报》，其中写道：“幼读儒书……于中学则独好三代两汉之文，于西学则雅癖达文之道（Darwinism）；而格致政事，亦常浏览。至于教则崇耶稣，于人则仰中华之汤武暨美国华盛顿焉。”❶他曾经自述：“余之谋中国革命，其所持主义，有因袭吾国固有之思想者，有规抚欧洲之学说事迹者，有吾所独见而创获者。”❷他延续儒家德育“经世致用”的思想，倡导通过兴办实业发展经济实现救国兴国大业。他认为只有奠定实业经济的基础，方能解决民生问题，实现利国富民。孙中山在其著名的《建国方略》中写有单独一章《实业计划》，专门讨论铁路、建筑，运河、商港、市政、垦荒、冶炼、农矿等实业兴国方略。关于建国、治国方略，他说：“必先从根本下手，发展物力，使民生充裕，国势不摇，而政治乃能活动。”❸他在《中国国民党党纲》中提出了国营实业、改革货币、平均地权等实业救国的具体主张。关于平均地权，他在1902年春与章太炎的谈话提出“夫不稼者，不得有尺寸耕土，故贡彻不设，不劳收受而田自均”❹。又于1924年在广州农民运动讲习所为第一届毕业生演说中明确指出：“要耕者有其田，才算是彻底的革命。”❺孙中山的为政纲领认为只要国家令不稼穑者无“尺寸耕土”，自然就实现均田地了。

3.“天下为公”的民主精神

孙中山为近代中国提出一个人类社会自由、文明、幸福的最高境界“天下为公”。孙中山的“天下为公”也源于儒家学说，“人类进化之目的

❶ 孙中山. 孙中山全集（第1卷）[M]. 北京：中华书局，1985: 47-48.

❷ 孙中山. 孙中山全集（第7卷）[M]. 北京：中华书局，1985: 60.

❸ 孙中山. 孙中山全集（第2卷）[M]. 北京：中华书局，1985: 404.

❹ 孙中山. 孙中山全集（第1卷）[M]. 北京：中华书局，1985: 213.

❺ 孙中山. 孙中山全集（第10卷）[M]. 北京：中华书局，1985: 556.

为何？即孔子所谓‘大道之行也，天下为公’”❶。孙中山提出彻底废除专制制度，他在1904年5月《与喜嘉理的谈话》中明确提出：“中国痼疾已深，除推翻帝政外，别无挽救之法。”❷孙中山的民主精神的两大代表性思想是“三民主义”和“五权宪法”。1895年广州起义失败后，孙中山利用逃亡国外期间实地考察了资本主义社会制度，认真研读了资产阶级社会政治学说。他发现即使是欧美国家富强、民权发达的国家仍然存在社会革命运动，说明仅有民权的社会“犹未能登斯民于极乐之乡也”❸。孙中山发展西方民主民权主义，提出由民族主义（Principles of Nationalism）、民权主义（Principles of Democracy）和民生主义（Principles of People's Livelihood）组成的“三民主义”的完整概念：“予欲为一劳永逸之计，乃采取民生主义，以与民族、民权问题同时解决。此三民主义之主张所由完成也。”❹尤为难能可贵的是，一向坚持资本主义民主思想的孙中山在接触共产党之后慢慢接受、吸收了社会主义思想。他在1915年11月10日《致国际社会党执行局函》指出：“……只有中国成为一个社会主义国家，我们的人民才能更幸福，他们的苦痛也才能减轻。社会主义将治愈中国的疾苦。”❺因为孙中山认为社会主义理想的社会境界与其一直追求的“自由、平等、博爱”是一致的：“社会主义之国家，一真自由、平等、博爱之境域也。”❻

孙中山的民主精神很大程度地吸收西方民主政治的精华，但又没有照搬照抄。孙中山始终认为，中国学习西方但不能丢了自己的传统文化，恰恰相反，正是坚持了传统的根基才能更好地学习西方：“中国人有了很好的根底和文化，所以去学外国人，无论什么事都可以学得到。”❼他认为西方先进的物质文明可以完全仿效，甚至照搬进中国也可以行得通。但借

---

❶ 孙中山. 孙中山全集（第6卷）[M]. 北京：中华书局，1985：195-196.
❷ 孙中山. 孙中山集外集补编[M]. 上海：上海人民出版社，1994：24.
❸ 孙中山. 孙中山全集（第6卷）[M]. 北京：中华书局，1985：228-229.
❹ 同❸。
❺ 孙中山. 孙中山集外集补编[M]. 上海：上海人民出版社，1994：185.
❻ 孙中山. 孙中山全集（第9卷）[M]. 北京：中华书局，1985：523.
❼ 孙中山. 孙中山全集（第9卷）[M]. 北京：中华书局，1985：251.

鉴西方政治文化就必须根据中国国情选择性吸收，“如果不管中国自己的风土人情是怎么样，便像学外国机器一样，把外国管理社会的政治硬搬进来，那便是大错。”❶孙中山提出的“五权宪法”是对西方宪政思想的改良，包括立法、司法、行政、弹劾、考试五项独立行使的权力。其中“弹劾”“考试”是西方所没有的。他在1916年7月《在沪金星公司等欢送两院议员会上的演说》提出：“我国制定宪法之初，则尚可乘机采用，且此之所谓三权者，如立法、司法、行政三权固可弗论，其他二权，各国之所无者，我国昔已有之。其一为御史弹劾，即皇帝亦莫能干涉之者；其二为考试，即尽人之所崇拜者也。”❷1921年4月，孙中山在广东省教育会演说中就明确“五权宪法”的内涵：“五权宪法，分立法、司法、行政、弹劾、考试五权，各个独立。”❸

更重要的是，孙中山提出实现“三民主义”和“五权宪法”必须依靠整个民族群策群力的共同奋斗。他在1923年12月30日在广州对国民党员的演说中提出：“我们要求中国进步，造成一个三民主义、五权宪法的国家，非用群力不可。要用群力，便要合群策群力，大家去奋斗。不可依赖一人一部分，用孤力去做。用孤力做去，所收效果是很小、很慢的。”❹

4.“分知分行”和“知难行易”的知行观

知行之辩是几乎所有思想家必然讨论的课题。孙中山认为近代中国长期积弱衰败的一个重要原因是国民深受旧的知行观“知之非艰，行之惟艰”❺的误导。正是因为受传统学者影响，国民普遍认为知非艰而行更艰，以难为易、以易为难，容易的（行）避而远之，困难的（知）趋近图之。有的人先要“求知”，因为困难而望洋兴叹直至放弃。也有一些不屈不挠的人，费尽平生力气“求知”，到实践（知）的时候发现困难极大，最后的结

❶ 孙中山. 孙中山全集（第9卷）[M]. 北京：中华书局，1985: 320.
❷ 孙中山. 孙中山全集（第3卷）[M]. 北京：中华书局，1985: 332.
❸ 孙中山. 孙中山全集（第5卷）[M]. 北京：中华书局，1985: 495.
❹ 孙中山. 孙中山全集（第8卷）[M]. 北京：中华书局，1985: 571.
❺《尚书 · 说命中》。

果是"虽知之而仍不敢行之"。如是不知固不欲行，而知之又不敢行，则天下事无可为者矣。此中国积弱之原因。❶孙中山批评阳明心学的"知行合一"，认为王守仁的"知行合一"局限于将知行合在一人之身，不符合实践的科学理论。他没有意料到随着科学技术的进步和社会分工的发展，一人之知行已十分有限，"知者"不必自己去实践，"行者"也不必自己掌握知识，只需要按照社会职业的分工进行就可以了，叫作"分知分行"。然则王守仁"知行合一"之说，不合于实践之科学也。孙中山以人类开始认识世界的过程，提出人类历史发展进程中，许多人类重要的进步也是始于缺乏认识的行动，从而提出"知难行易"的观点。他在1924年宴请国民党各省代表及蒙古代表的演说中提出，"本总理发明的学说是'知难行易'，如果知得到，便行得到。从前的革命、不知还能行；此后的革命，能知当更能行。知了才去行，那种成功当然像俄国一样。"❷孙中山的知行观和儒家"知之非艰，行之惟艰"的传统理念不同，他认为有"知"才能"行"，先有了学问、知识才有方法。特别是在阐述近代中国寻找革命理论和革命道路经历的艰难探索经验时，孙中山认为以前的仁人志士没有找到好学问、好方法，凭着一腔热血，为战斗而战斗地蛮干，最后因为"不知而行"导致革命失败。而俄国因为先掌握科学的革命理论，才取得革命成功。为了确保革命大业成功，孙中山的知行观还主张发挥群体合力，他在1923年广州岭南学生欢迎会的演说中说道："因为国家的大事，不是一个人单独能够做成功的，必须要有很多的人才，大家同心去做，那才容易。"❸

（五）梁漱溟的德育思想

梁漱溟（1893—1988），原名焕鼎，字寿铭，曾用笔名瘦民、漱溟，后以漱溟行世。原籍广西桂林，生于北京。1911年中学毕业后，即参加同

❶ 孙中山. 孙中山全集（第6卷）[M]. 北京：中华书局，1985：198-199.
❷ 孙中山. 孙中山全集（第9卷）[M]. 北京：中华书局，1985：107.
❸ 孙中山. 孙中山全集（第8卷）[M]. 北京：中华书局，1985：540.

盟会京津支部从事革命活动。20世纪40年代参与并发起创建中国民主同盟并任秘书长。中国近代著名的思想家、哲学家、教育家、社会活动家、爱国人士，现代新儒家的早期代表人物之一，“现代新儒学的开启者”[1]，有“中国最后一位大儒家”之称。主要研究人生问题和社会问题。梁漱溟受泰州学派的影响，在中国发起过乡村建设运动，并取得可以借鉴的经验。晚年参与创办中国文化书院，为弘扬民族文化，拓展中外文化交流做出卓越贡献。著有《东西文化及其哲学》《中国文化教义》《人心与人生》《乡村建设理论》等，后结集为《梁漱溟全集》。

1.理性是人的生命本性

理性是历代大儒的主要思考范畴，有的甚至将其作为整个学术体系的支柱。作为“中国最后一位大儒家”，梁漱溟持续儒家德育思想对“理性”的思考而且视其为毕生学术思想的重要课题。他说：“由孔门的理性学风及其谆谆以情理教导于人者，却能使人头脑心思开明而少迷信固执，使人情风俗趋于敦厚礼让好讲情理。”[2]梁漱溟的德育思想乃至学术思想中充满对“理性”的思考，他认为人的心理包括本能、理智和理性。梁漱溟对理智和理性有明显的区别：“科学在人类生命中之根据是理智，而道德在人类生命中之根据则是理性。”[3]“从生物进化史上，看原不过要走通理智这条路，然积量变而为质变，其结果竟开出了理性这一美德。人类之所贵于物类者在此焉。”[4]至于什么是理性，他说：“宇宙间的理，我们可以粗分为二：一种是情理；一种是物理。情理出于人情好恶，偏于主观；物理存于事物，经人考验得来，偏于客观。辨察物理靠理智，体认情理靠理性。”[5]与中国古代大儒相比，梁漱溟对“理”的认识比较客观全面，认为“理”包括精神世界的“理性”和物质世界的“物理”。梁漱溟传承儒家“仁”

❶ 郑大华. 梁漱溟学术思想评传[M]. 北京：北京图书馆出版社，1999.

❷ 李渊庭，阎秉华. 梁漱溟先生讲孔孟[M]. 桂林：广西师范大学出版社，2003: 206.

❸ 梁漱溟. 梁漱溟全集（第2卷）· 中国文化要义[M]. 济南：山东人民出版社，2005: 292.

❹ 梁漱溟. 人心与人生[M]. 上海：学林出版社，2006: 89.

❺ 梁漱溟. 梁漱溟全集（第2卷）· 中国文化要义[M]. 济南：山东人民出版社，2005: 185-186.

的核心思想，主张“理性”就是德性，就是教人向善向上。“所谓理性，要无外父慈子孝的伦理情谊，和好善改过的人生向上。”[1]他甚至提出理性就是强暴与愚昧的反面，除了这两样外的就是理性。他的这个观点虽然比较主观、片面，却表明梁漱溟对“理性”的最主要观点就是：生命的本性，也是“平静通晓而有情”。[2]对“平静通晓而有情”这句话，梁漱溟有深刻而清晰的认识，他认为东西方文化的“理性”都是“平静通晓”，但西方文化却没有中国文化具备的“有情”，因为中国两千多年的道德伦理始终是以“仁爱”为主要诉求的。

梁漱溟认为人类的生命本性是不断地向前向上奋进，这也是道德的生命价值追求。他提出：“生命本性就是莫知其所以然的无止境的向上奋进，不断翻新……人在生活中能实践乎此生命本性便是道德。‘德’者，得也；有得乎道，是谓道德；而‘道’则正指宇宙生命本性而说。”[3]梁漱溟认为生命本性是趋于圆通的，所以说恶起源于人的局限，而善根源于人的通达。但是道德内容和道德标准的实现要依靠人的主动性和自律性：

> 道德之真要存乎人的自觉自律。其行事真切感动人心者，所受到的崇敬远非循从社会一般习俗可比。有时举动违俗且邀同情激赏，乃至附和追从焉。此不论古今所恒见不鲜者。正唯此之故，社会风尚虽有转变改良乃至发生革命。[4]

关于理性对人类活动的影响以及人类主动性的作用，梁漱溟认为人的一言一行甚至一念之萌生都会在身、心之间发生多次的往复过程。人类大脑已经十分发达，自然大脑中枢（心）指挥人体躯干。如果反过来是心随

---

[1] 梁漱溟. 梁漱溟全集（第2卷）· 中国文化要义[M]. 济南：山东人民出版社，2005: 186.

[2] 梁漱溟. 梁漱溟全集（第2卷）· 中国文化要义[M]. 济南：山东人民出版社，2005: 314.

[3] 梁漱溟. 梁漱溟全集（第3卷）· 乡村建设理论[M]. 济南：山东人民出版社，2005: 179.

[4] 梁漱溟. 人心与人生[M]. 上海：学林出版社，2006: 215.

身动，心的作用就削弱了。只要是心主宰着身体活动，就会引导人积极向上；反之，如果心不自主地受制于身，人就变得颓废、堕落了。

2. 艺术性的道德论

梁漱溟在《中国文化要义》中对中国人特有的生活化、艺术化的道德伦理作了系统阐述。他说："道德是什么？即是生命的和谐；也就是人生的艺术。所谓生命的和谐，即是人生生理心理——知、情、意——的和谐，同时，亦是我的生命与社会其他的人的生命的和谐。所谓人生的艺术，就是会让生命和谐，会做人，做得痛快漂亮。"[1]他又说："道德是最深最永的趣味，因为道德乃是生命的和谐，也就是人生的艺术。"[2]梁漱溟用"人生的艺术""趣味""生命和谐""做得痛快漂亮"等用词，生动地描绘了中国人道德标准和道德实践生活化、艺术化的特征。他认为道德修养的过程可以潜在于人的生产劳动和日常生活过程："这就是在生产劳动上在日常生活上逐渐倾向艺术化，例如环境布置的清洁美化，或则边劳动边歌咏佐以音乐之类。其要点总在使人集中当下之所从事，自然而然地忘我，自然而然地不执着于物，而人则超然于物之上。"[3]所以不论是生产劳动还是日常生活的过程，包括周边环境、劳动中的歌咏，只要人能够通过艺术化的道德修养达到忘我、超物的境界，可以更加有效地实现陶冶身心、涵养德性的目的。梁漱溟认为道德艺术化也不能脱离"理性"，因为在他看来，"理"即"礼"也。他在《孔子在中国历史上的地位》一文中说："据传周公制礼作乐，其祭天祀祖以及其他典礼，似从古宗教沿袭而来，形势少变，但精神实质却变了。其变也，在大多数或不自觉，而在上层人士则自有其理会受用，从广大社会来说，则起着稳定人生的伟大效用。"[4]梁漱溟认为周礼传承以来年代久远，形式也许没有产生大的变化但传递的精神实质已经发生变化，但社

❶ 梁漱溟. 中国文化书院九秩导师文集 · 梁漱溟卷[M]. 北京: 东方出版社, 2013: 175.

❷ 梁漱溟. 梁漱溟全集（第2卷）· 朝话[M]. 济南: 山东人民出版社, 2005: 86.

❸ 梁漱溟. 人心与人生[M]. 上海: 学林出版社, 2006: 248.

❹ 李渊庭, 阎秉华. 梁漱溟先生讲孔孟[M]. 桂林: 广西师范大学出版社, 2003: 204.

会上的普通百姓依然受到深刻的影响，这就是礼乐传递出的“宗教”效能，也是礼乐道德教化的功能。在生活中的道德“理性”主要体现在言行举止的“礼”上。他说：“好的行为的根本是出于好的心理。心情柔和的时候，他一举一动自会中礼。”[1]良好的道德行为源于良好的道德心理，所以一个人保持心情愉悦舒畅，在待人接物、一举一动中自然会持“礼”。

3.马克思主义哲学观

1938年1月，梁漱溟带着“对于中国共产党作一考察”“对于中共负责人有意见要交换”两个“蕴蓄已久”的目的访问延安。梁漱溟这次考察延安期间与毛泽东进行前后八次交谈。梁漱溟曾经回忆道：“在延安谈话最多的是毛泽东先生。前后共谈八次。有两次不重要，一是他设宴招待的一次，又一次是临走之前，他来送行。其余六次，每次时间多半很长，至少亦两个钟头。最长者，就是通宵达旦。这样有两次。”[2]毛泽东尤其认同梁漱溟拯救中国要“认识老中国”的观点，就此他说过：“中国社会有其特殊性，有自己的文化传统，有自己的伦理道德，梁先生强调这些也并没有错。”[3]1938年下半年召开的中共六届六中全会上，毛泽东正式提出“使马克思主义在中国具体化”的科学命题。在马克思主义中国化的进程上，这当然是以毛泽东为代表的中国共产党人经过对中国革命的长期思考和实践得出的结论，应该说年初毛泽东同梁漱溟的深入“交换意见”，对毛泽东进一步思考如何实现马克思主义中国化起到了一定的积极作用。

实际上梁漱溟接触马克思主义哲学并吸收入其学术思想是一个渐进的过程。他自己回忆1938年在延安与毛泽东的谈话中存在分歧，“与毛主席争论……毛主席说，你过分强调中国社会的特殊性，我说，你对中国社会

---

[1] 梁漱溟. 人心与人生[M]. 上海：学林出版社，2006: 101.

[2] 毛泽东年谱（1893—1949）（修订本）（中卷）[M]. 北京：中央文献出版社，2013: 49.

[3] 卢之超. 毛泽东与民主人士[M]. 北京：华文出版社，1993: 311.

的特殊性认识不足……这样就没什么话好讲了，争论就结束了。”❶生性高傲自负的梁漱溟并未因为毛泽东是领袖就承认自己学术思想不足，“不过点头的自是点头了；还是点不下头来的，亦就不能放弃原有意见”❷。但是立志解决中国社会问题的梁漱溟主动学习、了解中国共产党的理论和主张，甚至研读马克思经典作家的作品。梁漱溟一开始认为马克思主义理论也许适合欧洲国家社会，但并不适合中国国情，尤其对像中国、印度这样的具有深厚文化根基的国家并不适合，他说：“马克思以机械观的眼光来解说社会的蜕变改进，我想在欧洲或是适用的……倘必以此为准据要普遍地适用于一切民族社会，恐其难通；尤其本此眼光以观测印度文化或中国文化已开发后的社会是不免笑话的。”❸对马克思主义关于生产力与生产关系的辩证关系，梁漱溟也提出质疑，主张“一个社会实在受此社会中之天才的影响最大，天才所表出之成功虽必有假于外，而天才创造之能实无假于外”❹。梁漱溟认为人类历史的发展主要归功于社会精英的天才创造和推动，这是典型的“英雄史观”，实际上推动人类社会向前发展主要是依靠人民的力量。

梁漱溟自述与中国共产党的理论、立场和观点的距离是逐步缩近的：“我过去虽对于共产党的朋友有好感，乃在政治上行动有配合，但在思想见解上却一直有很大距离，直到一九四九年全国解放前夕，我还是自信我的对，等到最近亲眼看到共产党在建国上种种成功，夙昔我的见解多已站不住，乃始生极大惭愧心，检讨自己错误所在，而后恍然于中共之所以对。现在那个距离确实大大缩短了，且尚在缩短中。”❺梁漱溟认为当时的中国社会需要的是建设而不是阶级斗争的革命，他说中国社会构造是追

❶ 李渊庭，阎秉华. 梁漱溟先生讲孔孟[M]. 北京：群言出版社，2013：125-126.

❷ 梁漱溟. 梁漱溟全集（第6卷）. 两年来我有了哪些转变[M]. 济南：山东人民出版社，2005：857.

❸ 梁漱溟. 梁漱溟全集（第6卷）. 我们政治上的第二个不通的路——俄国共产党发明的路[M]. 济南：山东人民出版社，2005：265-266.

❹ 梁漱溟. 梁漱溟全集（第6卷）. 东西文化及其哲学[M]. 济南：山东人民出版社，2005：481.

❺ 梁漱溟. 梁漱溟全集（第6卷）· 两年来我有了哪些转变[M]. 济南：山东人民出版社，2005：856.

求“散漫和平的”，极具调和性和妥协性，“中国政治问题，不是用阶级斗争的方法可以得到解决的”[1]。最初他认为中国需要的是“革命的建设”，而中国共产党“革命而不建设”“滥用其破坏斗争的手段”。红军长征胜利之后，受国民党舆论误导的梁漱溟依然对中国共产党存有偏见，认为其已“几于消灭”，而且认为中国共产党“仅仅靠军事来挣持党的生命，而在政治上则是失败的”[2]，认定“俄国共产党发明的路”[3]在中国是行不通的。梁漱溟对中国共产党的支持一开始是出于政治上的配合，但在思想认识上却保留自己的学术观点直到全国解放。一直到中华人民共和国成立后，梁漱溟目睹新中国在中国共产党领导下取得的伟大成就，钦佩之余才反思自己观点的局限性。1973年梁漱溟完成《中国——理性之国》一书，核心词汇是“自发”到“自觉”（心为身用、身为心用），其目的是分析“今日的中国”的“来踪去脉”。正如他所说：“说‘今日的中国’意指十七年来中国走着社会主义革命，社会主义建设的道路……其前途将可能先于世界上任何一个国家而进入共产主义的社会。”[4]这个时候梁漱溟的学术思想已经较多地吸收了马克思主义哲学思想，他自己回忆这本书的名字就是从恩格斯的《反杜林论》中演变而来的。正如他所说：“吾书题名《中国——理性之国》，盖本于恩格斯《反杜林论》中有关理性的一些言论而来。”[5]他详细阐述自己学习的体会，恩格斯的《反杜林论》“大意是说现代社会主义是为彼时理性主义之一贯地发展……理性的国家理性的社会之云固非达于社会主义之实现不足言也”[6]。

从梁漱溟对中国传统文化和社会主义思想逐步融合和统一的过程中，可以发现梁漱溟对解决学术问题到人生问题、社会问题充满孜孜不倦的精

[1] 梁漱溟. 梁漱溟全集（第6卷）· 论政治斗争[M]. 济南：山东人民出版社，2005: 17.
[2] 梁漱溟. 梁漱溟全集（第6卷）· 论政治斗争[M]. 济南：山东人民出版社，2005: 18.
[3] 梁漱溟. 梁漱溟全集（第6卷）· 我们政治上的第二个不通的路——俄国共产党发明的路[M]. 济南：山东人民出版社，2005: 288.
[4] 梁漱溟. 梁漱溟全集（第6卷）· 中国——理性之国[M]. 济南：山东人民出版社，2005: 288.
[5] 梁漱溟. 梁漱溟全集（第6卷）· 中国——理性之国[M]. 济南：山东人民出版社，2005: 364.
[6] 梁漱溟. 梁漱溟全集（第6卷）· 中国——理性之国[M]. 济南：山东人民出版社，2005: 365.

神。他曾经说过，“人生天天在解决问题，问题亦确乎时时有所解决。但一个问题的解决就引进一个更高深的问题而已，此外无他意义。”❶梁漱溟曾经对西方资产阶级宪政思想、马克思主义哲学思想和儒家德育思想三者的区别、联系和作用进行深入的思考。梁漱溟“判定近代资产阶级的宪政大不合于中国固有精神，中国人学它不来”，但“无产阶级精神既有其高于我们传统习俗之处，同时又和我们固有精神初不相远，中国人很容易学得来，无产阶级革命在中国取得如此巨大成就实与此有极大关系”❷。关于马克思主义哲学思想为什么与“我们固有精神初不相远”？他解释道：“理性早启的中国古人思想其于民主主义社会主义有些接近相通之处却亦是很自然的事情。”❸本着对中国文化的热情和对国家民族的热爱，梁漱溟提出：“中国之政治问题、经济问题，天然地不能外于其固有文化所演成之社会事实，所陶养之民族精神，而得解决。它必须是中国的一套，一定不会离开中国社会的事实及民族精神而得到一个办法，在政治上、经济上如果有办法，那一定是合乎中国文化的。”❹

4. 乡村道德教育论

梁漱溟认为近代中国积弱的一个重要根源在于中国知识分子“唯务虚文，不讲实学，不办实事”❺。他曾经谦虚地自我评价：“我不是学问家而是实干家。”❻20世纪上半期曾经在中国农村地区兴起一场影响深远的乡村建设运动，代表人物是梁漱溟、陶行知等著名知识分子。梁漱溟坚持“农村立国、乡村自治”的救国信念，在中国农村多地开展乡村建设实验。梁漱溟主持的乡村建设实验尤其注重道德的教化，运用儒家德育思想孝悌忠信的内容引导农民人生向上。“所谓人生向上，就是不以享福为念，而惧自

❶ 梁漱溟. 这个世界会好吗：梁漱溟晚年口述[M]. 上海：东方出版中心，2006: 242.
❷ 梁漱溟. 梁漱溟全集（第6卷）· 中国——理性之国[M]. 济南：山东人民出版社，2005: 309-310.
❸ 梁漱溟. 梁漱溟全集（第6卷）· 中国——理性之国[M]. 济南：山东人民出版社，2005: 388.
❹ 梁漱溟. 梁漱溟全集（第2卷）· 精神陶炼要旨[M]. 济南：山东人民出版社，2005: 388.
❺ 梁漱溟. 人心与人生[M]. 上海：学林出版社，2006: 260.
❻ 艾恺. 最后的儒家——梁漱溟与中国现代化的两难[M]. 南京：江苏人民出版社，2011: 1.

己所作所为有失于理。”[1]1924年夏天，梁漱溟辞去北京大学教职，到山东曹州办高中，因与山东国粹派向往的文化保守主义不兼容，加之山东政局急变，其第一次乡村建设实验不到半年告失败。1927年春，梁漱溟先到南京访问陶行知所办晓庄师范学校，7月任广东省立第一中学校长，着手兴办乡治讲习所。1930年1月，他参与办河南村治学院，担任教务长，拟定《河南村治学院旨趣书》及组织大纲，并亲自担任“乡村建设组织”课程教学。因中原大战爆发，加之办学经费不足，河南村治学院在次年关闭。后梁漱溟在山东邹平筹办山东乡村建设研究院，自己任研究部主任、院长，倡导乡村建设运动。山东邹平乡村建设运动是梁漱溟主持的乡村建设实验持续时间最长、最成功的。他在邹平将“精神”训练即道德教育作为学院各种培训中的重中之重，大约占课内时间的五分之一以及全部课余时间。遗憾的是抗日战争的全面爆发打断了梁漱溟的乡村建设进程，他的实验结果未经长时段的检验，便归于终结。1937年3月，梁漱溟的《乡村建设理论》出版，这是集中体现其关于乡村建设活动的主要著作。

梁漱溟认为近代中国各方面问题诸多，但根源在于“文化失调”，他在《乡村建设理论》中提出：“中国问题并不是什么旁的问题，就是文化失调；极严重的文化失调，其表现出来的就是社会构造的崩溃，政治上的无办法。”[2]梁漱溟将文化理解为“那一民族生活的样法”[3]，因此他在乡村建设实验中主要通过生活化的道德教育改善农村精神文化生活质量，提升农民道德素养。其道德教育主要标准和内容还是源于儒家德育思想，但不是全盘照搬。他创立“新孔学”，以“新孔学”中传统儒家道德规范引领农民道德教育。他撰写《村学乡学须知》时充分融入儒家伦理道德，但对儒家德育思想中的“三纲五常”等禁锢人性自由的内容排除在

---

[1] 梁漱溟. 梁漱溟全集（第5卷）· 我的人生哲学[M]. 济南：山东人民出版社，1990: 660.

[2] 梁漱溟. 梁漱溟全集（第2卷）· 乡村建设理论[M]. 济南：山东人民出版社，2005: 163.

[3] 梁漱溟. 东西文化及其哲学[M]. 上海：上海人民出版社，2019: 40.

外。梁漱溟在开展乡村道德教育中注重借鉴和利用在中国传统乡村社会中具有深刻影响力的乡约。“乡约就是提振大家的士气——亦通常所谓道德！”[1]他认为乡约在中国乡村存在时间久远，从而形成一个适合乡村宗族结构、符合儒家道德伦理原则的社会基层组织，是“我们所要求的一个组织，是一个伦理情谊化的组织，而又是以人生向上为目标的一个组织”[2]。

开设精神陶练课程是梁漱溟乡村建设实验一项特殊的措施。他设立的精神陶练课程借鉴丹麦民众教育“人格教育和精神陶练”内容，主要包括合理的人生态度与修养方法、人生实际问题讨论、中国历史文化分析等三方面内容。

梁漱溟主张的社会式教育主要以“整顿风俗、革除陋习”为目的，通过系统的道德教化来整顿风俗、整饬风气、规范言行，特别是农村中积习难改的赌博、缠足、早婚、吸毒等陋俗恶习。针对造成农村风气恶劣的地痞、毒品贩、盗窃犯等，梁漱溟专门对他们开展特殊教育。不过梁漱溟对地痞、毒品贩的改造过多依赖道德教化，主要是成立调节委员，“看他在道德上稍微有点不对，就应当及早地督促他，或背地里规劝他。”[3]梁漱溟希望以道德代替法律的愿望，高估了人的善良本质，片面夸大了道德教化的作用，在现实上是行不通的。

（六）冯友兰的德育思想

冯友兰（1895—1990），字芝生，河南省南阳市唐河县人。中国当代著名哲学家、教育家、思想家。1918年毕业于北京大学哲学系。1924年，获美国哥伦比亚大学哲学博士学位。1947年，冯友兰担心新中国成立后中美断交，毅然决然离美返回祖国。回国后，冯友兰历任清华大学教

---

[1] 梁漱溟. 梁漱溟全集（第2卷）· 村学乡学须知[M]. 济南：山东人民出版社，1990: 339.

[2] 梁漱溟. 梁漱溟全集（第2卷）· 村学乡学须知[M]. 济南：山东人民出版社，1990: 322.

[3] 梁漱溟. 梁漱溟全集（第2卷）· 村学乡学须知[M]. 济南：山东人民出版社，1990: 202.

授、哲学系主任、文学院院长，西南联合大学教授、文学院院长。著作有《中国哲学史》《中国哲学简史》《中国哲学史新编》《贞元六书》等，其学术思想对中国现当代学界乃至国外学界影响深远，被称誉为“现代新儒家”。

1. 人性论

作为中国近现代伦理思想史上一个具有承前启后作用的哲学家，冯友兰对人性进行了深入的思考。他首先提出人性的基本概念：“有较高底知觉灵明是人的性。”❶“所谓人性者，即人之所以为人，而以别于禽兽者。”❷因此“人之所以异于禽兽者，即人之所以为人者，是人的逻辑上底性”❸，而非生物学上的“性”。冯友兰举了孟子和亚里士多德的观点，主张人性是天生具有的，与一个人品质道德与否没有关系。冯友兰基本上继承孟子的性善论，并提出具体主张：“从实际之观点说，人之性是善的；从实际底物之观点说，人之性是善底；从社会之观点说，人之性是善底。人之性可以说是，彻头彻尾地‘无不善’。”❹这个阐述的逻辑与孟子的“四端”论基本一致。

冯友兰关于人性的最著名观点是“正性”“辅性”“无干性”的分类。“正性”“辅性”“无干性”不仅是人性的分类法，而且是对一切事物的分类。冯友兰提出：“每一事物，从其所属于之任何一类之观点看，其所以属于此类之性，是其正性，其正性所涵蕴之性，是其辅性，与其正性或辅性无干之性，是其无干性。”❺根据这个看法，冯友兰又把人性分为三种来对应“正性”“辅性”“无干性”。正性是事物的根本属性，或者说是某类事物的共性，是决定某类事物是此事物而非彼事物的决定因素。辅性是正性所蕴涵的辅助属性，是支撑正性的显现的性质。无干性是某类事

❶ 冯友兰. 三松堂全集（第四卷）· 新原人[M]. 郑州：河南人民出版社，2001: 472.

❷ 冯友兰. 三松堂全集（第四卷）· 新原人[M]. 郑州：河南人民出版社，2001: 537.

❸ 冯友兰. 三松堂全集（第四卷）· 新理学[M]. 郑州：河南人民出版社，2001: 91.

❹ 冯友兰. 三松堂全集（第四卷）· 新理学[M]. 郑州：河南人民出版社，2001: 84.

❺ 同❹。

物中每个事物的特有属性，是某个事物区别于同类中的其他事物的属性。冯友兰创造性地提出“正性”和“辅性”的概念，是作为判断人的善恶的根据。

2.教化论

教化成人是儒家德育思想的主要途径，这里的“成人”当然不是平常说的“成年人”，是指通过一定道德修养成为人格完善的人。这就涉及到理欲、善恶的关系了。冯友兰认为欲本身是没有善恶区分的，只有私欲才是恶的。“欲，或人欲之本身，从道德底观点看，皆是无所谓道德底或不道德底。欲，或人欲之与由人之性所发出之事冲突者，是不道德底。这些欲我们称之为私欲。”[1]冯友兰在朱熹“人欲”观点的基础上，提出“欲”和“欲望”的区别，“欲”本身是人自然存在的，并不带有任何道德因素，只有在“欲”和人心底的私心结合在一起才成为“私欲”，也就是不道德的。一个人发自生理或心理的要求，如温饱、安全等，称为“欲”或“人欲”。而与他人的基本人性要求——“欲”或“人欲”产生冲突的欲望为“私欲”，是不道德的。冯友兰认为教化的目的是满足人们合理的“欲”或“人欲”，引导人们控制“私欲”，使自己的言行举止符合道德标准的要求，即“成人”。

冯友兰赞赏孟子提出的“大丈夫”的境界，提出“教化”的目的就是“做人”，做“大丈夫”。孟子云：“富贵不能淫，贫贱不能移，威武不能屈，此之谓大丈夫。”[2]冯友兰提出：“做人，能够成为孟子所谓‘大丈夫’者，并不是工厂化的学校所能养成的，这种道德品格的养成，不靠‘教’，而靠‘化’。”[3]针对学校教育和传统道德修养的区别，他认为高尚的品德靠学校教育的“教”是无法养成的，而要依靠源于儒家传统德育办法“化”方可实现。冯友兰主张：“一个人的‘做人’，不靠‘教’而靠‘化’，至

[1] 冯友兰. 三松堂全集（第四卷）· 新理学[M]. 郑州：河南人民出版社，2001: 105.

[2]《孟子 · 滕文公下》。

[3] 冯友兰. 三松堂全集（第四卷）· 新事论[M]. 郑州：河南人民出版社，2001: 271.

少可以说，不大靠‘教’而大靠‘化’。”❶冯友兰认为学校教育的内容和形式属有形的“教”，主要都是传授知识体系。而对学生进行道德教育，要靠引导学生内求诸己、改过迁善。冯友兰甚至具体提出学校教育时间之外的假期是进行“化”的重要环节，要靠典型示范、环境熏陶对学生进行潜移默化的道德教育。他说：“我们不能只‘教’人，使他成为道德的；我们还要‘化’人，使他成为道德的。”❷

3.知行观

冯友兰对知行关系的认识论并非简单的“知易行难”或者“知难行易”，而是根据适用情况的不同提出不同的结论。他认为，一个人懂得认识善和恶就是“知”，“知”后去行善或者行恶就是“行”。每个人内心都存在良知，但有的人能够意识（认知）到良知的存在，有的人却无法意识（认知）到良知的存在。如果一个人能够“知其为善则行，知其为恶则去，此而能做得到，便已进入圣域贤关了”❸。所以，在道德上确实是“知易行难”。从技术角度看，一个人从出身开始最初的认识（知识体系）首先是经验，包括直接经验和间接经验，其次才是科学推理。比如面对一幅画，有的人当下就发现它的美，如果这个人掌握绘画技术还能画出如此之美的画，但这幅画美的价值是什么，他却未必能够判断。同样，一个人可以认识某个行为的道德价值，自己也选择进行此行为，但此行为的道德价值是什么，他却未必能够判断。孟子说过“由仁义行”和“行仁义”的区别，后者知道仁义的道德内涵和价值然后去做仁义之事，前者按照仁义要求去做但不理解仁义的价值。所谓“知其然而不知其所以然。知其然所以能行，不知其所以然，所以虽行而未知”❹，所以说是“知难行易”。所以冯友兰概括说：“在技术方面，知难行易，所以能知即能行。但在道德方面，

---

❶ 冯友兰. 三松堂全集（第四卷）· 新事论[M]. 郑州：河南人民出版社，2001: 270.

❷ 冯友兰. 三松堂全集（第五卷）· 论知行[M]. 郑州：河南人民出版社，2001: 46.

❸ 冯友兰. 三松堂全集（第五卷）· 论知行[M]. 郑州：河南人民出版社，2001: 377.

❹ 同❸。

虽亦说知难行易，但却不一定能知即能行。”❶

另外，冯友兰还对王守仁“知行合一”观提出自己的阐释，他说：“其实知行是合一底。真知必能行，知而不行，只是未知。有真知者自然能行。”❷冯友兰认为有的人“知”而不“行”只是因为还没有真的“知”，假如真的“知”了就必定会去“行”。总的来说，冯友兰对知行观最大的贡献是采取科学、辩证的态度，充分考虑到知与行相对的不同方面，承认不同领域、不同情况下“知难行易”与“知易行难”都具有其科学性。

4. 人生四境界

理解冯友兰的人生四境界理论要先认识“觉解”的概念，因为“觉解”是人生四境界理论的判断标准或者说认识前提。“觉解”要分开来理解。“觉”是指自觉，是人的内心意识的产生、发展和转化；“解”是了解，指人对该事物的掌握、理解和体会。“觉”和“解”是一种交叉互动的动态联系。

根据人的觉解程度将人生境界分为自然境界、功利境界、道德境界与天地境界四种境界。境界最低的是自然境界，“自然境界的特征是：在此种境界中底人，其行为是顺才或顺习底。”❸自然境界的特征是“顺才”或“顺习”。冯友兰说的顺才，指普通所谓的率性或人的生物学上的性。顺习，可指人的个人习惯或者一个社会群体的习俗。自然境界就是指一个人顺着本能或所在社会的风俗习惯做事，本身不清楚自己行为的意义，表现得像儿童和原始人那样。但处于自然境界的人，相较于禽兽而言，依然存在一定程度觉解，虽然属于较低程度的觉解。第二种境界是功利境界，“功利境界的特征是：在此种境界中底人，其行为是为‘利’底。所谓为‘利’，是为他自己的利。凡动物的行为，都是为他自己的利底。”❹不过实际上大多数动物为达到自己私利而采取的行为都是出于本能，不是其内心

❶ 冯友兰. 三松堂全集（第五卷）· 论知行[M]. 郑州：河南人民出版社，2001: 381.

❷ 冯友兰. 三松堂全集（第五卷）· 论知行[M]. 郑州：河南人民出版社，2001: 378.

❸ 冯友兰. 贞元六书（下）[M]. 上海：华东师范大学出版社，1996: 573.

❹ 同❸。

的计划。因此，处于自然境界的人虽然知道自己的私利行为，但他无法意识到自己或者私利的存在。就如同儿童之间抢玩具，他们并未意识到自己的行为带来的“利益”，只是出于一种本能。而在功利境界中的人，则十分清楚自身和自身私利的存在，也能意识到带有私利意识的行为将给自己带来利益，并且自觉地进行这种行为。第三种境界是道德境界，“道德境界的特征是：在此种境界中底人，其行为是‘行义’底。”❶在这里冯友兰提出其义利观。他认为义与利是相反、相成的，一个人追求个人私利，其行为属于“为利”；一个人追求的是社会或集体“公利”，其行为属于“行义”。第四种也是最高的人生境界是天地境界，“天地境界的特征是：在此种境界中底人，其行为是‘事天’底。在此种境界中底人，了解于社会的全之外，还有宇宙的全，人必于知有宇宙的全时，始能使其所得于人之所以为人者尽量发展，始能尽性。在此种境界中底人，有完全底高一层底觉解。”❷处于天地境界的人因为做到了“知天”“事天”，所以能够完全了解人性。“在此种境界中底人，有完全底高一层底觉解。此即是说，他已完全知性，因其已知天。”❸正是由于他“知天”，所以清楚人不但是社会的一部分，并且是宇宙的一部分。因此，人不仅要对他人有贡献，还要对社会有贡献，对宇宙有贡献。

自然境界是作为人的基本境界，甚至仅仅比其他生物的认知高一点，就如同儿童或愚人。天地境界是最高的人生境界也是最难以企及的，如同古代儒学所谓的“圣”一般稀罕。冯友兰提出：“人了解到超乎社会整体之上，还有一个更大的整体，即宇宙。他不仅是社会的一员，同时还是宇宙的一员。他是社会组织的公民，同时还是孟子所说的‘天民’。有这种觉解，他就为宇宙的利益而做各种事。他了解他所做的事的意义，自觉地做他所做的事。天地境界有超道德价值。”❹人们身边常见的是功利境界和

❶ 冯友兰. 贞元六书（下）[M]. 上海：华东师范大学出版社，1996: 573.

❷ 冯友兰. 贞元六书（下）[M]. 上海：华东师范大学出版社，1996: 574.

❸ 冯友兰. 三松堂全集（第四卷）· 新原人[M]. 郑州：河南人民出版社，2001: 500.

❹ 同❸。

道德境界，所以对这两种人生境界的认识要客观而清晰。判断功利境界和道德境界的主要标准就是义利标准：“在功利境界底人，其行为是为利底；在道德境界中底人，其行为是行义底。”[1]换句话说，处于功利境界中的人的行为是以“占有”为目的，处于道德境界中的人的行为以“贡献”为目的。

[1] 冯友兰. 三松堂全集（第四卷）· 新原人[M]. 郑州：河南人民出版社，2001: 546.

中国共产党人是马克思主义者，坚持马克思主义的科学学说，坚持和发展中国特色社会主义，但中国共产党人不是历史虚无主义者，也不是文化虚无主义者。我们从来认为，马克思主义基本原理必须同中国具体实际紧密结合起来，应该科学对待民族传统文化，科学对待世界各国文化，用人类创造的一切优秀思想文化成果武装自己。

——习近平在纪念孔子诞辰2565周年国际学术研讨会上的讲话

第三章　儒家德育与思想政治教育理论的融合机制

马克思主义在中国的发展过程就是马克思主义中国化时代化的进程，具体体现在中国共产党人把马克思主义基本原理同中国具体实际相结合、同中华优秀传统文化相结合，持续开辟马克思主义中国化时代化的新境界，不断发展党的创新理论。以马克思主义为指导思想和主要内容的思想政治教育理论在中国的发展过程，也体现了马克思主义基本原理同中国实际的社会现实相结合的过程，同时也是与中华优秀传统文化相结合的过程，这种结合存在必然的冲突和融合。孔子创立儒家思想2000多年以来，儒家德育思想长期居于中国传统思想文化的主导位置。正如习近平所强调："坚持马克思主义道德观、坚持社会主义道德观，在去粗取精、去伪存真的基础上，坚持古为今用、推陈出新，努力实现中华传统美德的创造性转化、创新性发展，引导人们向往和追求讲道德、尊道德、守道德的生活，让13亿人的每一分子都成为传播中华美德、中华文化的主体。"[1]

一、儒家德育与思想政治教育理论的冲突

儒家思想在诸子百家中脱颖而出，成为正统思想统治中国封建社会长达2000年之久，并不断被继承发扬绝非偶然。儒家德育思想倡导道德和礼教的核心思想被统治阶级利用来治理国家，很长一段时间变成为上层阶级愚弄、欺压和控制普通百姓的思想统治工具。儒家德育思想与思想政治教育理论相结合，是一个双向互动和变异的辩证运动过程，不断发生着对

[1] 习近平. 习近平谈治国理政（第一卷）[M]. 北京：外文出版社，2017：160-161.

立、冲突、吸收和融合。当前，儒家德育思想必然存在许多和时代、阶级、民族都产生冲突的不足，也是儒家传统德育思想的糟粕部分，思想政治教育必须用马克思主义世界观和方法论正确对待其中的冲突和融合，批判地继承儒家德育思想蕴含的思想精髓。

（一）时代性的冲突

马克思主义传入中国的时候，正值中国旧式的农民起义运动走到尽头，教育救国、实业救国、文化救国等自强运动屡屡碰壁，资产阶级改良主义和源自西方资本主义的其他种种方案纷纷破产，中国处于帝国主义、封建主义和官僚资本主义压迫下的水深火热之中。恩格斯指出："每一时代的理论思维，从而我们对时代的理论思维，都是一种历史的产物，在不同的时代具有非常不同形式，并因而具有非常不同的内容。"[1]作为诞生于不同时代的思想文化，马克思主义和儒家思想诞生的时代背景不同。马克思主义诞生于成熟的资本主义社会，是19世纪中叶社会发展和工业革命的必然结果，具有那个时代的特征，是最先进的现代文化。儒家德育思想诞生于中国封建主义社会，在2000年的发展进程中，先后经过先秦子学、两汉经学、魏晋玄学、隋唐儒释道并立、宋明理学（心学）、清初实学、乾嘉朴学、新儒学等不同发展阶段，近代的新文化运动、五四运动和新民主主义革命没有完全荡清儒家思想的封建主义遗毒，中国并未进入真正的资本主义社会，按照邓小平所说的，"没有能够完成""肃清思想政治方面的封建主义残余影响这个任务"[2]。这是马克思主义和儒家德育思想之间最大的时代性区别，也是表现在时代性的最大冲突。

由于儒家思想本质上是立足于农耕时代的自然经济、受封建生产方式制约并为专制主义制度服务的思想文化，与先进的马克思主义思想政治教育理论相比较，儒家德育思想必然存在明显的时代落后性。比如，儒家德

---

❶ 马克思恩格斯选集（第4卷）[M]. 北京：人民出版社，1995: 284.

❷ 邓小平. 邓小平文选（第2卷）[M]. 北京：人民出版社，1994: 3.

育思想鼓吹君权、父权、夫权，提倡愚忠、愚孝、愚节，而且这种严格的等级观念已经如附骨之疽深入中国传统文化的骨髓，成为过去到现在仍然影响一部分人思维的糟粕部分。儒家德育思想落后于先进时代的另一个表现是存在严重的“尚古”思维。孔子有云：“述而不作，信而好古，窃比于我老彭。”[1]儒家崇尚先贤，进而推崇一切古人之言、古人之行。所以孔子不仅这样说也确实做到了，他晚年修订六经《诗》《书》《礼》《乐》《易》《春秋》，皆为古人遗作，《论语》也是其弟子及再传弟子编撰而成的。《淮南子》有一句话“苟利于民，不必法古；苟周于事，不必循旧”[2]，思想相较儒家就比较进步了。《淮南子》在继承先秦道家思想的基础上，糅合了阴阳、墨、法和一部分儒家思想，《四库全书总目》将其归入“杂家”，属于子部。儒家德育这种崇古、尚古精神，容易导致盲目信仰的主观唯心主义，要避免对新时代思想政治教育产生消极影响。

（二）阶级性的冲突

19世纪40年代的西欧，资本主义已经发展到一定程度。英、法、德三国已经或正在实现产业革命，生产力和科学技术达到前所未有的水平。马克思主义是资本主义阶级矛盾激化和工人运动发展的产物，英国宪章运动、法国里昂工人起义和德国西里西亚纺织工人起义标志着无产阶级已经作为独立的政治力量登上历史舞台，无产阶级已经由自在阶级开始向自为阶级转变。马克思主义的主要理论来源是德国古典哲学、英国古典政治经济学和英法空想社会主义，并吸收了法国启蒙学者的思想和法国复辟时期历史学家的阶级斗争学说的有益思想成分。19世纪自然科学技术的新成果特别是细胞学说、能量守恒和转化规律、物种进化论为马克思主义提供了自然科学基础。1848年2月，《共产党宣言》的问世标志着马克思主义的诞生。马克思主义从一开始就宣布自己是关于无产阶级运动和人类解放的学

[1]《论语·述而》。
[2]《淮南子》。

说，是无产阶级及其政党的世界观，是无产阶级解放运动的理论，代表无产阶级的根本立场。

东周时期，周王室衰微，礼崩乐坏，诸侯争霸，中国社会处于划时代的历史变革中，社会动荡不安。这时候的知识分子异常活跃，纷纷从不同立场、不同角度提出各自解决社会现实问题的办法，形成了诸子百家争鸣的繁荣局面。其中影响最大的是儒家、法家、道家、墨家。孔子创立的儒家思想以道德修养为核心内容，在汉代“独尊儒术”之后逐渐成为中国社会思想文化的正统。作为封建王朝的正统思想，儒家德育思想将阶级视为人类社会的基础，鼓吹封建道德观，强调通过个人的自我约束到达修养的最高境界，被封建统治阶级应用于中国的社会国家治理实践，成为一整套治理国家和社会的道德伦理体系统治了中国人民的思想长达2000多年。

马克思主义深刻揭露了资本主义社会的必然性和本然性，揭示了人类社会发展的基本规律，为无产阶级解放运动指明了前进的方向，为共产主义社会的实现提供了历史逻辑和理论前提。儒家德育思想特别是封建礼教着力维护封建等级特权、封建宗法制度和封建社会次序，为封建统治阶级提供保护武器，成为维护封建主义社会和平、稳定、秩序的思想文化壁垒。儒家德育思想推崇对普通百姓的“愚民”政策，认为“民可使由之，不可使知之”❶，可以使民众沿着统治者的道路去做，不可以让他们知道为什么要这样做。《论语》记载了一个齐景公问政于孔子的故事，孔子对曰：“‘君君，臣臣，父父，子子。’公曰：‘善哉！信如君不君，臣不臣，父不父，子不子，虽有粟，吾得而食诸？’”❷这个孔子关于“正名”的故事，生动反映了儒家德育思想关于伦理次序的严格规定，包括由此衍生出的君权神授、家长做法、家族本位等保守思想极大地限制了人民的思想和言行自由，与马克思主义产生了尖锐的对抗和冲突。即使到了现在，儒家道德

❶《论语·泰伯》。

❷《论语·颜渊》。

礼教的腐朽思想仍然影响着许多人的思维和生活，包括官僚主义、门第观念、男尊女卑等，在现实上成为阻碍走向中国式现代化道路的毒瘤。

（三）民族性的冲突

人类是以群体、民族为单位存在的，不同群体和民族存在不同的思维方式、价值取向、心理定势和文化认同，表现为一定的民族性。而且这种民族性经过长期存在具有较强的稳定性。马克思主义是在19世纪欧洲的文化环境中发展起来的，作为一种先进的思想文化具有广泛的普遍性和适应性，但早期的马克思主义基本原理仍然无法脱离其必然的民族特质。尽管马克思主义基本原理在中国经过100多年的本土化发展和变化，但其逻辑机理、思维方式、文化认同等，与作为中国传统文化的主导的儒家思想仍然具有显著的差异性，并在现实上变现为民族性的冲突。马克思主义刚刚传入中国时，受到了胡适等人的反对。胡适专门写了《多研究些问题少谈些主义》，高举反对“空谈主义”的旗帜，公开反对马克思主义。梁启超也在《欧游心影录》中表示：“若要搬到中国，就要先问什么是生产机关？我们国内有了不曾？就算有了罢，说要归到国家，我头一个反对。”[1]

另外，从方法论来看，马克思主义与儒家德育也存在明显冲突。儒家德育思想强调崇古、尚古和“独尊儒术”，历代大儒对儒家典籍进行不同角度的注解，但往往表现为对其核心思想的教条化。而马克思主义虽然源自欧洲，却十分注意在各国、各民族本土化发展的差异性。“马克思的整个世界观不是教义，而是方法。它提供的不是现成的教条，而是进一步研究的出发点和供这种研究的方法。”[2]受儒家德育思想教条主义导致的思维模式固化的影响，许多人把马克思主义当成绝对不能也不会变化的“圣典”，认为马克思主义经典作家的话“句句是真理”“处处皆真理”。这种盲目迷信、照搬照抄的学风严重阻碍了对马克思主义基本原理的精神要义

[1] 梁启超. 欧游心影录[M]. 北京：东方出版社，2006：51.

[2] 马克思恩格斯选集（第4卷）[M]. 北京：人民出版社，1995：742.

的正确理解和把握，反过来影响了马克思主义基本原理同中国具体实际相结合、同中华优秀传统文化相结合，影响了马克思主义中国化时代化的历史进程。

二、儒家德育与思想政治教育理论的融合

文化是民族的血脉，是国人的精神家园。习近平在中共中央政治局第十三次集体学习时讲话指出："中华文化源远流长，积淀着中华民族最深层的精神追求，代表着中华民族独特的精神标识，为中华民族生生不息、发展壮大提供了丰厚滋养。……对历史文化特别是先人传承下来的价值理念和道德规范，要坚持古为今用、推陈出新，有鉴别地加以对待，有扬弃地予以继承，……努力用中华民族创造的一切精神财富来以文化人、以文育人。"[1]儒家德育思想与思想政治教育理论的兼容和融合，也体现在马克思主义在中国的传播、融合过程中。

（一）文化借鉴：融合的意义

儒家德育思想具有丰富的内涵和深厚的价值，运用马克思主义世界观和方法论对其加以论证和借鉴，批判性地继承和弘扬，对当前开展社会主义核心价值观教育，增强文化自觉和文化自信，提升思想政治教育水平等，都有很好的启迪价值。

1. 有助于为培育社会主义核心价值观提供历史借鉴

"任何社会核心价值体系的建构总是需要一定历史的和现实的文化价值资源。社会主义核心价值体系建构无疑受到我国历史传统伦理价值观的影响和制约。其中，儒家伦理价值观是社会主义核心价值体系建构的主要传统价值资源，社会主义核心价值体系建构是对儒家伦理价值观的批判继

---

[1] 习近平．把培育和弘扬社会主义核心价值观作为凝魂聚气强基固本的基础工程[EB/OL].[2014-2-24]习近平总书记主持十八届中央政治局第十三次集体学习讲话．http: //politics.people. com. cn/n/2014/0226/c1024-24463872. html.

承与本质超越。”[1]培育和践行社会主义核心价值观不能脱离文化传统，不能割裂历史进程。自先秦以来，儒家德育思想对中国人的影响已经深入骨髓并投射在他们的思维习惯和日常行为中。中国儒家始终将培养人的道德摆在首位，这与“立德树人”的根本任务是一致的，与“人民教育为人民”的教育初心是一致的。思想政治教育首先是坚持“以德为先”的思想，抓手是要进行富有成效的社会主义核心价值教育。社会主义核心价值观中承载着厚重的中国传统文化和民族精神，开展社会主义核心价值观教育的目标、内容、方法中积极借鉴儒家德育的精髓，必将起到水到渠成的作用。

2. 有助于增强当代青年的文化自觉和文化自信

儒学是中国传统文化的主流，几千年来儒家德育思想及其核心价值观已成为中国人共同遵守的道德标准并已融入他们的生命之中。当前高校对传统的儒家德育思想进行深入挖掘、科学继承和创造性诠释，并引入成为大学生核心价值观教育的重要内容，在提升青年学生的思想道德素质上将达到事半功倍的效果。高校在德育过程中借鉴儒家传统德育理念，增强当代大学生的文化自觉和文化自信，能够唤起他们对中华民族悠久文化的归属感，从而增强中华民族精神的生命力、凝聚力和创造力，提高对祖国、对中华民族、对中华文化、对中国特色社会主义道路的认同，激发青年人为实现中华民族的伟大复兴而努力奋斗的爱国精神。

3. 有助于充实人的全面发展理论

培养德智体美劳全面发展的社会主义建设者和接班人是教育的目标，也必须通过教育实现这个目标。人的全面发展理论是马克思主义的重要学说，是马克思主义对教育学的最大贡献。马克思认为：“任何人的职责、使命、任务就是全面地发展自己的一切能力。”[2]社会应该“给每一个人提

---

[1] 迟成勇．儒家伦理价值观与社会主义核心价值体系建构[J]．南通大学学报（社会科学版），2011（7）：9.

[2] 马克思恩格斯全集（第3卷）[M]. 北京：人民出版社，1960: 330.

供全面发展和表现自己全部的即体力和脑力能力的机会”[1]。儒学从其诞生的那一天开始就以对人的研究为自己的中心任务。儒学是仁学亦即人学，《礼记·中庸》说：“仁者，人也。”儒家讲的“圣人”“贤人”“仁人”“大人”等，都是历代儒家孜孜以求的“成人”境界，儒家德育思想将对理想人格的追求过程视为“成人之道”。“成人”是儒家眼里的具备完美人格的人，甚至可以说是一个全面的人。孔子教导子路关于“成人”的概念说：“若臧武仲之知，公绰之不欲，卞庄子之勇，冉求之艺，文之以礼乐，亦可以成人矣。”[2]

儒家追崇的理想人格既有真善美的完美统一，又有“十德”（仁、义、礼、智、信、忠、孝、节、勇、和）的具体道德范畴。这种人格学说与马克思主义关于人的全面发展理论有许多契合的地方，对当前高校培养全面发展的学生具有重要的启迪价值。马克思、恩格斯认为共产主义者也要注重自我修养，“使人们发生普遍的变化”，要“抛掉自己身上的一切陈旧肮脏的东西，才能成为社会的新基础”。儒家思想是在自然经济和封建体制的背景下建立起来的思想体系，其中有许多消极的东西要加以批判和摒除。高校借鉴儒家德育思想，对“十德”等伦理标准的借鉴也要采取科学对待的方法，创造性地继承和创新。

4.有助于进一步改进学校德育方法

儒家德育思想是中国传统德育体系的主体部分，奠定了中国传统德育体系的基本形态，它的许多德育方法至今仍然值得我们借鉴。首先，儒家德育思想十分重视人，通过自我修养达到完善自我，实现其德育目标。《大学》中讲道：“自天子以至于庶人，壹是皆以修身为本。”[3]儒家德育重视“知行合一”，认为个人只有通过克己内省和身体力行，才能实现“内圣外王”。王守仁认为人在道德修养过程中除了反复省察自身的道德认识

[1] 王如才．主体经验：创新教育的德育原理[M]．济南：山东教育出版社，2004（10）：196.

[2]《论语·宪问》。

[3]《大学》。

外，还要重视道德实践，躬行践履，才能达到“致良知”的目的。知行观是历代儒家探讨道德意识与道德实践关系的重要理论，对知先还是行先的问题虽然在历史上也有过多次争论和反复，但明朝王守仁主张的“知行合一”最终为后世儒者普遍接受。中国现代的辩证唯物论的知行统一观是立足实践的知行论，其中也吸取了中国传统知行哲学的智慧，是马克思主义中国化的典型成果。“君子耻其言，而过其行”❶，当前思想政治教育不乏教育者和受教育者说起道德目标、道德原则等夸夸其谈，但在道德实践中却常有受人诟病的地方。“知行合一”论的许多实践方法是值得思想政治教育借鉴的。其次，儒家因材施教、言传身教的观点至今仍然是一种科学的德育方法。《论语》记录子路和冉有向孔子征求意见，但孔子对同样的事回答却不一样。孔子向公西华解释说：“求也退，故进之。由也兼人，故退之。”❷显然这是孔子根据二人的性格不同提出相反的指导方法。最后，儒家德育要求教育者“身正为范”，发挥自身人格的影响力。俄国教育家乌申斯基说过，只有人格才能影响人格的形成和发展。教育者自身的人格对受教育者产生深远的影响，孔子说：“其身正，不令而行；其身不正，虽令不从。”❸孟子也说：“吾未闻枉己而正人者也。”❹二人都对教育者的身教示范、以身作则提出了明确的要求。

“经典文化是思想的化石，是人的根基和家园。它最终将融入个体的血脉和精神，内化为人的心性品质。”❺儒家思想延续几千年而始终在中国文化体系中占据着主导地位，它对中国人的影响和作用是任何其他思想无法替代的。当前思想政治教育坚持民族性和世界性统一的观点，借鉴、倡导儒家德育思想，并不是一种“复古”思想，更不可能重新回归“儒学独尊”，而是要深入挖掘、科学论证儒家德育观的现代价值，分析儒家德育

❶《论语·宪问》。

❷《论语·先进》。

❸《论语·子路》。

❹《孟子·万章上》。

❺ 王如才. 主体经验：创新教育的德育原理[M]. 济南：山东教育出版社，2004：196.

思想的精髓及其在青年学生心目中的地位、影响，使儒家德育观融入思想政治教育的有机体系中，成为思想政治教育的一项重要内容和有效方法。

（二）文化土壤：融合的基础

良种虽优，无有适宜的土壤，焉能得生。《共产党宣言》被认为是“毫无疑问的十九世纪最具影响力的作品”[1]，马克思主义理论是近代以来最先进的科学理论，在世界各国得到实践，中国特色社会主义道路的成功实践更加证明马克思主义行得通。

1.外来思想文化在中国的融合

中国传统文化具有海纳百川、包容并蓄的特质，但任何外来文化在别国的落地生根都要经历一个对抗、冲突到融合的过程。从中国思想文化史来看，近代以前有两次大规模的外来思想入华。一次是佛学传入中国。东汉时期，佛学从印度传入中国时，一开始也受到中国传统文化的排斥。佛学在中国传播也作了“本土化”的调整。为了适应中国人文化心理的需要，佛学一开始同中国本土宗教——道教相结合，以玄学的形式存在，在魏晋时期最为兴盛。到了唐代，佛学又与中国传统思想文化的主流——儒家思想相结合，实现儒学佛学化，禅宗南宗的盛行是典型代表。经过两次佛学同中国传统文化相结合的交融过程，目前中国传统文化为佛、释、道三种思想文化共存和交融的表现形式。另一次是西学传入中国。西方最早传入中国的思想文化也是以宗教的形式，最主要是基督教，以不同教义形式逐渐入华。元代时，天主教开始传入中国。明代中期，耶稣会进入中国，最著名的是葡萄牙籍传教士利玛窦。利玛窦于1582年来到中国，主要在广州、南京、北京等地进行传教活动。他在传教中采取的是“适应政策”，即尊重和适应中国文化和礼仪，穿汉服、学汉语、与儒士交流，并将基督教理念与儒家思想相结合。他还编写了《坤舆万国全图》等著作，促进东西方科学、文化、思想交流。后来，其他更多的传教士来到中国，但没有延续利

[1] 特里·伊格尔顿.马克思为什么是对的[M].北京：新星出版社，2011: 2.

玛窦做法，而是采取反对孔子、祭祖等儒家传统，自然遭到强烈排斥。到清代政府采取闭关锁国政策，这种东西方文化融合基本就断流了。这两次大的外来文化在中国传播，为近代马克思主义在中国传播提供了一定借鉴，即外来文化要在中国落地、生根、发芽、结果，一定要和中国实际相结合，特别是和包括儒学在内的中国传统文化相结合，才能获取生长的土壤。

2. 马克思主义在中国文化土壤上落地

《共产党宣言》诞生以来，中国知识分子最早是从外国传教士口中知道马克思及其学术思想的。他们比较系统地了解马克思主义是通过日本学者的介绍，或者说，1920年之前马克思主义传播到中国的主渠道来自日本。以日本社会主义先驱幸德秋水为主要代表，包括西川光次郎、安部矶雄等人的马克思主义研究著作成为中国知识分子接触马克思主义的早期途径。中国最早的马克思主义传播者李大钊、陈独秀、李汉俊、李达、施存统等人，都有留学日本的经历。他们在日本接触了马克思主义，很快成为向国内传播马克思主义的积极分子。马克思主义在近代之所以能够迅速在中国广泛传播开来，一方面是因为当时中国面临水深火热的困境，又经历资本主义改良主义的失败，亟待新的先进的思想文化；另一方面是马克思主义的许多内涵和儒家思想具有一定耦合性。蔡元培认为马克思主义与儒家思想之间存在许多共性，并从儒家思想的角度解读马克思主义："我们中国本来有一种社会主义的学说，如《论语》记：'有国有家者，不患寡而患不均，不患贫而患不安。盖均无贫，和无寡，安无倾。夫如是，故远人不服，则修文德以来之。既来之，则安之。'就是对内主均贫富，对外不取黩武主义与殖民政策。《礼运》记孔子说：'人不独亲其亲，不独子其子。使老有所终，壮有所用，幼有所长，矜寡孤独废疾者皆有所养。男有分，女有归。货恶其弃于地也，不必藏于己；力恶其不出于身也，不必为己。'就是'各尽所能，各取所需'的意义，且含有男女平等主义。《孟子》记许行说：'贤者与民并耕而食，饔飧而治。'就是'泛劳动'主义。"[1]中国是世界四大文明古国中唯一的文明传统没有中断过的国家，

---

[1] 胡汉民. 中国近代社会思潮（第2卷）. 孟子有社会主义[M]. 长沙：湖南教育出版社，1998: 303.

其蕴藏的思想文化内涵在很长一段时期以儒家思想为主体，包括“经世济用”“人本思想”“知行之辩”“大同世界”等，与马克思主义者的历史唯物主义、辩证唯物主义相耦合，成为马克思主义在中国落地的有利条件。

3. 马克思主义在中国土壤的本土化

马克思主义在中国的本土化过程实际上就是马克思主义中国化时代化的过程。中国早期马克思主义者在传播马克思主义的时候就注意强调马克思主义在中国被运用的必然性和可能性。马克思主义符合近代中国社会和思想的实际，也必须和中国实际相结合，这是李大钊等人一开始就强调的主张。李大钊说过：“我们应该细细地研考马克思的唯物史观，怎样应用于中国今日政治经济的情状。详细一点说，就是依马克思的唯物史观以研究怎样成了我们应该怎样去作民族独立的运动，把中国从列强压迫下救济出来。”❶可以说，一百多年来，中国共产党人就是在坚持马克思主义中国化的进程中不断坚持和发展了马克思主义，使之同中国具体实际相结合、同中华优秀传统文化相结合，从而推进马克思主义理论和实践创新，从而使马克思主义真正在中国落地生根，成为今天中国特色社会主义事业的指导思想。正如《中共中央关于党的百年奋斗重大成就和历史经验的决议》指出，“中华优秀传统文化是中华民族的突出优势，是我们在世界文化激荡中站稳脚跟的根基，必须结合新的时代条件传承和弘扬好。”❷

（三）文化共性：融合的前提

“马克思主义与儒学这两个极不相同的思想文化体系之间，之所以能够相通、相融合，最根本的原因就在于这两个不相同的特殊文化体系之中，都包含着文化共性的东西。正是这种文化个性与共性关系，为两种相异的文化体系之间，架起一座由此达彼、由彼达此的相沟通融合的桥梁。”❸思想政治

---

❶ 李大钊文集（下册）[M]. 北京：中央文献出版社，1984: 711–712.

❷ 中共中央关于党的百年奋斗重大成就和历史经验的决议 [N]. 人民日报，2021–11–17（01）.

❸ 张建新. 儒学与马克思主义 [M]. 西安：陕西人民出版社，2003: 96.

教育理论和儒家德育思想，二者都具有鲜明的文化个性，以19世纪以来最先进哲学思想为指导和核心的思想政治教育理论，以2000多年悠久思想文化历史为底蕴的儒家德育思想，他们之间存在较大的契合性，即文化共性。

1.二者都是人类社会的优秀思想文化

人类社会发展史告诉我们，一切人类文化及其历史都是人类社会实践活动的总和，或者说，人类社会活动是人类历史的基础。而人类社会活动的根本目的和主要内容就是主观自觉地改造自然、改造社会和改造人类自身。在人类社会活动的基础上形成的所有感性、理性、悟性的思维内容是人类最根本的共性思想，也是人类社会实践活动在思想文化上的共同表现。自人类社会存在以来，人类始终在面对和处理不同关系，包括人与自然之间的关系、人与社会之间的关系、人与人之间的关系，以及与人自身之间的关系。人类活动主要目的和主要内容就是不断进行改造自然、改造社会、协调人际、提升自我。这些活动必然带有不同时代、国家、民族的特征，但都属于人类为了认识和解决未知世界的思想文化成果。

马克思主义真实地反映了客观世界的本来面目，是超越时代性和民族性的科学思想文化成果，其普遍真理是永远不会过时的。《共产党宣言》德文版发表时分析了该书诞生25年来的人类社会情况变化，其序言说道："不管最近二十五年来的情况发生了多么大的变化，这个《宣言》中所发挥的一般基本原理整个说来直到现在还是完全正确的。"[1]英国学者特里·伊格尔顿《马克思为什么是对的》中文版前言提出："马克思主义理论对于当今社会的重大意义不仅在于其对资本主义制度全面彻底的揭露，还在于其辩证唯物主义和历史唯物主义的研究方法对当今社会同样适用。"[2]儒家思想几乎是人类农耕文明时代传承时间最久、影响最深远、结构最完整的思想文化体系，其着力于对人与自然、人与社会、人与他人、人与自身的关系协调，和马克思主义一样在上述方面形成了丰富的思想文化成果，为

[1] 马克思恩格斯选集（第1卷）[M]. 北京：人民出版社，1995: 228-229.

[2] 特里·伊格尔顿. 马克思为什么是对的[M]. 北京：新星出版社，2011: 2.

二者之间相结合提供了共同的文化基础。

2. 二者都具有鲜明的创新性

2014年3月，习近平在联合国教科文组织总部的演讲指出："每一种文明都延续着一个国家和民族的精神血脉，既需要薪火相传、代代守护，更需要与时俱进、勇于创新。"[1]任何优秀的思想文化既不会背离自身的文化传统，也不会一直停滞不前，停滞不前必然不会有悠久的传承。正如中国儒家思想，它"曾是中华民族赖以生存、发展的根子，作为中华民族后代子孙不能、也不应该人为地把这个根子斩断。如果把有两千多历史的儒学抛弃掉，无疑是宣告我们这个民族曾赖以生存的民族精神不复存在"[2]。事实上，儒家思想自身也不是因循守旧、一成不变的，它自身也是在发展变化中实现"苟日新、日日新"。西汉思想家扬雄在《太玄经·太玄莹》中就事物发展规律说过一段非常著名的话：

> 夫道有因有循，有革有化。因而循之，与道神之。革而化之，与时宜之。故因而能革，天道乃得；革而能因，天道乃驯。夫物不因不生，不革不成。故知因而不知革，物失其则；知革而不知因，物失其均。革之匪时，物失其基。因之匪理，物丧其纪。因革乎因革，国家之矩范也。矩范之动，成败之效也。[3]

扬雄认为一切事物都会发生变化，有革新有变化，而这种发展变化遵循一定的规律，在原本的基础上发生变化，与"道"的精神高度融合。实行革新变化，要坚持和循旧相统一才能与当下相适应。扬雄一生尊崇孔子为第一大圣人，但他并不拘泥于孔子思想体系，在构筑宇宙生成图式、探

[1] 习近平. 出席第三届核安全峰会并访问欧洲四国和联合国教科文组织总部、欧盟总部时的演讲[M]. 北京：人民出版社，2014: 17.

[2] 汤一介. 传承文化命脉 推动文化创新——儒学与马克思主义在当代中国[J]. 中国哲学史，2012（4）: 5.

[3]《太玄经·太玄莹》。

索事物发展规律方面有一番独到见解，在当时时代背景下已经属于先进的思想观点。

基于辩证唯物主义和历史唯物主义的马克思主义从一开始就不是一成不变的，而是随着实践情况的变化而进行自我调整。马克思和恩格斯在1845年《德意志意识形态》中明确指出，“对现实的描绘会使独立的哲学失去生存环境，能够取而代之的充其量不过是从对人类历史发展的考察中抽象出来的最一般的结果的概括。这些抽象本身离开了现实的论述就没有任何价值。它们只能对整理历史资料提供某些方便，指出历史资料的各个层次的顺序。但是这些抽象与哲学不同，它们绝不提供可以适用于各个历史时代的药方或公式。”❶作为一种实践哲学，马克思主义自身要求持续地将理论置于鲜活的实践之中，因而马克思主义自身也必然随着实践情况的变化而不断地吸收新的养料。毛泽东说过马克思主义普遍真理是“放之四海而皆准”❷，而且“马克思列宁主义的普遍真理一经和中国革命具体实践相结合，就使中国革命的面目为之一新”❸。

因此，马克思主义的发展是永恒、持续的，只有发展马克思主义才能坚持马克思主义。马克思主义中国化时代化的进程不是一时一会的，而将随着时代变迁和情况变化与时俱进地进行。马克思主义的实践哲学或批判的历史科学观点是儒家德育思想与马克思主义为指导的思想政治教育理论相融合的基本立场和主要原因。正如习近平所指出的：“我们开辟了中国特色社会主义道路不是偶然的，是我国历史传承和文化传统决定的。”❹“要理直气壮、很自豪地去做这件事，去挖掘、去结合中华优秀传统文化，真正实现马克思主义中国化时代化。”❺

---

❶ 马克思恩格斯选集（第1卷）[M]. 北京：人民出版社，1995：73-74.

❷ 毛泽东选集（第2卷）[M]. 北京：人民出版社，1991：533.

❸ 毛泽东选集（第3卷）[M]. 北京：人民出版社，1991：795.

❹ 习近平关于协调推进“四个全面”战略布局论述摘编[M]. 北京：中央文献出版社，2015：84.

❺ 杜尚泽.“就是要理直气壮、很自豪地去做这件事”（微镜头·习近平总书记参加党的二十大广西代表团讨论）[N]. 人民日报，2022-10-19（01）.

我们要坚持马克思主义在意识形态领域指导地位的根本制度，坚持为人民服务、为社会主义服务，坚持百花齐放、百家争鸣，坚持创造性转化、创新性发展，以社会主义核心价值观为引领，发展社会主义先进文化，弘扬革命文化，传承中华优秀传统文化，满足人民日益增长的精神文化需求，巩固全党全国各族人民团结奋斗的共同思想基础，不断提升国家文化软实力和中华文化影响力。

——习近平在中国共产党第二十次全国代表大会上的报告

第四章　儒家德育与思想政治教育理论的历史融合

百年党史也是中国共产党人坚持把马克思主义基本原理同中国具体实际相结合，同中华优秀传统文化相结合，努力推进马克思主义中国化时代化的进程。一百多年来，一代代中国共产党人汲取包括儒家德育思想文化在内的中华优秀传统文化的精髓，推进儒家德育与思想政治教育理论的历史融合。正如习近平指出的，“在带领中国人民进行革命、建设、改革的长期历史实践中，中国共产党人始终是中国优秀传统文化的忠实继承者和弘扬者，从孔夫子到孙中山，我们都注意汲取其中积极的养分。”[1]

一、新民主主义革命时期

新民主主义革命时期，中国面临内忧外患的国家发展局面，面对西学东渐的社会历史潮流，思考儒、释、道等传统文化的传承问题，思考国家民族发展方向，这些都是当时怀有救国救民之心的中国知识分子亟待解决的问题。自新文化运动、五四运动开始，以中国共产党人为代表的先进知识分子在探索救国救民的道路上，掌握和运用马克思主义理论，传承和弘扬儒家思想，对其中的糟粕部分进行批判，同时保留、吸收其中的优秀成分。习近平指出：“中华优秀传统文化是中华民族的精神命脉，是涵养社会主义核心价值观的重要源泉，也是我们在世界文化激荡中站稳脚跟的坚实根基。”[2]这个时期的中国共产党人的杰出代表坚持马克思主义指导，推动思

[1] 习近平同志在纪念孔子诞辰2565周年国际学术研讨会暨国际儒学联合会第五届会员大会开幕会上的讲话[M]. 北京：人民出版社，2014: 11.

[2] 习近平. 在文艺工作座谈会上的讲话[M]. 北京：人民出版社，2014: 2.

想政治教育理论的形成过程，反映了中国知识分子为救国救民而上下求索的思想历程，反映了新民主主义革命时期马克思主义中国化时代化的进程。

（一）陈独秀

陈独秀（1879—1942），原名陈庆同、陈乾生，字仲甫，号实庵，安徽怀宁人。20世纪初中国新文化运动的倡导者、发起者和主要旗手，“思想界的明星”[1]“五四运动时期的总司令”[2]，为中国新文化启蒙运动奠定了思想基础。中国共产党的主要创始人之一和早期主要领导人。1915年9月，陈独秀在上海创办《青年杂志》，后改名《新青年》，新文化运动由此发端。1920年5月，陈独秀发起组织马克思主义研究会，探讨社会主义学说和中国社会改造问题。8月，共产党早期组织在上海《新青年》编辑部成立，陈独秀任书记。1921年7月，在上海、嘉兴举行的中国共产党第一次全国代表大会上，陈独秀被选为中共中央局书记。其主要著作收入《独秀文存》《陈独秀文章选编》等。陈独秀自6岁始就在祖父、大哥、塾师指导下修习四书五经、《昭明文选》[3]。毫无疑问，在当时的社会环境下，陈独秀幼年、青少年时期是在以儒家思想为主流的传统文化环境下成长起来的。但陈独秀成人后，随着思想的逐步成熟，对儒家思想进行强烈的批判。但陈独秀不是全盘否定儒学和儒家德育思想，相反，他关于思想政治教育的理论观点吸收了很多以儒家为代表的传统文化思想。

1.强烈反孔批儒的鲜明立场

在中国共产党的早期领导人中，陈独秀是最强烈反对儒学、反对孔教的人之一。陈独秀坚决反孔批儒，强烈批判儒家思想，一方面主要原因是辛亥革命后，国内主张废共和复帝制的思想甚嚣尘上，成为阻碍中国社会发展的障碍。特别是在康有为发表《致总统总理书》后，陈独秀在短短的

---

[1] 毛泽东. 毛泽东早期文稿[M]. 长沙: 湖南出版社, 1990: 305.

[2] 毛泽东文集（第3卷）[M]. 北京: 人民出版社, 1996: 294.

[3] 陈独秀. 陈独秀文集（第4卷）[M]. 北京: 人民出版社, 2013: 534-538.

两年零两个月的时间内陆续发表了《驳康有为致总统总理书》《古文与孔教》《复辟与尊孔》等20余篇批孔文章。陈独秀在《答孔昭铭》一文中最终得出了结论："儒教孔道不大破坏，中国一切政治、道德、伦理、社会、风俗、学术、思想，均无有救治之法。"[1]辛亥革命失败之后，袁世凯打着"尊孔复古"的旗号名为推崇孔孟思想，实际目的是为复辟帝造舆论、做准备。1915年春，袁世凯在英、日帝国主义支持下，积极准备改行帝制。1915年12月12日，袁世凯宣布推翻共和，复辟帝制，改"中华民国"为"中华帝国"，改民国五年（1916年）为"洪宪元年"。袁世凯的倒行逆施与中国历史的向前发展的潮流完全相反，激起了全国人民的讨伐。陈独秀认为，孔子所处西周末年中央集权衰微，孔子已经预见封建统治发展趋于颓势，在当时的社会制度下也不可能走向民主。孔子就从"封建的躯壳中抽出它的精髓"[2]，即所谓尊卑、长幼规范。针对《左传·昭公七年》严格的"王臣公，公臣大夫，大夫臣士，士臣皂，皂臣舆，舆臣隶，隶臣僚，僚臣仆，仆臣台"，袁世凯指使文人鼓吹"君臣之义，父子之恩，夫妇之别"，企图用表面上普遍而简单的礼教来代替十等制，冀图在礼制的名义下之下恢复君臣、父子、夫妻等尊卑之礼，用以束缚诸侯群臣，压倒普通百姓，达到维持日渐离析分崩的封建社会。康有为积极倡导将儒家思想宗教化，奉孔教为国教，提出"各国皆有教而我独为无教之国"[3]。1916年9月，康有为公开发表《致总理总统书》，再次要求"以孔教为大教，编入宪法"。对于与社会发展方向相悖的孔教思想统治，早已接受资产阶级共和思想的陈独秀当然是"存其一必反其一"，进行坚决批判反对。陈独秀为主要代表人倡导的新文化运动是一次伟大的彻底的文化革命，冲破了封建主义思想文化的桎梏，营造了自由宽松的思想文化氛围。难能可贵的是，在当时社会历史条件下，新文化运动强烈批判孔学的同时，比较客观地评价了儒家思

---

[1] 陈独秀. 陈独秀文集（第1卷）[M]. 北京：人民出版社，2013：284.

[2] 陈独秀. 陈独秀著作选（第3卷）[M]. 上海：上海人民出版社，1993：380.

[3] 康有为. 康有为全集（第四集）· 我史[M]. 北京：中国人民大学出版社，2007：92.

想在不同历史阶段的积极作用。不过，当时陈独秀等批判中国传统文化的思想认识带有一定的局限性。“他们脱离产生封建主义思想文化的具体的社会环境，主观地认为依靠思想文化领域的斗争，通过提倡新思想、新道德、新文化，就可以根本改造国民性，造就新国民，使中国成为一个真正的民主共和国，而没有揭示根本改造中国现存的基本社会制度的必要性。”❶

2.明确反对孔教并非反对孔子本人

以新文化运动、五四运动到中国共产党的建立为历史背景的电视剧《觉醒年代》中，陈独秀曾经说过，《新青年》提出的砸烂孔家店，砸的不是孔子儒学，砸的是孔教的三纲五常，我们反对的是政治尊孔，不是学问尊孔。作为一部优秀的影视艺术作品，侧面展示了以陈独秀为代表的新文化运动中的中国知识分子对孔子和儒学的基本态度，他们反对的是被历代统治阶级利用以愚昧、禁锢人民自由和思想的三纲五常为主的腐朽部分，并不是反对孔子本身，更不是全盘否定儒家思想。陈独秀虽然反孔批儒，但多次明确表态过，他反对孔教、打倒“孔家店”，反对的是儒家思想中的腐朽内容，是其被统治者利用以统治人民思想的旧礼制。陈独秀专门写了《复辟与尊孔》，发表于1917年8月1日《新青年》第三卷第6号，他说：“我们反对孔教，并不是反对孔子本人，也不是说他在古代社会无价值。”陈独秀曾一针见血地指出，儒家三纲五常的根本要义就是阶级和阶级制度，其所谓“名教”和“礼教”，都是借“三纲五常”以拥护倡导别尊卑、明贵贱的专制制度。任何思想的冲突都必然发生在一个特定的社会历史背景之下。陈独秀表示自己批判孔子，不是因为“孔子之道之不适合于今世”，而是因为“今之妄人强欲以不适今世之孔道，支配社会国家，将为文明进化之大阻力也”❷。陈独秀在文中直接批判袁世凯名义上推崇孔孟之道，实际上为了利用儒家文化的“三纲五常”思想继续愚弄人民，达到其掌控国家政治的目的，在现实上阻止了中国现代化进程的步伐。

---

❶ 顾海良. 马克思主义中国化史（第一卷）[M]. 北京：中国人民大学出版社，2021: 77.

❷ 陈独秀. 陈独秀著作选[M]. 上海：上海人民出版社，1993.

关于孔子创立的儒家道德伦理，在近代以来受到最大非议的是“三纲五常”为主的道德规范。陈独秀在《吾人最后之觉悟》中指出，伦理问题影响政治，各国都一样，中国尤甚。他认为孔子主张的“仁义礼智信、温良恭俭让”等道德规范所指向的道德实践不仅是儒家独创，而且是世界各国都倡导的人类有优良品质。他说：“记者之非孔，非谓其温良恭俭让，信义廉耻诸道德及忠恕之道不足取；不过谓此等道德名词，乃世界普通实践道德，不认为孔教自矜独有者耳。”❶由于陈独秀性格刚烈、倔强、直率，多次撰文与康有为、胡适、辜鸿铭等人辩论，一直被称为新文化运动的“斗士”。但他自己直言：“士若私淑孔子，立身行己，忠恕有耻，故不失为一乡之善士，记者敢不敬其为人？”❷意思是如果这些所谓儒家道德伦理的坚持者和坚守者都能够真的做到以儒家伦理自我约束，品德淑良，秉承的是人类共同的优秀品质，自然会受到陈独秀的尊敬。

3. 主张儒家思想具有特定时代的价值

作为新文化运动的倡导者，陈独秀批判孔学，其目的是推翻统治中国人民2000多年的封建主义思想文化根基，动摇长期以来被统治者所庇佑和利用的孔学的绝对权威地位，领导中国人民冲破封建主义的思想牢笼。陈独秀批判孔教但并未完全否定孔教，而是客观地进行评价。陈独秀对孔教进行批判是高高举起民主和科学的大旗的，倡导拥护“德先生”（民主）和“赛先生”（科学）❸。陈独秀接受西方先进思想的同时，也学习了西方科学进化论。人类社会今后进化方向，必将随着科学的萌芽、发达而日益发达，其中一个主要表现是改变以往“家天下”以一人、一姓的意志为法则，成为以自然法则效力为依据。陈独秀尤其反对将儒家文化看成是宗教，甚至定为所谓的“国教”。他说，“夫孔教之名词既不能成立，强欲

---

❶ 陈独秀. 陈独秀文章选编（上）[M]. 北京：生活 · 读书 · 新知三联书店，1981：222.

❷ 同❶。

❸ 1919年1月15日，陈独秀在《新青年》第六卷第1号发表《本志罪案之答辩书》，大力提倡“德先生”（民主）与“赛先生”（科学）。“德先生”即“Democracy”，音译德莫克拉西，意为“民主”。“赛先生”即“Science”，音译赛因斯，意为“科学”。

定孔教为国教者，讵非妄人？”[1]陈独秀批判有的人提出所谓宇宙人生奥秘非科学可解决，企图将人民引向愚弄百姓的宗教上。他认为科学进步是一个长远的过程，不能因为今日之科学无法解决今日之问题而对其怀疑。相反，所谓宗教能使人得以解脱，只是认识上的自欺欺人，并非真的解脱，更非真的解决。真能解决认识问题的只能依赖科学。“故余主张以科学代宗教，开拓吾人真实之信仰，虽缓终达。若迷信宗教以求解脱，直‘欲速则不达’而已！”[2]但陈独秀也实事求是地指出孔子的思想中存在一定的科学思维。他说，“孔子教人重人事而远鬼神，与墨子根本不同。”[3]“孔子不言神怪，是近于科学的。”[4]

陈独秀提出，尽管孔教“在历史上造过无穷的罪恶”[5]，在孔子立教的当时“也有它相当的价值”[6]。

> 孔学优点，仆未尝不服膺，惟自汉武以来，学尚一尊，百家废黜，吾族聪明，因之锢蔽，流毒至今，未之能解；又孔子祖述儒说阶级纲常之伦理，封锁神州。斯二者，于近世自由平等之新思潮，显相背驰，不于根本上辞而辟之，则人智不张，国力浸削，吾恐其敝将只有孔子而无中国也。即以国粹论，旧说九流并美，倘尚一尊，不独神州学术，不放光辉，即孔学亦以独尊之故，而日形衰落也。[7]

即使是对儒家思想中最具非议的道德伦理规范，陈独秀也曾经进行系统、客观的评价。陈独秀提出：“愚以为三纲说不徒非宋儒所伪造且应

---

[1] 陈独秀 . 陈独秀著作选（第1卷）[M]. 上海: 上海人民出版社, 1993: 254.
[2] 陈独秀 . 陈独秀著作选（第1卷）[M]. 上海: 上海人民出版社, 1993: 253.
[3] 陈独秀 . 陈独秀著作选（第3卷）[M]. 上海: 上海人民出版社, 1993: 377.
[4] 陈独秀 . 陈独秀著作选（第3卷）[M]. 上海: 上海人民出版社, 1993: 386.
[5] 陈独秀 . 陈独秀著作选（第3卷）[M]. 上海: 上海人民出版社, 1993: 379.
[6] 同[5]。
[7] 陈独秀 . 陈独秀著作选（第1卷）[M]. 上海: 上海人民出版社, 1993: 265.

为孔教之根本教义。何以言之？儒教之精华曰礼。”❶比如，虽然陈独秀在《青年》创刊号上发表的《敬告青年》抨击儒家“忠孝节义”是与社会发展不相符的“奴隶道德”，但他也客观分析，“孝”是孝敬父母，“悌”是爱敬弟兄，“忠”是尽忠报国，这都是优秀的道德品质。所以他并没有绝对排斥儒家德育思想中的传统道德，但对其出发点有不同认识：“节孝必出于自身主观的自动的行为，方有价值；若出于客观的被动的虚荣心，便和崇拜偶像一样了。”❷

4.辩证对待传统文化和外国先进文化

陈独秀主张儒家思想非唯一国粹，认为诸子百家中儒家思想传承悠久、影响深远，但并非中国唯一。他说：“儒学孔学，只是中国旧学中的一部分，而非其全体。”❸在中华传统国粹、其他百家思想中有许多观点是比儒家更为先进的：“阴阳家明历象，法家非人治，名家辨名实，墨家有兼爱、节葬、非命诸说，制器敢战之风，农家之并耕食力，此皆国粹之优于儒家孔子者也。”❹他甚至提出，能够代表中国的国粹、成为人类社会最高理想的三者之中并不包括儒家，而是墨家、道家、农家，他说：“墨氏兼爱，庄子在宥，许行并耕，此三者诚人类最高之理想，而吾国之国粹也。”❺面对近代中国贫穷落后挨打的局面，陈独秀受传统实学思想影响，再加上接触西方先进思想，更加注重墨家、道家、农家等强调实业、经济思想的学术体系。

陈独秀强调学术研究必守“三戒”:“勿尊圣”“勿尊古”“勿尊国”❻，并且以此作为对待传统文化和外国文化的立场。陈独秀号召人民共同奋起反抗，抵御帝国主义侵略中国，但他并不是全盘否定外国思想，特别是先进

---

❶ 陈独秀. 陈独秀著作选（第1卷）[M]. 上海: 上海人民出版社, 1993: 227-228.

❷ 陈独秀. 陈独秀文章选编（上）[M]. 北京: 生活 · 读书 · 新知三联书店, 1981: 277.

❸ 陈独秀. 陈独秀文章选编（上）[M]. 北京: 生活 · 读书 · 新知三联书店, 1981: 145.

❹ 同❸。

❺ 同❸。

❻ 陈独秀. 陈独秀文章选编（上）[M]. 北京: 生活 · 读书 · 新知三联书店, 1981: 259.

文化。他在《战后世界大势之轮廓》中提出："我们应该尽力反抗帝国主义危及我们民族生存的侵略，而不应该拒绝它的文化。拒绝外来文化的保守倾向，每每使自己民族的文化由停滞而走向衰落。"❶陈独秀认为，中国传统文化自然有它的优点，但不能渲染过当，如果像奉立"孔教"一般，将儒家文化高踞在形式上的地位俯视一切，就容易形成偏畸的发展，甚至将国家民族赖以生存发展的物质文明排除在文化之外。陈独秀认为，现代社会任何国家都要以经济为命脉，如儒家思想主张孤芳自赏、甘于寂落并非现代意义的个人独立主义，与现代经济、生产原则不符。现代社会强调经济学上的个人财产独立，从而影响伦理学上的个人人格独立，二者相互依持、互相证明，这样一来，不仅物质文明发达，社会风纪也会进步。陈独秀在《东西民族根本思想之差异》提出："于近世自由平等之新思潮，显相背驰，不于报章上词而辟之，则人智不张，国力浸削，吾恐其敝将只有孔子，而无中国也。"❷他自述之所以坚持撰文抵制孔教孔道，主要就是因为这种主张与源自西方的自由平等思潮相左，不利于中国社会进步。陈独秀在《新青年》发表的《本志宣言》中，向国人描绘了理想的道德的境界："我们理想的新社会，是诚实的、进步的、积极的、自由的、平等的、创造的、美的、善的、和平的、相爱互助的、劳动而愉悦的、全社会幸福的。希望那虚伪的、保守的、消极的、束缚的、阶级的、因袭的、丑的、恶的、战争的、轧轹不安的、懒惰而烦闷的、少数幸福的现象，渐渐减少，至于消失。"❸

（二）李大钊

李大钊（1889—1927），字守常，河北乐亭人。1907年考入天津北洋法政专门学校，1913年毕业后东渡日本，就读东京早稻田大学政治本科。李大钊是中国共产主义运动的先驱，伟大的马克思主义者，杰出的无产阶

---

❶ 陈独秀．陈独秀著作选（第5卷）[M]．上海：上海人民出版社，1993：165.

❷ 同❶。

❸ 陈独秀．陈独秀著作选（第2卷）[M]．上海：上海人民出版社，1993：171.

级革命家，中国共产党的主要创始人之一。在中国早期的马克思主义运动中，李大钊起到重要作用。1919年，李大钊将《新青年》第六卷第五号编为“马克思主义研究”专号，并且帮助北京《晨报》副刊开辟了“马克思研究”专栏。1920年3月，李大钊在北京大学组建马克思学说研究会，是中国最早的学习研究马克思主义的团体。作为中国第一个马克思主义者，李大钊在开始向国民介绍马克思主义的时候就明确提出马克思主义不能照搬照套，而要结合中国实际。他在《社会主义与社会运动》中提出，社会主义理想“因各地、各时之情形不同，务求其适合者行之，遂发生共性与特性结合的一种新制度”[1]。李大钊推动马克思主义体现中国“特性”的过程中，批判地汲取儒家德育思想的优秀成分。

1.“破立并重”的批判精神

在人类史上，新旧交替嬗变的时代，从来都是孕育与产生杰出人物的时代。在中国近代新旧交替嬗变的过程中，产生了许多如同李大钊一般的代表性人物。李大钊六岁开始就到私塾师从生员（即秀才）单子鳌接受儒家传统文化启蒙教育。他在《狱中自述》中回忆：“幼时在乡村私校，曾读四书经史，年十六，应科举试，试未竟，而停办科举令下，遂入永平府中学校肄业，在永读书二载。”[2]他参加过中国最后一次科举考试，考试中居然因接到停办科考的通知而“试未竟”，直接转入现代化中学，又成为推行现代新学制的第一批新生。在那个特定年代成长起来的李大钊，必定将其对时代的演变、经验、观察、思考融入一生理想追求中。首先，李大钊对儒家思想特别是陈旧腐朽的糟粕部分是坚决批判、反对的。他把所谓“孔教”视为“吃人的礼教”，明确提出“对于与此新社会新国家新信仰不可相容之孔教，不可不有彻底之觉悟，猛勇之决心；否则不塞不流，不止不行”[3]。但是正如马克思主义经典作家说的“辩证法不崇拜任何东西，按

[1] 李大钊．李大钊文集（第4卷）[M]．北京：人民出版社，1999：5.

[2] 李大钊．李大钊全集（第1卷）[M]．北京：人民出版社，2013：422.

[3] 李大钊．李大钊全集（第1卷）[M]．北京：人民出版社，2006：9.

其本质来说，它是批判的和革命的”[1]。李大钊在成长的过程中，先后接触了封建主义、资本主义和马克思主义三种不同的意识形态思想文化，但他也在接触先进思想、反思中国实际的过程中，逐步从一个儒生变为中国最早的马克思主义者，也是最坚定的马克思主义者。在对待传统文化的立场上，李大钊对其中腐朽落后的方面进行批判的同时，也肯定了传统文化中合理的部分。对于传统文化，他说：“过去一段的历史，恰如‘时’在人生世界上建筑起来的一座高楼，里面一层一层的陈列着我们人类累代相传下来的家珍国宝。”[2]因此，他客观指出：“孔子之道有几分合于此真理者，我则取之；否则，斥之。释迦之说有几分合于此真理者，我则取之；否则，斥之。乃至各宗各派，吾人对之罔不若是。”[3]李大钊把这种一分为二的方法论用于各个思想文化的处理措施上。儒家思想从诞生之日起就十分强调道德修养的目标是经世济用，在哲学上体现出“一两分合”“知行合一”等精神特质，朱熹就此提出：“此只是一分为二，节节如此，以至于无穷，皆是一生两尔。”[4]儒家这种“一两分合”思维和经世济用思想与马克思主义哲学的对立统一的辩证法和实践论存在很大的内在契合性，彼此之间相通相合。李大钊对马克思主义哲学辩证法的运用还体现在他的社会改造理论。李大钊认为要改变中国现状，仅进行单一的精神改造或者经济改造都是不够的，而要同时进行两方面的社会改造工程，他说：“我们主张以人道主义改造人类精神，同时以社会主义改造经济组织。不改造经济组织，单求改造人类精神，必致没有效果；不改造人类精神，单等改造经济组织，也怕不能成功。”[5]这是李大钊主张的“物心两面改造”。

2.“鼓民力、启民智、新民德”的新民论

近代中国外忧内患之下，举国人民都被多重政治、经济、思想文化的

---

[1] 马克思恩格斯选集（第2卷）[M]. 北京：人民出版社，1995: 112.
[2] 李大钊. 李大钊文集（下卷）[M]. 北京：人民出版社，1984: 763.
[3] 李大钊. 李大钊全集（第1卷）[M]. 北京：人民出版社，2006: 9.
[4] 黎靖德. 朱子语类（卷五十七）[M]. 北京：中华书局，1986: 1651.
[5] 李大钊. 李大钊全集（第3卷）[M]. 北京：人民出版社，2006: 23.

压迫压得喘不过气来，多数人都认为国家民族前途命运渺茫，悲观消极情绪严重。李大钊指出："全国之人，其颖智者，有力仅以为恶，有心惟以造劫。余则死灰槁木，奄奄待亡，欲东不能，欲西不得，养成矛盾之性，失其自然之天，并其顺应环境之力而亦无之。"❶李大钊号召有识之士应该肩负起拯救国家民族的重担，救国救民于水火之中。他提出"革我之面，洗我之心，而先再造其我"❷，又提出："为今之计，吾人当发挥正义，维护人道，昭示天地之常则，回复人类之本性，俾人人良心上皆爱平和，则平和自现，人人良心上皆恶暴力，则暴力自隐，人人良心上皆悔罪恶，则罪恶自除。人心一念之悔，万象昭苏之几也。"❸在没有完全掌握马克思主义之前，李大钊的救国施政方略很大程度上源于儒家德育思想的精神修养理论，特别是"修齐治平"逻辑。从其阐释中可以发现其中非常鲜明的儒家"心学"思想，包括"人心""致良知""护人道""除罪恶"等观点。李大钊慨叹国民德性低、民力薄，并且一针见血地指出"民德"和"民力"之间存在紧密的辩证关系，他说："吾民德之衰、民力之薄耳！民力宿于民德，民权荷于民力，无德之民，力于何有？无力之民，权于何有？"❹

李大钊认为不同时代、不同社会制度下的道德是不一样的，孔子的道德伦理符合孔子所处年代的需要，但已经不适应现代社会的需求了。"盖尝论之，道德者利便于一社会生存之习惯风俗也。古今之社会不同，古今之道德自异。而道德之进化发展，亦泰半由于自然淘汰，几分由于人为淘汰。孔子之道，施于今日之社会为不适于生存，任诸自然之淘汰，其势力迟早必归于消灭。吾人为谋新生活之便利，新道德之进展，企于自然进化之程，少加以人为之力，冀其迅速蜕演，虽冒毁圣非法之名，亦所不恤矣。"❺李大钊虽然吸收儒家传统伦理思想，但他认为改变近代中国现状首

---

❶ 李大钊．李大钊全集（第1卷）[M]．北京：人民出版社，2013：287.

❷ 李大钊．李大钊文集（上卷）[M]．北京：人民出版社，1984：43.

❸ 李大钊．李大钊全集（第1卷）[M]．北京：人民出版社，2006：81.

❹ 李大钊．李大钊全集（第1卷）[M]．北京：人民出版社，2006：74.

❺ 李大钊．李大钊全集（第1卷）[M]．北京：人民出版社，2006：246.

先要改造国民，并且提出“鼓民力、启民智、新民德”的新民论。第一，“鼓民力”主张国民必须一改“尚文轻质”的文化传统。孔子说过“质胜文则野，文胜质则史”[1]，李大钊吸收了西方生物进化论的思想，认为中国要在世界各国竞争中立于不败之地，就必须增强民力，锐意进取，奋斗不息。第二，“启民智”是三者中最重要也是最迫切的问题。李大钊目睹国民长期受统治阶级愚民政策欺瞒、蒙蔽，科学知识匮乏，理性意识薄弱，反抗精神衰微。李大钊认为“启民智”是近代国民精神改造中最急切的内容。第三，“新民德”实质是对中国国民道德伦理的改造、重构。李大钊主张国民道德伦理改造要打破传统封建伦常道德规范束缚，吸收西方民主思想和进化观点，倡导自由、民主等先进的伦理价值体系。

3.源于“民本思想”的“平民主义”

李大钊在《自然的伦理观与孔子》中写到：“孔子于其生存时代之社会，确足为其社会之中枢，确足为其时代之圣哲，其说亦确足以代表其社会其时代之道德。”[2]李大钊承认孔子及其创立的儒家德育思想曾经存在一定的时代价值，但他对国民德行改造的思考和观点绝不止于传统道德伦理，也不限于西方自由主义，不会凝滞不止的，恰恰相反是随着李大钊思想认识的提升而不断改进的。心系民族命运和百姓幸福的李大钊长期注意观察社会、学习先进理论，随着思想认识的提升不断改进自己关于国民性改造的思想。在新民论之后，他先后提出“立宪国民”和“平民主义”。无论是“立宪国民”还是“平民主义”，其理论内涵和价值指向都反映了李大钊身上深刻的“民本”思维。

青年时期的李大钊接受资产阶级宪政思想，认为中国的发展道路是学习西方，引入宪政，并且在此政治理论上提出相适应的国民标准——“立宪国民”。因此，李大钊“立宪国民”的内涵必然体现宪政思维应有的自由、平等、博爱等国民精神。他说：“立宪国民之仪度，当以自由、博爱、

[1]《论语·雍也》。

[2] 李大钊. 李大钊全集（第1卷）[M]. 北京：人民出版社，2006: 246.

平等为持身接物之信条。”[1]“平民主义”是肇始古代希腊的政治理想，为亚里士多德、柏拉图等西方哲学家所描绘的理想社会。在近代又复兴并且被广泛运用于其他领域，如法国20世纪初曾经流行的一种文艺思想。1923年1月，李大钊发表《平民主义》，他在文章开始就介绍“平民主义”的概念，“‘平民主义’一语的本来的意义，是‘人民的统治’（People's rule），但现代‘平民主义’的目的，已完全不在统治而在属于人民、为人民、由于人民的执行。”[2]李大钊眼中的“平民主义”不仅是一种政治概念，而是一种鼓励人人自由、平等的精神特质、社会风气和生活理念。李大钊还注意到，即使是在欧美号称自由的国家，依然没有达到真正的“平民主义”的地步，因为他们一切的运动、立法、言论、思想，都还是以男子为本位，没有实现妇女解放、女权独立。

后来李大钊在《唯物史观在现代史学上的价值》中运用唯物史观进一步阐释了“平民主义”的含义。李大钊认为“平民主义”是相对于专制主义的自由主义思想，“平民”是独立个体、有自由领域，但又存在于社会组织之中。“社会一语，包含着全体人民，并他们获得生活的利便，与他们的制度和理想。这与特别事变、特别人物没有什么关系。一个个人，除去他与全体人民的关系以外，全不重要；就是此时，亦是全体人民是要紧的，他不过是随附的。生长与活动，只能在人民本身的性质中去寻，决不在他们以外的什么势力。”[3]李大钊进一步提出，“凡具有个性的，不论他是一个团体，是一个地域，是一个民族，是一个个人，都有他的自由的领域，不受外来的侵犯与干涉，其间全没有统治与服属的关系，只有自由联合的关系。这样的社会，才是平民的社会；在这样的平民的社会里，才有自由平等的个人。”[4]所以，实际上后来李大钊所指的“平民主义”不仅是超越了“立宪国民”的境界，其实已经基本脱离资本主义价值体系，成为

---

[1] 李大钊. 李大钊全集（第1卷）[M]. 北京：人民出版社，2006: 518.
[2] 李大钊. 李大钊全集（第4卷）[M]. 北京：人民出版社，2006: 144.
[3] 李大钊. 李大钊全集（第3卷）[M]. 北京：人民出版社，2006: 278.
[4] 李大钊. 李大钊全集（第3卷）[M]. 北京：人民出版社，2006: 279.

马克思主义唯物史观下的全面、自由、发展的人，是他心目中“有精神、有血气、有魂、有胆”的“无产阶级新人”[1]。

4.源于“和合”基础的“调和”思想

中国文明5000年悠久历史产生了无数人类社会的思想文化精髓，中华优秀传统文化也是在诸子百家互相碰撞、交汇、融合的基础上形成的博大精深的思想文化体系。这种碰撞、交汇和融合是儒家“和合”思想的体现。《国语》有云：“夫和实生物，同则不继。以他平他谓之和，故能丰长而物归之；若以同裨同，尽乃弃矣。故先王以土与金、木、水、火杂，以成百物。”[2]孔伋，字子思，是孔子嫡孙。他在《礼记·中庸》中提出：“中也者，天下之大本也；和也者，天下之达道也。致中和，天地位焉，万物育焉。”[3]这些都是儒家中较早系统阐述“和合”思想。李大钊的思想政治教育理论中体现出较强的“调和”思想，他自述道：“余爱两存之调和，余故排斥自毁之调和。余爱竞立之调和，余否认牺牲之调和。”[4]他虽然吸收了西方进化论的思想，但反对其“物竞天择、弱肉强食”的理念，认为在鼓励科学、合理竞争的同时要强调“调和”双方或多方关系，“盖美者，调和之产物，而调和者，美之母也。”[5]

李大钊提出杰出人物在特殊历史时期的引领作用是达到调和社会关系和道德伦理的重要途径。因此，李大钊“平民主义”强调人人平等自由，但并未否定杰出人物在历史上的特殊功能，在形成良好社会习俗和高尚道德品质的引导作用。李大钊在《风俗》一文中指出：“一群之中，必有其中枢人物以泰斗其群，是曰群枢。风之以义，众与之赴义；风之以利，众与之赴利。顾群枢之所在，亦因世运之隆污而殊。”[6]李大钊指的“中枢人

---

[1] 李大钊. 李大钊全集（第3卷）[M]. 北京：人民出版社，2006: 159.

[2]《国语·郑语》。

[3]《礼记·中庸》。

[4] 李大钊. 李大钊全集（第2卷）[M]. 北京：人民出版社，2013: 38.

[5] 李大钊. 李大钊全集（第1卷）[M]. 北京：人民出版社，2013: 422.

[6] 李大钊. 李大钊全集（第1卷）[M]. 北京：人民出版社，2006: 157.

物”与过去儒家所指的圣贤、英雄有相同之处，都承认特殊时代、杰出人物的引领作用和特殊贡献。在杰出人物典型示范下，人心所向之下就形成了好的社会风气。他说：“人心之所向，风俗之所由成也，人心死于势利，则群之所以亡也。故曰：‘一群之人心死，则其群必亡’。”[1]

（三）毛泽东

毛泽东（1893—1976），字润之，湖南湘潭人。伟大的马克思主义者，伟大的无产阶级革命家、战略家、理论家，中国共产党、中国人民解放军和中华人民共和国的主要缔造者和领导人，马克思主义中国化的伟大开拓者。毛泽东是马克思主义中国化的首创者和重要实践者。以毛泽东为主要代表人物的中国共产党人创立的毛泽东思想既是马克思主义运用于中国实践的结果，同时也吸收了中国传统文化中优秀的精髓，因而具有鲜明的中国特色和民族气派。对于毛泽东在马克思主义中国化的贡献，刘少奇在中国共产党第七次全国代表大会上《关于修改党章的报告》中赞誉道：“不是别人，正是我们的毛泽东同志，出色地成功地进行了这件特殊困难的马克思主义中国化的事业。这在世界马克思主义运动的历史中，是最伟大的功绩之一，是马克思主义这个最好的真理在四万万七千五百万人口的民族中空前的推广。”[2]毛泽东批判地继承中国传统文化，汲取其中的思想精髓和精神养分，很大一部分就包含了居于中国传统文化主导地位的儒家思想。周恩来曾经教导青少年，“学习毛泽东必须全面地学习，从他的历史发展来学习，不要只看今天的成就伟大而不看历史的发展。”[3]毛泽东人生经历与中国革命和建设紧密联系，与马克思主义中国化进程紧密联系，他一生关于中华民族命运的思考和研究始终没有离开包括儒家思想在内的中华优秀传统文化。美国学者罗斯·特里尔说过：“毛泽东的品质是不能撇

---

[1] 李大钊. 李大钊全集（第1卷）[M]. 北京：人民出版社, 2006: 157.
[2] 刘少奇. 刘少奇选集（上卷）[M]. 北京：人民出版社, 1981: 335-336.
[3] 周恩来. 周恩来选集（上卷）[M]. 北京：人民出版社, 1984: 331.

开历史悠久的中国文明来加以解释的。”[1]

1. 毛泽东的早期思想来源与儒家思想

毛泽东出生于湖南湘潭韶山冲的一个普通农民家庭，但毛泽东的父亲毛顺生十分重视孩子的教育，在他八岁时就将毛泽东送入私塾。毛泽东的启蒙教育从读《三字经》开始，以后在塾师指导下又陆续读了《论语》《孟子》《公羊春秋》《左传》《史记》《通鉴类纂》等。毛泽东回忆这段私塾学习经历时说，自己过去读过孔夫子的书，读了六年“四书五经”。那时候很相信孔夫子，还写过文章。也正是在乡间私塾这段时间，毛泽东在阅读中初步接触社会改革的思想，“开始意识到，国家兴亡，匹夫有责”[2]。

1913年，毛泽东考入湖南省第四师范学校（第二年合并到湖南省立第一师范学校），在这里他受到杨昌济等优秀教师的指导。杨昌济在当时被称为“纯儒”，但思想并不保守，他教导学生说：“能输入西洋之文明以自益，后输出吾国之文明以益天下；既广求世界之知识，复继承吾国先民自古遗传之学说，发挥而广大之。”[3]杨昌济对青年毛泽东产生了很大的影响，毛泽东在长沙读书期间就对自己的学术思想明确为“庛千山之材而为一台，汇百家之说而成一学”[4]。毛泽东在给友人的信里曾经曾说:“孟轲好辩，不得谓之佞；子贡存鲁、乱齐、破吴、强晋而霸越，不得谓之佞也。”[5]这里援引韩愈《进学解》，可见青年时期的毛泽东已经熟读儒家典籍，并且对孟轲、子贡等大儒均怀有钦佩和学习之意。毛泽东求学时不仅学习大儒，即使对近代儒臣也视为学习对象。他曾多次谈到湖南同乡曾国藩，称为“吾之先民”。黎锦熙是毛泽东在湖南四师的历史教员，是毛泽东读书期间的良师益友。毛泽东在致黎锦熙的一封长信里说道：“愚于近人，独服曾文正，观其收拾洪杨一役，完满无缺。使以今人易其位，其能如彼之

---

[1] 罗斯・特里尔. 毛泽东的后半生[M]. 北京: 世界知识出版社, 1989: 252.

[2] 埃德加・斯诺. 西行漫记[M]. 北京: 生活・读书・新知三联书店, 1979: 112.

[3] 杨昌济. 杨昌济文集[M]. 长沙: 湖南教育出版社, 1983: 202.

[4] 毛泽东. 毛泽东早期文稿[M]. 长沙: 湖南出版社, 1990: 70.

[5] 毛泽东. 毛泽东早期文稿[M]. 长沙: 湖南出版社, 1990: 12.

完满乎？”[1]青年毛泽东受到儒家孔孟、陆王心学影响较大，在读泡尔生《伦理学原理》[2]批注中多处用到“良知”“良能”“尽心”“知性”等儒家德育思想的术语。他还在批准中多次将泡尔生的思想与儒家学术思想进行比较。在读到“惟其事非能恃单纯希望若决意之力，必其能省察涵养”时，批注“克己与修养方法”[3]；在读到如何看待个人义务的阐释时，批注“此即儒家之义”[4]；在读到泡尔生讨论关于利己主义和利他主义的区别时，批注“此与吾儒学之伦理学说合”[5]。毛泽东对儒家德育思想的克己复礼和道德修养方法有着深刻的体会。总体上来讲，青年时期的毛泽东对传统文化始终怀有一种敬仰的学习态度，他认为国学博大精深、蕴含深刻，既有为人之学，也有为国人之学，还有为世界人之学，可谓“国学则亦广矣！其义甚深”[6]。

毛泽东早期求学虽然受到传统文化尤其是儒家思想的深刻影响，因而其学术立场天然具有民族特质的特征，但坚持追求思想进步的毛泽东并非一味恪守传统，对儒家思想绝不是一味迷信的，甚至对其中糟粕部分已经开始体现出质疑和摒弃的立场。1918年4月，毛泽东为主创立了新民学会，学会的宗旨是“革新学术、砥砺品行、改良人心风俗”[7]。新民学会的创立和组织深受五四运动的影响，并不是旧式儒家学社、书院的翻版，从中仍然可以看出毛泽东当时的学术思想仍然体现儒家德育思想“经世济用”的内容。1919年，康有为因为广州修马路要拆毁明伦堂，怒斥为“侮圣灭伦”。毛泽东专门在《湘江评论》创刊号上写了一则《各国没有明伦堂》，讽刺康有为说“遍游各国，那里寻得出什么孔子，更寻不出什么明

---

❶ 毛泽东. 毛泽东早期文稿[M]. 长沙: 湖南出版社, 1990: 73.

❷ 1917~1918年，杨昌济为学生讲授修身课时以德国泡尔生《伦理学原理》为教本，毛泽东对此做了大量笔记和批注。

❸ 毛泽东. 毛泽东早期文稿[M]. 长沙: 湖南出版社, 1990: 251.

❹ 毛泽东. 毛泽东早期文稿[M]. 长沙: 湖南出版社, 1990: 224.

❺ 同❹。

❻ 毛泽东. 毛泽东早期文稿[M]. 长沙: 湖南出版社, 1990: 20.

❼ 中共中央文献研究室. 毛泽东年谱（1983—1949）上卷[M]. 北京: 中央文献出版社, 2013: 39.

伦堂”❶。毛泽东在为好友萧子升自订的《一切入一》作序说道：“吾国古学之弊，在于混杂而无章，分类则以经、史、子、集，政教合一，玄著不分，此所以累数千年而无进也。”❷他在1919年7月21日出版的《湘江评论》临时增刊第一号上的《健学会之成立及进行》一文中，毛泽东批判自己曾经接受过的维新思想：“那时候的思想，是自大的思想”“是空虚的思想”，自认为“中国的礼教甲于万国”“是以孔子为中心的思想”“于孔老爹，仍不敢说出半个‘非’字”❸。毛泽东在文章中进一步批判道：“中国什么‘师严而后道尊’‘师说’‘道统’‘宗派’，都是害了‘独断态度’的大病。都是思想界的强权，不可不竭力打破。像我们反对孔子，有很多别的理由。单就这独霸中国，使我们思想界不能自由，郁郁做二千年偶像的奴隶，也是不能不反对的。”❹1920年11月，在毛泽东的策划下，湖南长沙的共产党早期组织在新民学会的先进分子中秘密诞生。1921年7月23日~8月初，毛泽东同何叔衡共同代表湖南共产党组织出席中国共产党第一次全国代表大会。此时的毛泽东已经成为一个成熟的马克思主义者，完全脱离了儒家中旧式过时的思想。1921年8月，毛泽东起草《湖南自修大学创立宣言》，“宣言论列旧式书院和现代学校的利弊。说书院研究的内容为‘八股’等等干禄之具”❺。

2.投身革命洪流的毛泽东对儒家思想的批判继承

1927年，毛泽东花费三十二天时间实地考察了湖南湘潭、湘乡、衡山、醴陵、长沙五县情况，形成《湖南农民运动考察报告》，文中列举当前革命的十四件大事，深刻指出“这四种权力——政权、族权、神权、夫权，代表了全部封建宗法的思想和制度，是束缚中国人民特别是农民的四条极大的绳索”，号召“推翻祠堂族长的族权和城隍土地菩萨的神权以至

❶ 毛泽东. 毛泽东早期文稿[M]. 长沙: 湖南出版社, 1990: 299.

❷ 毛泽东. 毛泽东早期文稿[M]. 长沙: 湖南出版社, 1990: 70.

❸ 毛泽东. 毛泽东早期文稿[M]. 长沙: 湖南出版社, 1990: 333-338.

❹ 同❸。

❺ 中共中央文献研究室. 毛泽东年谱（1983—1949）上卷[M]. 北京: 中央文献出版社, 2013: 95.

丈夫的男权”。此时的毛泽东已经和儒家思想中代表封建主义政治集权和思想文化的腐朽糟粕宣战了。不过从中国传统文化的土壤中成长起来的毛泽东没有完全否定和抛弃儒家思想为主导的传统文化的有益成分，更没有丢弃中国悠久历史文化。相反，他酷爱读史和历史小说，以历史唯物主义的世界观和方法论对待中国历史文化，从中汲取历史上的经验和教训，并丰富自己的马克思主义史观。1939年12月，毛泽东在《中国革命和中国共产党》一文中列数从秦代的陈胜、吴广、项羽、刘邦到明代李自成、清代太平天国总计大小数百次的农民起义，指出：“在中国封建社会里，只有这种农民的阶级斗争、农民的起义和农民的战争，才是历史发展的真正动力。”❶此时的毛泽东已经具有很高的马克思主义理论素养，掌握了马克思主义哲学具体情况具体分析的思想精髓，再加上对中国历史文化和社会现状的深刻理解，很好地把马克思主义普遍原理和中国革命的具体实践结合起来。毛泽东在《实践论》中指出：“马克思主义的最本质的东西，马克思主义的活的灵魂，就在于具体地分析具体的情况。”❷

毛泽东的道德伦理学思想汲取了儒家道德伦理思想的精髓。毛泽东在青年时期受儒家义利观、群己观等经世济用方面思想的影响，主张“齑其躬而有益于国和群，仁人君子所欲为也”❸。成为坚定的马克思主义者后，毛泽东就站在马克思主义的立场上看待功利主义的道德标准了。他明确指出：“唯物主义者并不一般地反对功利主义，但是反对封建阶级的、资产阶级的、小资产阶级的功利主义，反对那种口头上反对功利主义、实际上抱着最自私最短视的功利主义的伪善者。”❹从某种意义上讲，无产阶级也追求“功利”，但不是那种自私、利我的狭隘功利主义者，而是站在最广大群众的目前利益和将来利益的立场，以他们的最广大和最远利益为目

❶ 毛泽东选集（第2卷）[M]. 北京：人民出版社，1991: 625.

❷ 毛泽东选集（第1卷）[M]. 北京：人民出版社，1991: 312.

❸ 毛泽东. 毛泽东早期文稿[M]. 长沙：湖南出版社，1990: 12.

❹ 毛泽东选集（第3卷）[M]. 北京：人民出版社，1991: 864.

标的“革命功利主义者”[1]。对于儒家道德伦理的核心——“仁”，毛泽东主张用唯物主义进行批判认识。他在1939年2月致信张闻天，讨论陈伯达的《孔子的哲学思想》时提出：“应给以历史的唯物论的批判，将其放在恰当的位置。”“可说是‘知’的范畴内事，而‘仁’，不过是实践时的态度之一，却放在‘义’之上，成为观念论的昏乱思想。”[2]

“马克思主义中国化”的提出和形成。建党和大革命时期，毛泽东撰写了《中国社会各阶级的分析》和《湖南农民运动考察报告》；土地革命战争和抗日战争时期，毛泽东写了《反对本本主义》《论反对日本帝国主义的策略》《中国革命战争的战略问题》。这些理论成果是毛泽东运用马克思主义辩证唯物主义和历史唯物主义分析中国具体实际，形成的一系列具有中国元素、中国风格的党的创新理论经典之作，为中国共产党初步实现马克思主义中国化奠定了重要的理论基础。毛泽东思想政治教育理论的哲学基础是马克思主义哲学，其代表性理论作品是《实践论》和《矛盾论》，具体来讲是贯穿毛泽东革命生涯的“实事求是”思想路线。《实践论》和《矛盾论》都是毛泽东于1937年“七七事变”日本全面发动侵华战争、中华民族进入全面抗战的历史背景下先后写的，诞生于轰轰烈烈的中国民主革命实践基础之上，是马克思主义发展史上的经典之作，是马克思主义中国化的哲学基础。《实践论》系统探讨了马克思主义的认识论，《矛盾论》则从方法论上批判了“左”倾、“右”倾的错误思想。两篇经典作品是以毛泽东为代表的第一代中国共产党人坚持把马克思主义普遍原理与中国具体实际相结合、与中华优秀传统文化相结合的理论成果，“标志着作为毛泽东思想核心和灵魂的哲学思想的系统化和理论化，同时标志着以毛泽东思想为科学指南的第一代中国共产党人在思想上理论上逐步走向成熟”[3]。

---

[1] 毛泽东选集（第3卷）[M]. 北京：人民出版社，1991: 864.

[2] 毛泽东. 毛泽东书信选集[M]. 北京：人民出版社，1953: 147–148.

[3] 张西立.《实践论》《矛盾论》：中国共产党走向成熟的理论标志[N]. 学习时报，2017-12-06（A2）.

3. 马克思主义中国化第一次历史性飞跃与儒家思想

1938年10月，中共六届六中全会正式提出“马克思主义的中国化”命题，标志着推进马克思主义中国化已经上升为全党的意志，成为全体中国共产党人的理论自觉。毛泽东在会上作《论新阶段》的报告首次明确提出了“马克思主义的中国化”的重大命题和重大任务，并进一步阐释：“所谓具体的马克思主义，就是通过民族形式的马克思主义，就是把马克思主义应用到中国具体环境的具体斗争中去，而不是抽象地应用它。”毛泽东所说的中国的具体环境，不仅包括中国的革命环境、现实环境，也包括中国的历史文化。因此，毛泽东在此次报告上提出：“学习我们的历史遗产，用马克思主义的方法给以批判的总结，是我们学习的另一个任务。我们这个民族有数千年的历史，有它的特点，有它的许多珍贵品。对于这些，我们还是小学生。今天的中国是历史的中国的一个发展；我们是马克思主义的历史主义者，我们不应当割断历史。从孔夫子到孙中山，我们应当给以总结，继承这一份珍贵的遗产。”[1]1940年1月，毛泽东在陕甘宁边区文化协会第一次代表大会上作长篇讲演，后来据此形成著名的《新民主主义论》发表在《中国文化》创刊号上。毛泽东提出：“中国现时的新文化也是从古代的旧文化发展而来，因此，我们必须尊重自己的历史，决不能割断历史。但是这种尊重，是给历史以一定的科学的地位，是尊重历史的辩证法的发展，而不是颂古非今，不是赞扬任何封建的毒素。”[2]对那些“主张尊孔读经、提倡旧礼教旧思想、反对新文化新思想”[3]的错误主张，毛泽东坚决反对。毛泽东客观提出，中国两千多年的封建社会创造了灿烂的文化，也存在许多“封建的毒素”。对待传统文化必须坚持马克思主义哲学立场，运用唯物主义的方法论进行批判地继承，将封建统治阶级的腐朽成分和古代人民创造的优秀文化区分开来，既要剔除其封建性的糟粕，

❶ 毛泽东著作选读（上册）[M]. 北京：人民出版社，1986: 287-288.

❷ 毛泽东选集（第2卷）[M]. 北京：人民出版社，1991: 708.

❸ 毛泽东选集（第2卷）[M]. 北京：人民出版社，1991: 695.

也要吸收其民主性的精华。只有中国共产党人才能够运用马克思主义科学武器，把中国从一个被旧文化统治的愚昧落后的国家变为一个被新文化统治的、文明先进的国家。

毛泽东将推进马克思主义中国化进程融入思想政治教育中。在1945年中国共产党第七次全国代表大会政治报告中，毛泽东就明确指出："掌握思想教育，是团结全党进行伟大政治斗争的中心环节。如果这个任务不解决，党的一切政治任务是不能完成的。"[1]早在井冈山斗争时期，毛泽东就非常重视红军中的思想政治教育，强调要加强和完善部队"党代表"制度。他分析说，为什么"红军士兵大部分是由雇佣军队来的，但一到红军即变了性质"[2]，最主要原因是在红军中"经过政治教育，红军士兵都有了阶级觉悟"[3]。1941年5月开始的延安整风运动是中国共产党历史上第一次党内集中教育，毛泽东连续作了《改造我们的学习》《整顿党的作风》和《反对党八股》的报告。毛泽东从反对儒家腐朽的孔教教条的"老八股、老教条"，延伸提出也要坚决反对主观主义、宗派主义和党八股的"新八股、新教条"。在《反对党八股》中，毛泽东还提倡学习孔子"再思"、韩愈"行成于思"，鼓励写文章先要反复思考，认真研究事物的复杂性。

（四）周恩来

周恩来（1898—1976），字翔宇，曾用名伍豪、少山、冠生等，原籍浙江绍兴，生于江苏淮安。1921年加入中国共产党，是伟大的马克思主义者，伟大的无产阶级革命家、政治家、军事家、外交家，党和国家主要领导人之一，中国人民解放军主要创建人之一，中华人民共和国的开国元勋，是以毛泽东为核心的党的第一代中央领导集体的重要成员。主要著作收入《周恩来选集》。

---

[1] 毛泽东选集（第3卷）[M]. 北京：人民出版社，1991: 1094.
[2] 毛泽东选集（第1卷）[M]. 北京：人民出版社，1991: 63.
[3] 毛泽东选集（第1卷）[M]. 北京：人民出版社，1991: 64.

1. 扎实的传统文化教育基础

周恩来在养母教导下从小接受旧式封建传统教育，五岁入私塾接受儒学启蒙教育，六岁开始到淮阴外祖父家居住。外祖父家藏书丰富，周恩来在这里读了许多古今诗文、诗书札记。1913年8月入读南开学校。南开学校创办人严修兼顾“西学”“经学”，认为“求西学者须有经学之根柢，读经学者当有西学之法眼”❶。由于严修的推动，南开学校一直保持着“读经”的教育传统。据周恩来在南开学校读书期间的同学吴国桢回忆，周恩来学生时代信奉孔子的学说，“他是个完完全全的儒家信徒”❷。青年时期的周恩来崇拜孔子，在1915年4月写的《尚志论》说道：“孔子不云乎，盍各言尔志，斯语又岂无因而发哉。”❸1916年8月，周恩来在南开大学写的《读孟禄教育宗旨注重人格感言》说道：“宗教之所谓上帝也，圣贤之所谓仁、义、礼、智、信、忠、孝、廉、耻也。范而羁之，亦即一生之人格耳。”又说：“夫人格之造就，端赖良心。人同此心，心同此理。大道所在，正理趋之。”❹1916年5月，周恩来在《诚能动物论》提出，人类是万物之灵，“各具本鞸，感拥仁智”“人同此心，心同此理”“盖仁也，灵也，人类之共有天性”❺。青年时期的周恩来写的文章充满儒家“仁”“良心”“理”等，可见此时周恩来的道德伦理观主要体现为儒家道德伦理，其中很大程度是受到宋明理学思想影响。青年周恩来在《答友询学问有何进境启》中表达了自己对“西学”与“国学”关系的看法。周恩来认为“国学之当视为要图”，而西学只是“兼而学之”，国学与西学二者关系如同“主仆”，应该是“吾主之，切勿使西学役吾”。他不认同现代学校趋重西学，质疑道：“今吾学者，止知惟西学是求，视国学无所用而不重也，遂卑之。殊不知

---

❶ 李冬君. 中国私学百年祭——严修新私学与中国近代政治文化系年［M］. 天津：南开大学出版社，2004: 142.

❷ 裴斐，韦慕庭. 从上海市长到“台湾省主席”（1946—1953年）——吴国桢口述回忆［M］. 吴修恒，译. 上海：上海人民出版社，1999: 251.

❸ 中共中央文献研究室. 周恩来早期文集（上卷）[M]. 北京：中央文献出版社，1998: 50.

❹ 中共中央文献研究室. 周恩来早期文集（上卷）[M]. 北京：中央文献出版社，1998: 181.

❺ 中共中央文献研究室. 周恩来早期文集（上卷）[M]. 北京：中央文献出版社，1998: 149-150.

国魂国魂，惟斯是附。今吾弃之，国何以立？”❶

2.基于儒家精神修养学说的道德修养观

伦理道德问题是儒家思想中最核心的问题。1915年3月，周恩来在谈论名誉问题时指出：“然德之不修，礼之不讲，尤其于六朝五代，而毁誉之界限益淆。”❷

青年时期周恩来的群己观有着明显的儒家群己学说的痕迹。他在南开学校读书时发起组织了一个团体“敬业乐群会”，在《敬业乐群会简章》中规定组织的宗旨是“以智育为主体，而归宿于道德，联同学之感情，补教科之不及”❸。作为发起者，周恩来把会长推让给同学，自己担任了其中一个部长的职务，以实际行动践行“乐群”之旨。1914年9月周恩来针对当时国民不团结的现状写了《爱国必先合群论》，“吾国民果欲占颜色于世界也，则当爱国。欲爱国则必先合群”，并提出具体措施：不分地域、不分等级，照顾孤寡者、贫病者，奖励优秀者、教导劣质者，“合人群而成良社会，聚良社会斯能成强国”❹。从合群到良社会、爱国、强国，清晰的逻辑理路不仅体现出一名热血青年强烈的爱国情怀，更显示出周恩来青年时期已经在思索救国救民之道。在此文章后附有教师评语：“颇有思想，颇有理路，词旨亦复曲折能达。若能再加磨砺，不难成完璧矣！”❺

周恩来青年时期受当时中国儒家主要代表人物康有为学术思想影响较多，其中包括康有为《大同书》。那时的周恩来认为，“人类之产生，距今亦千万年矣。仁灵之具无或差异，其达于大同之境、和平之途，宜矣。”❻周恩来曾经写过一篇政论文，说道：“酋长也、君主也、民主也、大同也，为政体必经之阶段，人们应渡之时期，循序而进，非一朝一夕之所可立而

---

❶ 中共中央文献研究室. 周恩来早期文集（上卷）[M]. 北京：中央文献出版社，1998: 64.

❷ 中共中央文献研究室. 周恩来早期文集（上卷）[M]. 北京：中央文献出版社，1998: 47.

❸ 中共中央文献研究室. 周恩来年谱（1898—1949）修订本[M]. 北京：中央文献出版社，1998: 13.

❹ 中共中央文献研究室. 周恩来早期文集（上卷）[M]. 北京：中央文献出版社，1998: 17.

❺ 同❹。

❻ 中共中央文献研究室. 周恩来早期文集（上卷）[M]. 北京：中央文献出版社，1998: 150.

待也。”[1]此时的周恩来还没有接触马克思主义理论，仍然认为奴隶社会、封建社会、资本主义社会到“大同世界”，是所有国家社会制度发展的必然进程，既非一朝一夕，也要循序渐进。不过，年轻而好学的周恩来并非完全接受儒家思想，不是所谓的“完完全全的儒家信徒”。1916年3月，周恩来写的《老子主退让，赫胥黎主竞争，二说孰是，试言之》发表在南开中学《校风》第22期，文中对孔子“所言未尽脱于羁絷，所行又多限于绳规”[2]进行批判。

3.立志救国救民的报国志向

1911年，周恩来在沈阳东关模范学校读小学时，修身课上，老师提问“读书为了什么？”他回答道：“为了中华之崛起。”[3]现在，“为中华之崛起而读书”已经成为激励无数青少年的立志座右铭。周恩来目睹处于水深火热之中的祖国，心中煎熬，于是援引孟子“生于忧患，死于安乐”激励自己，他在《或多难以固邦国论》中说：“盖子舆氏有言：彼富贵利达之徒，值上下相安之日，以为国家无事，遂泄泄沓沓，耽于宴乐，百政不举，田亩荒芜，终至盗贼蜂起，弊害丛生。内患既开，外辱斯乘。”[4]1917年8月，他又回到了阔别4年多的沈阳，与伯父和母校的师友们依依惜别。8月30日，他给同学写下了这样的临别赠言：“愿相会于中华腾飞世界时。”1917年周恩来东渡日本留学前写了一篇“大江歌罢掉，邃密群科济世。面壁十年图破壁，难酬蹈海亦英雄”[5]。文章中可以看出他留学的目的就是寻找救国道路。周恩来曾经在这个阶段的日记首页写过一段“心语”，自愧19岁了仍然一无所成，对国家、社会更是没有尽一点力了。立志今后将对照这首诗句做一番事业。一向严以自律的他在1918年所写的《旅日日记》中，专门列出“修学”一

[1] 中共中央文献研究室.周恩来早期文集（上卷）[M].北京：中央文献出版社，1998: 86.

[2] 中共中央文献研究室.周恩来早期文集（上卷）[M].北京：中央文献出版社，1998: 112.

[3] 中共中央文献研究室. 周恩来年谱（1898—1949）修订本[M]. 北京：中央文献出版社，1998: 10.

[4] 中共中央文献研究室.周恩来早期文集（上卷）[M].北京：中央文献出版社，1998: 71.

[5] 孟庆仁，刘桂珍.周恩来：思想与实践[M].济南：山东人民出版社，1998: 7.

栏，以格言警句作为修身原则，以期达到自我激励与磨炼意志的效果。

周恩来接触马克思主义主要是在留学日本之后。他在1918年2月15日的日记中写道："从前我在国内的时候，因为学校里的事情忙，对于前年出版的《新青年》杂志，没有什么特别的去注意，有时候从书铺里买来看时，亦不过过眼云烟，随看随忘的。加着我那时候正犯着研究'汉学'兼'模仿古文'的两个大毛病，没有心肠去用在这些改革的想头上呢。"❶周恩来承认自己年轻时期花费很大精力研读儒学的古文，较少接触先进思想。周恩来在日本留学期间通过阅读中国的《新青年》、日本的《社会问题研究》等进步期刊，开始接触并接受马克思主义，并且在以后一生都"把整个身心放在共产主义事业上，以人民的疾苦为忧，以世界的前途为念"❷。他曾经说道："我认定的主义一定是不变了，并且很坚决地要为他宣传奔走。"❸

4.借鉴儒家学说的执政思想

成年后的周恩来已经是一名成熟的马克思主义者，对待包括儒家思想在内的中国传统思想文化不再是盲目信从或者模糊认识，而是运用辩证唯物主义和历史唯物主义的方法论进行批判地继承和弘扬。周恩来支持毛泽东提出的"双百"方针，他在二届全国人大一次会议上的报告提出，为了文学艺术的健全发展，"应当在为社会主义服务的基础上贯彻执行'百花齐放、百家争鸣'的方针"❹。1949年5月，周恩来在对南下工作团的讲话中就提出需要对旧文化进行批判地继承："新社会是从旧社会生长出来的，每一代都是从上一代传下来的。所以不能否定旧的一切。"❺他在1961年文艺座谈会上指出："历史的发展总是今胜于古，但是古代总有一些好的东西值得继承。所以毛主席要我们继承优秀的文化遗产，批判地吸收其中的一切有益的东西，'弃其糟粕，取其精华'，使它发扬光大。"❻

---

❶ 中共中央文献研究室. 周恩来早期文集（上卷）[M]. 北京：中央文献出版社，1998: 334.

❷ 中共中央文献研究室. 周恩来选集（下卷）[M]. 北京：人民出版社，1984: 427.

❸ 中共中央文献研究室. 周恩来书信选集 [M]. 北京：中央文献出版社，1988: 427、46.

❹ 中共中央文献研究室. 周恩来文化选 [M]. 北京：中央文献出版社，1998: 75.

❺ 中共中央文献研究室. 周恩来文化选 [M]. 北京：中央文献出版社，1998: 49.

❻ 中共中央文献研究室. 周恩来选集（下卷）[M]. 北京：人民出版社，1984: 343.

周恩来的外交思想中常常体现中国传统文化思想特别是儒家思想，他在谈论外交工作时说过，“今天看来，孔夫子的话若是好的，我们也可以引用”[1]。他专门写了一篇《中国人办外事的一些哲学思想》[2]，采用了许多儒家哲学思维，文中说道“我们中国人办事，就是根据这样一些哲学思想。这些哲学思想，来自我们的民族传统，不全是马列主义的教育”[3]。周恩来在亚非会议全体会议上的发言援引儒家“己所不欲，勿施于人”，在谈到关于华侨的双重国籍问题时说“推己及人”，这些都体现了儒家传统道德修养思想，在新中国外交工作中仍然发挥很好的作用。加拿大学者柯让评论周恩来的外交艺术时说，中国的传统思想和战略在周的外交发展过程中的影响不可忽视。

二、社会主义革命和建设时期

1949年10月1日，中华人民共和国成立，中国共产党推动马克思主义中国化时代化进入一个新的发展时期，开始探索新的历史阶段马克思主义基本原理同中国实际“第二次”结合的伟大课题。毛泽东是马克思主义中国化时代化的主要推动者和党的创新理论的主要缔造者。在这阶段，儒家德育与思想政治教育理论的历史融合主要体现在以毛泽东为主要代表的中国共产党人创立的社会主义过渡理论、社会主义革命和建设理论中。

（一）毛泽东

1. 人民立场与儒家“仁政”

毛泽东一生花费巨大时间和精力在学习、研究中国传统文化，其中很大部分内容包含儒家思想。毛泽东主张要重视历史，重视传统，他说：“我们历史久，也有它的好处。把老传统丢掉，人家会说是卖国，要砍也砍不

[1] 中共中央文献研究室. 周恩来选集（上卷）[M]. 北京：人民出版社，1984: 332.

[2] 中华人民共和国外交部，中共中央文献研究室. 周恩来外交文选[M]. 北京：中央文献出版社，1990: 327.

[3] 中华人民共和国外交部，中共中央文献研究室. 周恩来外交文选[M]. 北京：中央文献出版社，1990: 328.

断，没有办法。”[1]他不仅在思想文化中汲取传统文化的精髓，在具体工作实践中也常常引用儒家的一些有益的观点。1953年9月，毛泽东在中央人民政府委员会第二十四次会议上作《抗美援朝的伟大胜利和今后的任务》报告，援引儒家“仁政”观点说“我们是要施仁政的”。他指出：“所谓仁政有两种：一种是为人民的当前利益，另一种是为人民的长远利益，例如抗美援朝，建设重工业。前一种是小仁政，后一种是大仁政。两者必须兼顾，不兼顾是错误的。那末重点放在什么地方呢？重点应当放在大仁政上。”[2]“仁政”理论是历代儒家对孔子“仁学”思想的继承和发展，主要特征是宣扬“民贵君轻”“人性本善”等观点，各个历史阶段的大儒都将“仁政”作为修齐治平的政治理想。毛泽东借鉴“仁政”概念提出共产党人的执政宗旨必须始终坚持人民立场，把人民利益作为一切工作的出发点和立足点。同时，他强调要统筹兼顾人民的当前利益和长远利益，把维护人民的长远利益作为共产党执政的“大仁政”。

2.“百花齐放，百家争鸣”的文艺方针

“双百”方针体现了毛泽东对包括儒家在内的传统文化和外国文化的基本立场和方法。1951年，中国国内关于京剧的发展问题出现了争论，有的主张全部继承，有的主张全部取消，毛泽东为此题词“百花齐放，推陈出新”，提出要辩证地对待京戏艺术，去其糟粕，取其精华，批判继承。在中国戏曲研究院成立大会上，著名京剧表演艺术家梅兰芳宣读了毛泽东“百花齐放，推陈出新”的题词。1956年4月28日，毛泽东在中共中央政治局扩大会议上的总结讲话中提出：“一百种花都让它开放，不要只让几种花开放，还有几种花不让它开放，这就叫作百花齐放。百家争鸣，是说春秋战国时代，有许多学派，诸子百家，大家自由争论。现在我们也需要这个。”[3]“双百”方针极大地激发了整个思想文化界知识分子的积极性创

---

[1] 毛泽东文集（第7卷）[M]. 北京：人民出版社，1991: 78.

[2] 毛泽东文集（第5卷）[M]. 北京：人民出版社，1967: 105.

[3] 毛泽东年谱（1949—1976）（第2卷）[M]. 北京：中央文献出版社，2013: 574.

造性。对各种文化采取批判吸收继承的方法，不仅适用于中国传统文化，也适用于外国文化。毛泽东主张："我们要熟悉外国的东西，读外国书。但是并不等于中国人要完全照外国办法办事，并不等于中国人写东西要像翻译的一样。中国人还是要以自己的东西为主。"❶

3.全面发展的教育思想

全面自由的发展是人的本质需求。恩格斯在《共产主义原理》提出"使社会全体成员的才能得到全面的发展"❷。马克思在《资本论》中指出共产主义是"以每个人的全面而自由的发展为基本原则的社会形式"❸。儒家教育也提倡全面发展，教育内容包括礼、乐、射、御、书、数"六艺"。毛泽东青年求学期间就十分关注人的全面发展。1917年4月1日，《新青年》第三卷第二号发表了毛泽东的文章——《体育之研究》，较为全面地阐述了毛泽东关于德、智、体全面发展的思想。新中国成立后，毛泽东非常重视学生体质和身体健康，1950年6月19日，毛泽东在给教育部部长马叙伦写信提出"要各校注意健康第一、学习第二"，而且"全国一切学校都应如此"❹。1953年6月30日，毛泽东在接见中国新民主主义青年团第二次全国代表大会主席团的谈话中说："要使青年身体好，学习好、工作好。"❺在毛泽东指导下，1951年6月，《人民教育》杂志开辟了"全面发展问题"专栏。1957年3月7日，毛泽东在普通教育工作座谈会上提出："课程要减少，分量要减轻，减少门类，为的是全面发展。"❻1957年6月19日，毛泽东在《关于正确处理人民内部矛盾的问题》中提出："我们的教育方针，应该使

❶ 毛泽东文集（第7卷）[M]. 北京：人民出版社，1991: 77.

❷ 马克思恩格斯选集（第3卷）[M]. 北京：人民出版社，1995: 332.

❸ 马克思恩格斯全集（第23卷）[M]. 北京：人民出版社，1960: 649.

❹ 中华人民共和国教育部，中共中央文献研究室. 毛泽东邓小平江泽民论教育[M]. 北京：中央文献出版社，人民教育出版社，北京师范大学出版社，2002.

❺ 中华人民共和国教育部，中共中央文献研究室. 毛泽东邓小平江泽民论教育[M]. 北京：中央文献出版社，人民教育出版社，北京师范大学出版社，2002.

❻ 中华人民共和国教育部，中共中央文献研究室. 毛泽东邓小平江泽民论教育[M]. 北京：中央文献出版社，人民教育出版社，北京师范大学出版社，2002.

受教育者在德育、智育、体育几方面都得到发展，成为有社会主义觉悟的、有文化的劳动者。”[1]这个论述是毛泽东关于德育、智育、体育长期思考的教育理论结晶，是毛泽东关于全面发展的教育思想的重要概括。1964年2月13日，毛泽东在人民大会堂召开教育工作座谈会。毛泽东对主管教育工作的领导同志说：“孔夫子的传统不要丢。”[2]毛泽东对顾炎武等“实学”思想十分推崇，后来运用马克思主义唯物论的世界观和方法论，吸收儒家“学问见诸躬行”的治学理念，形成“实事求是”的思想路线，成为毛泽东思想的精髓。毛泽东关于全面发展的教育方针是马克思主义基本原理同中国具体实际相结合、同中华优秀创特文化相结合的体现。

4.重视思想政治教育的特殊地位

在各个不同历史阶段，毛泽东始终重视思想政治教育工作。根据《中国共产党中央委员会关于建国以来党的若干历史问题的决议》关于毛泽东思想内涵的阐述，“思想政治工作和文化工作”是毛泽东思想的六个方面内容之一，具有重要的位置。毛泽东在全国第一次宣传工作会议上提出：“还必须在政治战线和思想战线上，进行经常的、艰苦的社会主义革命斗争和社会主义教育。”[3]毛泽东1957年发表的《关于正确处理人民内部矛盾的问题》中提出：“在知识分子和青年学生中间，最近一个时期，思想政治工作减弱了，出现了一些偏向。在一些人的眼中，好像什么政治，什么祖国的前途、人类的理想，都没有关心的必要。好像马克思主义行时了一阵，现在就不那么行时了。针对着这种情况，现在需要加强思想政治工作。不论是知识分子，还是青年学生，都应该努力学习。除了学习专业外，在思想上要有所进步，政治上也要有所进步，这就需要学习马克思主义，学习时事政治。没有正确的政治观点，就等于没有灵魂。”[4]

---

[1] 中华人民共和国教育部，中共中央文献研究室．毛泽东邓小平江泽民论教育[M]．北京：中央文献出版社，人民教育出版社，北京师范大学出版社，2002.

[2] 中华人民共和国教育部，中共中央文献研究室．毛泽东邓小平江泽民论教育[M]．北京：中央文献出版社，人民教育出版社，北京师范大学出版社，2002.

[3] 毛泽东文集（第5卷）[M]．北京：人民出版社，1977: 404.

[4] 毛泽东文集（第5卷）[M]．北京：人民出版社，1977: 385.

（二）刘少奇

刘少奇（1898—1969），湖南省宁乡县人，伟大的马克思主义者，伟大的无产阶级革命家、政治家、理论家，党和国家主要领导人之一，中华人民共和国开国元勋，是以毛泽东为核心的党的第一代中央领导集体的重要成员。

1.党性修养理论借鉴儒家精神修养学说

刘少奇启蒙教育是在乡村私塾完成的，其间熟读儒家“四书五经”，打下深湛的儒家传统文化基础，故有“刘九书柜”的雅号。从小扎根于中国传统文化土壤中的刘少奇，其思想不可避免地会吸收中国传统文化的精华。刘少奇的思想政治教育理论对儒家为主导的中国传统文化的吸收和融合体现在他对推进马克思主义中国化的进程中。在中国共产党的第七次全国代表大会上，刘少奇指出：“要使马克思主义系统地中国化，要使马克思主义从欧洲形式变为中国形式……才能依据历史进程每个特殊时期和中国具体的经济、政治环境及条件，对于马克思列宁主义作独立的光辉的补充，并用中国人民通俗语言的形式表达出来。”[1]刘少奇是中国共产党人中的马克思主义理论家，善于将马克思主义基本原理同中国具体实际相结合，用“中国人民通俗语言的形式”阐释中国化的马克思主义。他提出的党的建设方面理论观点和思想原则集中体现在《论共产党员的修养》，是中国共产党人的集体智慧结晶，是毛泽东思想科学体系的组成部分。《论共产党员的修养》是刘少奇于1939年7月在延安马列学院就加强党员修养问题作演讲，并形成了光辉的马克思主义中国化文献。因为刘少奇一贯重视理论和实践的统一，善于把实践经验提到理论高度。《论共产党员的修养》中专门有两节讨论认识和实践的问题，一个是“共产党员的修养和群众的革命实践”，另一个是“理论学习和思想意识修养是统一的”，充分体现了中国共产党人理论联系实际的优良作风，也契合儒家传统认识论的主流的“知行合一”论。刘少奇自己一向坚持知行合一，一生都按照一

[1] 刘少奇．刘少奇选集（上卷）[M]．北京：人民出版社，1981：335-336.

名共产党员的标准严格加强党性锻炼和党性修养。正如邓小平在刘少奇追悼大会上致悼词时说："刘少奇同志言行一致。他在《论共产党员的修养》中对广大党员提出的党性锻炼的要求，自己都以身作则地实践了。"❶

《论共产党员的修养》的一个鲜明的特征是借鉴了儒家传统的精神修养学说。刘少奇认为共产党员既要学习马克思列宁主义，也要"学习我国历史上的一切优秀遗产"❷。《论共产党员的修养》中许多地方体现了刘少奇对儒家德育思想的学习借鉴。他援引孔子和孟子的"杀身成仁""舍生取义"❸讨论共产党员要有视死如归的革命英雄主义精神；援引孟子的"人皆可以为尧舜"鼓励每个共产党员都应该立志"做马克思和列宁的好学生"❹，避免成为"'政治上的庸人'，不可雕的'朽木'"❺。刘少奇说："在中国古代时，曾子说过'吾日三省吾身'，这是说自我反省的问题。"❻如何自我反省呢？刘少奇又援引《诗经》上的诗句"如切如磋，如琢如磨"，鼓励同志之间的互相帮助和互相批评。但刘少奇并非完全照搬儒家精神修养学说，而是用马克思主义哲学的武器进行批判地继承，他说"古代许多人的所谓修养，大都是唯心的、形式的、抽象的、脱离社会实践的东西。他们片面夸大主观的作用，以为只要保持他们抽象的'善良之心'，就可以改变现实，改变社会和改变自己。这当然是虚妄的"❼。刘少奇主张共产党员的党性修养与儒家"心学"的最大区别是唯物主义和唯心主义的区别，共产党员的党性修养必须在革命和建设的实践中进行修养和锻炼，而且"这种修养和锻炼的唯一目的又是为了人民"❽。因此刘少奇明确强调："一个共产党员要有比较

❶ 邓小平在刘少奇同志追悼大会上致悼词[EB/OL]. 中央政府门户网，[2009-11-26]. http://www.gov.cn/test/2009-11/26/content_1473498.htm.

❷ 刘少奇. 刘少奇选集（上卷）[M]. 北京：人民出版社，1981：111.

❸《论语·卫灵公》有云："志士仁人，无求生以害仁，有杀身以成仁。"《孟子·告子上》有云："生，亦我所欲也，义，亦我所欲也。二者不可得兼，舍生而取义者也。"

❹ 刘少奇. 刘少奇选集（上卷）[M]. 北京：人民出版社，1981：105.

❺ 刘少奇. 刘少奇选集（上卷）[M]. 北京：人民出版社，1981：106.

❻ 刘少奇. 刘少奇选集（上卷）[M]. 北京：人民出版社，1981：109.

❼ 同❻。

❽ 同❻。

好的马克思列宁主义的理论修养，就必须有崇高的无产阶级的立场。”[1]

2. 教育理论借鉴儒家传统教育学说

刘少奇在谈到党内应该充分发扬民主作风时说道：“我们一切同志对一切的问题，应该是‘知之为知之，不知为不知’，不要‘强不知以为知’。”[2]针对有的领导干部对问题认识不清又喜欢做决定的现象，刘少奇非常具体而直接地进行批评，认为应该学习孔子“知之为知之，不知为不知，是知也”[3]，这也符合共产党人实事求是的优良作风。刘少奇强调开展批评和自我批评时，要把握一个度，“应讲求适当，‘过’与‘不及’都是要不得的。”[4]在这里，刘少奇援引了《论语·先进》里子贡问孔子的故事：“子贡问：‘师与商也孰贤？’子曰：‘师也过，商也不及。’曰：‘然则师愈与？’子曰：‘过犹不及’。”[5]

刘少奇的父亲非常重视子女的教育，“一方面让他们入私塾读书，懂得‘子曰诗云’，学会作文打算盘；另一方面严格要求，教习耕作的全套本领。”[6]所以刘少奇从小接受的是中国乡村传统的“耕读传家”式的启蒙教育。1957年5月，刘少奇为《中国青年报》写了一篇题为《提倡勤工俭学，开展课余劳动》[7]的社论，警惕青少年避免成为《论语·微子》说的“四体不勤，五谷不分”的人。刘少奇自己年轻时曾经有过在苏联勤工俭学的学习经历，他以《三字经》的“如负薪，如挂角，身虽劳，犹苦卓”的故事，倡导青少年崇尚劳动光荣，参加勤工俭学。但是，刘少奇虽然注重学习儒家思想文化的优秀成分，但他坚持马克思主义世界观、方法论，提出：“在我们时代有益于人民的文化遗产，必须谨慎地加以继承。”[8]

---

❶ 刘少奇. 刘少奇选集（上卷）[M]. 北京：人民出版社，1981: 115.

❷ 刘少奇. 刘少奇选集（上卷）[M]. 北京：人民出版社，1981: 198.

❸《论语·为政》。

❹ 刘少奇. 刘少奇选集（上卷）[M]. 北京：人民出版社，1981: 211–212.

❺《论语·先进》。

❻ 中央文献研究室科研部图书馆. 刘少奇人生纪实（上卷）[M]. 南京：凤凰出版社，2011: 6.

❼ 刘少奇. 刘少奇选集（下卷）[M]. 北京：人民出版社，1981.

❽ 刘少奇. 刘少奇选集（下卷）[M]. 北京：人民出版社，1981: 240.

三、改革开放和社会主义现代化建设新时期

1978年12月，党的十一届三中全会召开，中国开启了改革开放和社会主义现代化建设新时期，实现了新中国成立以来党的历史上具有深远意义的伟大转折。“什么是社会主义，怎样建设社会主义”成为新时期马克思主义与中国实际相结合的重要理论和实践前提。邓小平在党的十二大开幕词提出：“把马克思主义的普遍真理同我国的具体实际结合起来，走自己的道路，建设有中国特色的社会主义，这就是我们总结长期历史经验得出的基本结论。”[1]随着开放大门打开，不同思潮紧跟着涌入中国，思想政治教育工作的重要性和紧迫性在改革开放和社会主义现代化建设新时期显得更加突出。

（一）邓小平

党的十一届三中全会以后，以邓小平为主要代表的中国共产党人，团结带领全党全国各族人民，深刻总结新中国成立以来正反两方面经验，围绕什么是社会主义、怎样建设社会主义这一根本问题，借鉴世界社会主义历史经验，创立了邓小平理论，解放思想，实事求是，作出把党和国家工作中心转移到经济建设上来、实行改革开放的历史性决策，深刻揭示社会主义本质，确立社会主义初级阶段基本路线，明确提出走自己的路、建设中国特色社会主义，科学回答了建设中国特色社会主义的一系列基本问题，制定了到二十一世纪中叶分三步走、基本实现社会主义现代化的发展战略，成功开创了中国特色社会主义。[2]

1.批判继承古今中外优秀文化成果

邓小平主张要自觉运用马克思主义的立场观点和方法，批判地继承古今中外的优秀文化成果。1980年8月18日，邓小平在中共中央政治局扩大

[1] 邓小平．邓小平文选（第3卷）[M]. 北京：人民出版社，1994: 3.

[2] 中共中央关于党的百年奋斗重大成就和历史经验的决议[N]. 人民日报，2021-11-17（01）.

会议上作《党和国家领导制度的改革》的讲话，他指出：“旧中国留给我们的，封建专制传统比较多，民主法制传统很少。”❶“现在应该明确提出继续肃清思想政治方面的封建主义残余影响的任务，并在制度上做出一系列切实的改革，否则国家和人民还要遭受损失。”❷邓小平提出要对封建主义遗毒的表现作具体的、准确的、如实的分析。他说：“首先，要划清社会主义同封建主义的界限，决不允许借反封建主义之名来反社会主义，也决不允许用‘四人帮’所宣扬的那套假社会主义来搞封建主义。”❸

2.社会主义精神文明建设理论与儒家“仁学”

“社会主义精神文明”的概念是1979年9月叶剑英在庆祝中华人民共和国成立三十周年大会上的讲话中最早提出的。❹同年10月，邓小平在中国文学艺术工作者第四次代表大会的祝词中明确提出：“我们要在建设高度物质文明的同时，提高全民族的科学文化水平，发展高尚的丰富多彩的文化生活，建设高度的社会主义精神文明。”❺邓小平在祝词中提出，我国历史悠久，地域辽阔，人口众多，产生了多样的生活习俗、文化传统和艺术爱好。只要是能够使人们得到教育和启发、得到娱乐和美的享受的，都应当在文艺园地里占有自己的位置。恩格斯在《共产主义原理》中提出：“用整个社会的力量来共同经营生产和由此而引起的生产的新发展，也需要一种全新的人，并将创造出这种新人来。”❻邓小平在中共中央工作会议上提出的“要教育全党同志发扬大公无私、服从大局、艰苦奋斗、廉洁奉公的精神，坚持共产主义思想和共产主义道德”❼，在全国科学工作会议上提出的“教育全国人民做到有理想、有道德、有文化、有纪律”❽的“四有”新

---

❶ 邓小平.邓小平文选（第2卷）[M].北京：人民出版社，1994：332.

❷ 邓小平.邓小平文选（第2卷）[M].北京：人民出版社，1994：335.

❸ 同❷。

❹ 中共中央文献研究室.三中全会以来重要文献选编（上）[M].北京：人民出版社，2011：234.

❺ 邓小平.邓小平文选（第2卷）[M].北京：人民出版社，1994：208.

❻ 马克思恩格斯选集（第5卷）[M].北京：人民出版社，1995：370.

❼ 邓小平.邓小平文选（第2卷）[M].北京：人民出版社，1994：367.

❽ 邓小平.邓小平文选（第2卷）[M].北京：人民出版社，1994：110.

人思想，既体现了马克思主义“人学”的理论光辉，也蕴含了儒家强调“仁学”的德治思想。

3.创新发展儒家德育概念

1979年12月，邓小平在会见日本首相大平正芳时，借用儒家理想社会的“小康”，首次用“小康”概念描述中国式的现代化。他说：“我们要实现的四个现代化，是中国式的现代化，我们的四个现代化的概念，不是像你们那样的现代化的概念，而是‘小康之家’。”[1]《礼记》中的“小康”是儒家政治理想的一种，是比所谓比“大同”低级的社会：“今大道既隐，天下为家。各亲其亲，各子其子，货力为己……是谓小康。”[2]《诗经》有云：“民亦劳止，汔可小康。惠此中国，以绥四方。”[3]在这里“小康”的意思是休息、安康的意思。邓小平描绘的“小康”具备中国式现代化的具体内涵。邓小平曾经援引四川俚语“黄猫、白猫，只要捉住老鼠就是好猫”[4]来强调恢复农业生产。这句话与儒家实用哲学十分契合，后来成为中国将社会工作重心转移到经济发展上的一个理论标志。儒家仁政的一个重要标志是“民本”思想，1981年2月，邓小平为英国培格曼出版公司出版的《邓小平文集》英文版写序言：“我荣幸地以中华民族一员的资格，而成为世界公民。我是中国人民的儿子，我深情地爱着我的祖国和人民。”[5]邓小平如此炽热的爱国主义情怀，显然与长期受到传统爱国主义思想的渲染密切相关。邓小平的一生是为中华民族谋复兴、为中国人民谋幸福的一生。

4.邓小平理论的提出和形成

改革开放以来，以邓小平为主要代表的中国共产党人围绕“什么是社会主义、怎样建设社会主义”的基本问题，创立了邓小平理论。邓小平理论是在坚持“两个结合”的原则下形成的重要的党的创新理论，是马克思

---

[1] 邓小平. 邓小平文选（第2卷）[M]. 北京：人民出版社，1994: 208.

[2]《礼记 · 礼运》。

[3]《诗经 · 民劳》。

[4] 邓小平. 邓小平文选（第1卷）[M]. 北京：人民出版社，1994: 323.

[5] 中共中央文献研究室. 邓小平思想年谱[M]. 北京：中央文献出版社，1998: 182.

主义中国化第二次历史性飞跃的重要标志。邓小平理论的一个重要特征就是其“人民性”。邓小平提出了“三个有利于”的标准，即判断我们一切工作的是非得失，要以“是否有利于发展社会主义社会的生产力，是否有利于增强社会主义国家的综合国力，是否有利于提高人民的生活水平”❶作为衡量标准。他还提出，要把人民拥护不拥护、赞成不赞成、高兴不高兴、答应不答应作为我们制定路线和方针政策的出发点和归宿。“邓小平理论不尚抽象、玄虚之谈，它围绕建设中国特色社会主义这一根本问题展开，是一种具有鲜明务实品格的‘实践’理论。邓小平理论的这种学术品格，与中国传统文化积极用世的价值取向有着直接的传承关系。”❷

（二）江泽民

党的十三届四中全会以后，以江泽民为主要代表的中国共产党人，团结带领全党全国各族人民，坚持党的基本理论、基本路线，加深了对什么是社会主义、怎样建设社会主义和建设什么样的党、怎样建设党的认识，形成了“三个代表”重要思想，在国内外形势十分复杂、世界社会主义出现严重曲折的严峻考验面前捍卫了中国特色社会主义，确立了社会主义市场经济体制的改革目标和基本框架，确立了社会主义初级阶段公有制为主体、多种所有制经济共同发展的基本经济制度和按劳分配为主体、多种分配方式并存的分配制度，开创全面改革开放新局面，推进党的建设新的伟大工程，成功把中国特色社会主义推向二十一世纪。❸

1.批判继承儒家德育思想

20世纪80年代中后期，中国共产党人对全盘否定传统文化的历史和文化的虚无主义进行了批判。江泽民在党的十四大报告指出，“要继承和发扬中华民族优良的思想文化传统”❹。他在中华人民共和国成立40周年大会

❶ 邓小平．邓小平文选（第3卷）[M]．北京：人民出版社，1994: 372.

❷ 裴传永．邓小平理论与中国传统文化[M]．北京：中共中央党校出版社，2003: 396.

❸ 中共中央关于党的百年奋斗重大成就和历史经验的决议[N]．人民日报，2021-11-17（01）.

❹ 中国共产党第十四次全国代表大会文件汇编[M]．北京：人民出版社，1992: 38.

的讲话中强调，“要特别注意反对那种全盘否定中国传统文化的民族虚无主义和崇洋媚外思想”❶。对待包括儒家思想在内中国传统文化，江泽民提出：“我们民族历经沧桑，创造了人类发展史上灿烂的中华文明，形成了具有强大生命力的传统文化。我们要取其精华，去其糟粕，很好地继承这一珍贵的文化遗产。”❷

1997年11月，江泽民在美国哈佛大学发表的演讲，集中、系统阐述继承发扬中华传统文化。江泽民指出：“中国历史上产生了许多杰出的哲学家、思想家、政治家、军事家、科学家和文学艺术家，留下了浩如烟海的文化典籍。春秋战国时期出现的‘百家争鸣’局面和老子、孔子等诸子百家的学说，在世界思想史上占有重要地位。……中国在自己发展的长河中，形成了优良的历史文化传统。这些传统，随着时代变迁和社会进步获得扬弃和发展，对今天中国人的价值观念、生活方式和中国的发展道路，具有深刻的影响。”❸

江泽民认为中国传统德育伦理的真髓在当前仍然具有时代价值，他在关于思想政治教育的讲话中经常出现援引的儒家经典语录。他说：“这些古人的格言，今天读起来仍然使人很受教育。对我们的同志要进行这个教育。中国共产党是马克思主义真理的坚定实践者，也是中华民族优良传统的真正继承者。”❹在中央思想政治工作会议的讲话中，他说：“开展思想政治工作，要注意因地制宜，因人制宜，因时制宜。不同地区、不同部门、不同领域的干部群众，所处的环境、承担的任务、面临的问题不同，其思想活动的特点和要求也会有所不同。”❺这里，江泽民的观点体现了中国共产党人实事求是的理论真髓和儒家因材施教的教育策略。同时又说：“建设社会主义道德体系是一个系统工程，必须坚持正确处理公平与效率的关

❶ 中共中央文献研究室．十三大以来重要文献选编（中）[M]．北京：人民出版社，1991: 627.

❷ 中共中央文献研究室．十四大以来重要文献选编（上）[M]. 北京：人民出版社，1996: 658.

❸ 江泽民．江泽民文选（第一卷）[M]. 北京：人民出版社，2006: 59.

❹ 江泽民．论社会主义精神文明建设[M]. 北京：中央文献出版社，1999: 201.

❺ 江泽民．江泽民文选（第三卷）[M]. 北京：人民出版社，2006: 90.

系，坚持先进性要求与广泛性要求相结合，坚持‘三个有利于’标准，坚持继承和发扬民族优良传统并积极吸收外来优秀文化成果。”❶江泽民认为思想政治教育工作要继承发扬民族优良传统，要注意教育的广泛性，契合儒家德育思想“有教无类”的教育理念。

2. 坚持依法治国和以德治国紧密结合

德治是中国古代的治国理论，是儒家学说倡导的一种道德规范。孔子提出的“为政以德”成为2000多年统治者视为道统，被封建统治阶级利用为驾驭人民的工具。坚持依法治国和以德治国紧密结合是以江泽民为核心的党的第三代中央领导集体形成并作出的“依法治国和以德治国”的重大战略决策。2000年6月，江泽民在中央思想政治工作会议上明确提出“法治”和“德治”的概念。他指出，“法治以其权威性和强制手段规范社会成员的行为。德治以其说服力和劝导力提高社会成员的思想认识和道德觉悟。道德规范与法律规范应该相互结合，统一发挥作用。”❷2001年1月，江泽民在全国宣传部长会议上的讲话中强调指出：“我们要把法制建设和道德建设紧密结合起来，把依法治国和以德治国紧密结合起来。”❸

3.“三个代表”重要思想的提出和形成

任何一种科学理论或思想成果的产生都要经历一个酝酿、形成、成熟和发展的过程。对于“三个代表”重要思想，江泽民说过：“我提出这个问题，是经过了长时期思考的。”❹以江泽民为代表的中国共产党人集中全党智慧，准确把握时代特征，着力探索党的建设理论，认真总结实践经验，逐步提出和形成“三个代表”重要思想。1995年11月，江泽民在北京视察工作时，针对当时干部队伍的状况和存在问题，强调干部特别是领导干部的教育，“要强调讲学习、讲政治、讲正气”❺。1996年10月，党的

---

❶ 江泽民. 江泽民文选（第三卷）[M]. 北京：人民出版社，2006: 92.

❷ 江泽民. 江泽民文选（第三卷）[M]. 北京：人民出版社，2006: 91.

❸ 江泽民. 江泽民文选（第三卷）[M]. 北京：人民出版社，2006: 200.

❹ 江泽民. 江泽民文选（第三卷）[M]. 北京：人民出版社，2006: 44.

❺ 江泽民. 江泽民文选（第一卷）[M]. 北京：人民出版社，2006: 483.

十四届六中全会作出决定，在全国县处级以上领导干部集中进行一次以讲学习、讲政治、讲正气为主要内容的党性党风教育活动。1998年11月，“三讲”教育活动开始。党的十五大后，以江泽民为代表的中国共产党人围绕“建设什么样的党、怎样建设党”这一党的建设的根本问题进行探索，创造性地提出了“三个代表”重要思想。2000年2月，江泽民在广州市党建工作座谈会上作了《在新的历史条件下更好地做到“三个代表”》的重要讲话，他说：“总结我们党70多年的历史，可以得出一个重要结论，这就是：我们党所以赢得人民的拥护，是因为我们党在革命、建设、改革的各个历史时期，总是代表着中国先进生产力的发展要求，代表着中国先进文化的前进方向，代表着中国最广大人民的根本利益，并通过制定正确的路线方针政策，为实现国家和人民的根本利益而不懈奋斗。”[1]江泽民认为，无论是理论武装、思想政治工作还是道德教育，都必须紧密结合中国经济社会发展的现实，都不能脱离广大人民的实际生活，才能代表中国最广大人民的根本利益。这点和儒家德育“民本”思维十分契合。

（三）胡锦涛

党的十六大以后，以胡锦涛为主要代表的中国共产党人，团结带领全党全国各族人民，在全面建设小康社会进程中推进实践创新、理论创新、制度创新，深刻认识和回答了新形势下实现什么样的发展、怎样发展等重大问题，形成了科学发展观，抓住重要战略机遇期，聚精会神搞建设，一心一意谋发展，强调坚持以人为本、全面协调可持续发展，着力保障和改善民生，促进社会公平正义，推进党的执政能力建设和先进性建设，成功在新形势下坚持和发展了中国特色社会主义。[2]

1.在思想政治教育中汲取儒家德育思想资源

胡锦涛高度重视思想教育工作，并且强调汲取包括儒家德育思想在内

---

[1] 江泽民.江泽民文选（第三卷）[M].北京：人民出版社，2006: 2.

[2] 中共中央关于党的百年奋斗重大成就和历史经验的决议[N].人民日报，2021-11-17（01）.

的中华优秀传统文化的德育思想资源。2002年底，胡锦涛在中国共产党第十六届中央委员会第一次全体会议上当选为中共中央总书记后，带领中共中央书记处成员到西柏坡考察。胡锦涛在西柏坡谈到中国共产党人艰苦奋斗的艰辛历程和宝贵精神时，说道："中华民族历来以勤劳勇敢、不畏艰苦著称于世。我们的古人早就讲过，'艰难困苦，玉汝于成''居安思危，戒奢以俭''忧劳兴国，逸豫亡身''生于忧患，死于安乐'，等等。这些警世名言，今天对我们依然有着重要的启示作用。"❶他连续使用多个儒家警语，提醒广大党员领导干部要清楚认识到我们取得的成就是千千万万革命先烈和共产党人无私奉献、忘我奋斗甚至牺牲了宝贵生命取得的。在新的历史条件下，务必要保持中华民族勤劳勇敢的高尚品质，保持艰苦奋斗的优良传统和作风，保持共产党人的政治本色。2003年春天，一场突如其来的"非典"疫情袭击中国。胡锦涛领导全国各族人民抗击疫情，并且倡导发扬团结奋斗的民族传统和民族精神，他说："中华民族是具有伟大民族精神的民族。千百年来，中华民族之所以能够历经磨难而不衰，饱尝艰辛而不屈，千锤百炼而愈加坚强，靠的就是这种威力无比的民族精神，靠的就是各族人民的团结奋斗。越是困难的时候，越是要大力弘扬民族精神，越是要大力增强中华民族的民族凝聚力。"❷

胡锦涛热爱祖国悠久的历史和思想文化，号召全国人民传承和弘扬优秀传统文化，并努力介绍给世界各国人民。2006年4月，胡锦涛访问美国耶鲁大学，他在讲话中多处提到中华优秀传统文化。他说："中华文明是世界古代文明中始终没有中断、连续5000多年发展至今的文明。中华民族在漫长历史发展中形成的独具特色的文化传统，深深影响了古代中国，也深深影响着当代中国。"❸胡锦涛向美国人民介绍了"民惟邦本，本固邦宁""天行健，君子以自强不息""协和万邦""海纳百川，有容乃大""强

---

❶ 胡锦涛. 胡锦涛文选（第二卷）[M]. 北京：人民出版社，2016: 8.

❷ 胡锦涛在中共中央政治局第四次集体学习时强调弘扬中华民族精神，运用科学技术力量，万众一心，众志成城，科学防治，战胜非典[N]. 人民日报，2003-04-30（01）.

❸ 胡锦涛. 胡锦涛文选（第二卷）[M]. 北京：人民出版社，2016: 438.

不执弱”“富不侮贫”等中国古代传统思想，其中绝大多数是儒家德育的重要思想内容。

2.和谐文化的儒家思想根基

文化是民族凝聚力和创造力的智慧源泉，是综合国力竞争的重要因素。2006年10月，党的十六届六中全会通过《中共中央关于构建社会主义和谐社会若干重大问题的决定》，对构建社会主义和谐社会作出全面阐释和部署，其中提出了“核心和谐文化”的概念。《决定》提出：“建设和谐文化，是构建社会主义和谐社会的重要任务。社会主义核心价值体系是建设核心文化的根本。”[1]和谐文化既是和谐社会的重要特征，也是构建和谐社会的精神动力。中华优秀传统文化是中华民族生生不息、团结奋进的不竭动力，是中国人民共同精神家园。建设和谐文化，就要坚持社会主义先进文化的正确发展方向，建设社会主义核心价值体系，汲取民族核心文化的优秀资源，弘扬中华民族优秀传统文化。胡锦涛在党的十七大报告指出：“要全面认识祖国传统文化，取其精华，去其糟粕，使之与当代社会相适应、与现代文明相协调，保持民族性，体现时代性。”[2]“和”是儒家德育思想的哲学特征，“和而不同”“天人合一”“大同世界”“致中和”，在历代大儒的典籍里几乎都可以发现关于“和”的阐释。胡锦涛倡导的和谐文化吸收了儒家德育思想“和”的优秀资源，有利于建设好社会主义先进文化，推动形成全社会共同的理想信念和道德规范，奠定全国各族人民团结奋斗的思想道德基础。

3.科学发展观的提出和形成

中国共产党人对社会主义发展问题的认识，经历了一个逐步深化的历史过程，几乎在每个历史阶段都面对各种不同的挑战和考验，也正是在处置各种挑战和考验中不断推进马克思主义中国化。2003年的“非典”疫情之后，以胡锦涛为代表的中国共产党人以处置“非典”疫情为切入点，开

---

[1] 中共中央文献研究室. 十六大以来重要文献选编（下）[M]. 北京：中央文献出版社，2008：660.

[2] 胡锦涛. 胡锦涛文选（第二卷）[M]. 北京：人民出版社，2016：640-641.

始深刻反思经济社会发展中存在的矛盾和问题。2003年7月，胡锦涛对“发展”的问题进行深刻阐述，他说：“我们讲发展是党执政兴国的第一要务，这里的发展绝不只是指经济增长，而是要坚持以经济建设为中心，在经济发展的基础上实现社会全面发展。我们要更好地坚持全面发展、协调发展、可持续发展。”❶这次讲话中，科学发展观的基本内容初步形成了。2003年8月底9月初，胡锦涛在江西考察时提出：“各级领导干部一定要深刻认识发展是党执政兴国的第一要务这个重大命题，切实把第一要务抓紧、抓实、抓好。要牢固树立协调发展、全面发展、可持续发展的科学发展观。”❷这是胡锦涛第一次明确提出“科学发展观”的概念。2003年10月，党的十六届三中全会通过《中共中央关于完善社会主义市场经济体制若干问题的决定》，对科学发展观的基本概念、主要内容和基本要求进行系统全面的阐释，标志着科学发展观的形成。科学发展观是中国共产党人将马克思主义基本原理同中国具体国情相结合、同中华优秀传统文化相结合的创新理论成果，汲取了儒家思想的宝贵成分。《中庸》有云：“致中和，天地位焉，万物育焉。”❸科学发展观强调协调发展的观点，吸收了儒家传统的“和实生物”“贵和尚中”理念的文明成果。荀子对宇宙万物的发展提出“万物得其宜，事变得其应”❹，科学发展观强调全面发展的观点，吸收了儒家传统的“天人合一”理念的文明成果。孔子重视生态平衡，提出“子钓而不纲，弋不射宿”❺，科学发展观强调可持续发展的观点，吸收了儒家传统的“不夭其生，不绝其长”❻理念的文明成果。“天地之间，莫贵于人”，科学发展观的第一要义是发展，核心是以人为本。中国共产党人始终坚持人民立场，充分吸收了儒家人本思想的精髓。

---

❶ 胡锦涛. 胡锦涛文选（第二卷）[M]. 北京：人民出版社，2016: 67.

❷ 继承发扬党的优良革命传统，加快全面建设小康社会步伐[N]. 人民日报，2003-09-03（01）.

❸《中庸》。

❹《荀子 · 儒效》。

❺《论语 · 述而》。

❻《荀子 · 王制》。

要坚持以新时代中国特色社会主义思想为指导，全面贯彻党的二十大精神，聚焦用党的创新理论武装全党、教育人民这个首要政治任务，围绕在新的历史起点上继续推动文化繁荣、建设文化强国、建设中华民族现代文明这一新的文化使命，坚定文化自信，秉持开放包容，坚持守正创新，着力加强党对宣传思想文化工作的领导，着力建设具有强大凝聚力和引领力的社会主义意识形态，着力培育和践行社会主义核心价值观，着力提升新闻舆论传播力引导力影响力公信力，着力赓续中华文脉、推动中华优秀传统文化创造性转化和创新性发展，着力推动文化事业和文化产业繁荣发展，着力加强国际传播能力建设、促进文明交流互鉴，充分激发全民族文化创新创造活力，不断巩固全党全国各族人民团结奋斗的共同思想基础，不断提升国家文化软实力和中华文化影响力，为全面建设社会主义现代化国家、全面推进中华民族伟大复兴提供坚强思想保证、强大精神力量、有利文化条件。

——习近平对宣传思想文化工作作出的重要指示

第五章　新时代对儒家德育的创造性转化和创新性发展

中国传统文化绵延2000多年，中国思想文化主流是多向多元发展的，但“儒家思想在中国思想文化领域长期取得了主导地位”[1]，因此，“研究孔子、研究儒学，是认识中国人的民族特性、认识当今中国人精神世界历史来由的一个重要途径。”[2]“传承和弘扬中华优秀传统文化，要坚持创造性转化和创新性发展。”[3]进入新时代，以习近平为主要代表的中国共产党人，坚持把马克思主义基本原理同中国具体实际相结合、同中华优秀传统文化相结合，创立了习近平新时代中国特色社会主义思想。习近平新时代中国特色社会主义思想是当代中国马克思主义、二十一世纪马克思主义，是中华文化和中国精神的时代精华，实现了马克思主义中国化时代化新的飞跃。坚持和发展马克思主义，必须同中华优秀传统文化相结合，只有植根本国、本民族历史文化沃土，马克思主义真理之树才能根深叶茂。习近平在党的二十大报告指出：“中华优秀传统文化源远流长、博大精深，是中华文明的智慧结晶，其中蕴含的天下为公、民为邦本、为政以德、革故鼎新、任人唯贤、天人合一、自强不息、厚德载物、讲信修睦、亲仁善邻等，是中国人民在长期生产生活中积累的宇宙观、天下观、社会观、道德观的重要体现，同科学社会主义价值观主张具有高度契合性。”[4]以儒家思

---

❶ 习近平. 习近平著作选读（第一卷）[M]. 北京：人民出版社，2023: 282.

❷ 同❶。

❸ 中共中央宣传部. 习近平新时代中国特色社会主义思想学习纲要（2023年版）[M]. 北京：学习出版社、人民出版社，2023: 194.

❹ 习近平. 高举中国特色社会主义伟大旗帜 为全面建设社会主义现代化国家而团结奋斗——在中国共产党第二十次全国代表大会上的报告[N]. 人民日报，2022-10-26（01）.

想主要代表的中华优秀传统文化和马克思主义主张的科学社会主义价值观具有高度的契合性，儒家思想主张的德育思想文化体系是思想政治教育的重要思想资源和强大精神力量。因此，习近平在纪念孔子诞辰2565周年国际学术研讨会暨国际儒学联合会第五届会员大会开幕会上指出："要坚持古为今用、以古鉴今，坚持有鉴别的对待、有扬弃的继承，而不能搞厚古薄今、以古非今，努力实现传统文化的创造性转化、创新性发展，使之与现实文化相融相通，共同服务以文化人的时代任务。"[1]

一、习近平对儒家德育的创造性转化和创新性发展

《习近平著作选读》(第一卷)(第二卷)收录习近平关于传承和弘扬中华优秀传统文化的两篇著作——《在创造性转化创新性发展中延续民族文化血脉》和《要有高度的文化自信》。在纪念孔子诞辰2565周年国际学术研讨会暨国际儒学联合会第五届会员大会开幕会上，习近平提出正确对待传统文化和现实文化应该注重"维护世界文明多样性""尊重各国各民族文明""正确进行文明学习借鉴""科学对待文化传统"[2]等原则。在中国文学艺术界联合会第十次全国代表大会、中国作家协会第九次全国代表大会开幕式上，习近平提出："要对博大精深的中华文化有深刻的理解，更要有高度的文化自信。"[3]

(一)维护世界文明多样性

"和"是儒家德育思想的一个重要道德内涵和价值追求，由"和"衍生出的"天人合一"的宇宙观、"协和万邦"的国际观、"和而不同"的伦理观、"以和为贵"的人际观、"民胞物与"的人文观，都蕴含儒家"忠恕""仁政""仁和"之道，这些立足于道德修养和道德约束的思想文化真髓，对新时代建立

---

❶ 习近平．习近平著作选读(第一卷)[M]. 北京：人民出版社，2023: 281.
❷ 习近平．习近平著作选读(第一卷)[M]. 北京：人民出版社，2023: 279-281.
❸ 习近平．习近平著作选读(第一卷)[M]. 北京：人民出版社，2023: 536.

和平稳定有序的国际大环境都具有积极意义。《国语》有云："和实生物，同则不继。"❶意思是宇宙万物实现了和谐则相互生长发育，如果完全相同一致则无法继续发展。任何时代、任何地区、任何形式的战争和动荡，都会给社会稳定和人民幸福带来严重影响。和平和发展是当前世界最大的主题，也是中国传统哲学长期以来的价值追求。借鉴儒家德育思想的许多有关道德修养和道德伦理的观念有利于正确处理各种国际关系和社会关系，缓和社会矛盾，维护团结、和谐、稳定的国家关系和社会秩序。因此，儒家思想在当今世界文明中仍然具有极强的张力。儒家创始人孔子，与摩西、梭伦同时被视为人类文明先贤，三者并立于美国最高法院大楼廊柱上。中华文明和许多世界文明的一个共同点是倡导和平、反对武力；倡导协商、反对对抗。

维护世界和平，促进共同发展，是中国儒家思想文化的道德精髓，同时也是世界各国人民的共同价值追求。翻开中华民族的历史，没有武力征服别国和掠夺他人资源的记录。中国人民不幸经历的战争，除了诸侯夺权、农民起义等内战外，基本上都是抗击外来侵略的战争。习近平用《孟子》里的"物之不齐，物之情也"❷描述世界文明的多样性，他说："每一个国家和民族的文明都扎根于本国本民族的土壤之中，都有自己的本色、长处、优点。我们应该维护各国各民族文明多样性，加强相互交流、相互学习、相互借鉴。"❸人类文明的丰富多彩和交相辉映正印证了每个国家、民族的文明和文化都有自己存在的价值，要借鉴儒家德育思想"和而不同"的价值追求，理性对待本国文明与其他文明的差异，正确处理不同文明之间的关系，认识到这种差异的客观性，尊重不同文明的特性，求同存异、取长补短、相互交融。

习近平在庆祝中国共产党成立 100 周年大会上指出："我们坚持和发展中国特色社会主义，推动物质文明、政治文明、精神文明、社会文明、

❶《国语》。

❷《孟子 · 滕文公上》。

❸ 习近平. 习近平著作选读（第一卷）[M]. 北京：人民出版社，2023: 279.

生态文明协调发展，创造了中国式现代化新道路，创造了人类文明新形态。”❶“人类文明新形态”是中国进入中国特色社会主义新时代的重要判断，向全世界人民表明百余年来中国共产党带领中国人民坚持和发展中国特色社会主义是人类文明发展的历史趋势，并且中国已经站到了人类文明发展的历史新起点。习近平强调：“中华民族拥有在5000多年历史演进中形成的灿烂文明，中国共产党拥有百年奋斗实践和70多年执政兴国经验，我们积极学习借鉴人类文明的一切有益成果。”❷

（二）尊重各国各民族文明

中华优秀传统文化是中华民族的根和魂，同样，各国各民族的文明和文化，特别是思想文化也是各国各民族的灵魂。每个国家民族都特别珍惜自己的思想文化，同时也要承认和尊重别国别民族的思想文化。尊重别国别民族的思想文化，如同孔子强调的“大同世界”❸的理想，张载提出的“为万世开太平”的人生意义，《春秋》所说的“苟利社稷，死生以之”❹的悲壮抱负，都描绘了儒家思想舍弃一生为之奋斗不息的最高社会境界和道德理想。

2015年9月，习近平在第七十届联合国大会援引《礼记》“大道之行也，天下为公”❺，儒家思想的意蕴是指天下是人们所共有的，应该人人诚信互助、和睦共处。习近平指出，“和平、发展、公平、正义、民主、自由，是全人类的共同价值，也是联合国的崇高目标。”❻在博鳌亚洲论坛2022年年会开幕式上，习近平再次强调：“要践行共商共建共享的全球治理观，弘扬全人类共同价值，倡导不同文明交流互鉴。”❼习近平在中国共

---

❶ 习近平．习近平著作选读（第二卷）[M]. 北京：人民出版社，2023: 483.

❷ 习近平．习近平著作选读（第二卷）[M]. 北京：人民出版社，2023: 484.

❸《礼记·礼运》。

❹《春秋左传》。

❺ 同❸。

❻ 习近平谈治国理政（第二卷）[M]. 北京：外文出版社，2017: 522.

❼ 习近平在博鳌亚洲论坛2022年年会开幕式上发表主旨演讲[EB/OL]. 中央政府门户网，[2022-04-21]. http: //www. gov. cn/xinwen/2022-04/21/content_5686422. htm.

产党第二十次全国代表大会上的报告中呼吁："世界各国弘扬和平、发展、公平、正义、民主、自由的全人类共同价值。"❶中国共产党人始终牢记《共产党宣言》的初心使命，始终关注人类前途命运。全人类共同价值是人类不同文明和文化共同的价值追求，是始终写在人类发展史上的价值共识，成为中国共产党人和中国人民应对时代之变的时代强音。

（三）正确进行文明学习借鉴

人类社会不同国家和民族都有着各自的文化根基和民族传统。中国是四大文明古国中唯一没有中断过文明发展史的国家，具有历史悠久、博大精深的优秀传统文化资源，这是中国国家软实力的优势。当前，中国正日益走近世界舞台的中央，向世界人民展现真实、立体、全面的中国，必须讲好中国故事，传播好中国传统思想文化，提高国家文化软实力和中华文化影响力。

（四）科学对待文化传统

对待中国传统文化特别是思想文化要采取批判性的继承发扬。习近平在2013年8月召开的全国宣传思想工作会议上提出："要讲清楚每个国家和民族的历史传统、文化积淀、基本国情不同，其发展道路必然有着自己的特色；讲清楚中华文化积淀着中华民族最深沉的精神追求，是中华民族生生不息、发展壮大的丰厚滋养；讲清楚中华优秀传统文化是中华民族的突出优势，是我们最深厚的文化软实力；讲清楚中国特色社会主义植根于中华文化沃土、反映中国人民意愿、适应中国和时代发展进步要求，有着深厚历史渊源和广泛现实基础。"❷

中国文明绵延5000多年，儒家思想文化延续2000多年，历史之悠久、影响之深远，形成的文明和文化成果为世人所瞩目。这样的文明，这样的

❶ 习近平．高举中国特色社会主义伟大旗帜　为全面建设社会主义现代化国家而团结奋斗——在中国共产党第二十次全国代表大会上的报告[N]．人民日报，2022-10-26（01）．

❷ 习近平在全国宣传思想工作会议上强调胸怀大局把握大势着眼大事努力把宣传思想工作做得更好[N]．人民日报，2013-08-21（01）．

文化，既不能全盘照抄，也不能完全否定，而是要采取历史唯物主义和辩证唯物主义的世界观和方法论进行科学的处理。习近平指出："我们要对传统文化进行科学分析，对有益的东西、好的东西予以继承和发扬，对负面的、不好的东西加以抵御和克服，取其精华、去其糟粕，而不能采取全盘接受或者全盘抛弃的绝对主义态度。"[1]

对待世界各国各民族文化也要运用科学的理论武器进行批判性地继承发扬。习近平援引《礼记》的"独学而无友，则孤陋而寡闻"[2]，寓意独自学习，无人切磋，不了解外部世界，就会孤偏鄙陋。人类社会创造了繁荣璀璨的文明，除了中华文明之外，还有古希腊文明、罗马文明、古埃及文明、古巴比伦文明、古印度文明等，现代文明从区域看有亚洲文明、非洲文明、欧洲文明、美洲文明、大洋洲文明等，不论是古代还是现代、中国还是国外的文明，既包含有陈旧、落后的糟粕部分，也包含有崭新、先进的精华部分。对待不同时代、不同区域所有的人类文明，都应该采取学习借鉴的科学态度进行辨析，剔除糟粕部分，吸纳有益成分，使全人类文明中的精髓与中国特色社会主义文化相适应、与中国实际国情相协调。对于如何进行批判性继承人类思想文化，习近平提出具体策略："进行文明相互学习借鉴，要坚持从本国本民族实际出发，坚持取长补短、择善而从，讲求兼收并蓄，但兼收并蓄不是囫囵吞枣、莫衷一是，而是要去粗取精、去伪存真。"[3]

在文艺创作方面，习近平在文艺工作座谈会上谈到文艺创作问题时，先是援引清代赵翼《论诗》的"诗文随世运，无日不趋新"[4]，寓指时代盛衰治乱的气运每天向新的方向发展，文艺创作也应该与时代同进。习近平

---

❶ 习近平在中共中央政治局第十八次集体学习时强调牢记历史经验历史教训历史启示为国家治理能力现代化提供有益借鉴 [N]. 人民日报, 2014-10-14（01）.

❷《礼记 · 学记》。

❸ 习近平. 习近平著作选读（第一卷）[M]. 北京: 人民出版社, 2023: 281.

❹ 赵翼. 赵翼全集（第6册）· 瓯北集（卷三十七）· 七十自述 [M] . 南京: 凤凰出版社，1991: 938.

在讲话中还介绍了南朝文艺理论家刘勰、唐代书法家李邕、宋代诗人黄庭坚说等人关于文艺创造和创新的观点。2014年9月，习近平在北京师范大学参观时说："我很不赞成把古代经典诗词和散文从课本中去掉，'去中国化'是很悲哀的。应该把这些经典嵌在学生脑子里，成为中华民族文化的基因。"❶要明确"举什么旗、走什么路"的问题，把创新精神贯穿文艺创作生产全过程，坚持百花齐放、百家争鸣的方针，坚持为人民服务、为中国特色社会主义服务，弘扬正道、反求诸已，立己达人、立德正已。

在治国理政方面，习近平指出："历史是最好的老师。在漫长的历史进程中，中华民族创造了独树一帜的灿烂文化，积累了丰富的治国理政经验，其中既包括升平之世社会发展进步的成功经验，也有衰乱之世社会动荡的深刻教训。我国古代主张民惟邦本、政得其民，礼法合治、德主刑辅，为政之要莫先于得人、治国先治吏，为政以德、正己修身，居安思危、改易更化，等等，这些都能给人们以重要启示。治理国家和社会，今天遇到的很多事情都可以在历史上找到影子，历史上发生过的很多事情也都可以作为今天的镜鉴。中国的今天是从中国的昨天和前天发展而来的。要治理好今天的中国，需要对我国历史和传统文化有深入了解，也需要对我国古代治国理政的探索和智慧进行积极总结。"❷

在培育和践行社会主义核心价值观方面，习近平强调："中国传统文化博大精深，学习和掌握其中的各种思想精华，对树立正确的世界观、人生观、价值观很有益处。"❸核心价值观是一个国家文化软实力的灵魂、文化软实力的建设重点。一个国家选择什么样的核心价值观将决定它的文化性质和方向的最深层次要素。党的十八大报告概括提炼出"富强、民主、

---

❶ 习近平在北京师范大学考察时号召全国广大教师做党和人民满意的好老师[N]. 人民日报，2014-09-10（01）.

❷ 习近平在中共中央政治局第十八次集体学习时强调牢记历史经验历史教训历史启示为国家治理能力现代化提供有益借鉴[N]. 人民日报，2014-10-14（01）.

❸ 习近平在中央党校发表重要讲话强调在全党大兴学习之风依靠学习和实践走向未来[N]. 人民日报，2013-03-02（01）.

文明、和谐；自由、平等、公正、法治；爱国、敬业、诚信、友善”的社会主义核心价值观。社会主义核心价值观是社会主义核心价值体系的内核，反映社会主义核心价值体系的根本性质和基本特征，是社会主义核心价值体系的高度凝练和集中表达。培育和践行社会主义核心价值观，是坚持和发展马克思主义理论的必然要求，是坚持和发展中国特色社会主义的内在要求。中华优秀传统文化是涵养社会主义核心价值观的活水源泉，培育和弘扬社会主义核心价值观必须立足中华优秀传统文化，大力弘扬以爱国主义为核心的民族精神和以改革创新为核心的时代精神，把民族精神和时代精神统一到新的文化建设上来。儒家德育思想体现了独特的核心价值观意蕴，包括追求内圣外王、家国天下的价值理想，包括以和为贵的价值目标，包括道德修养、人伦次序的价值取向，等等。社会主义核心价值观不是脱离历史、脱离传统的历史虚无主义的体现，相反，它是深深扎根于中华民族历史悠久的传统思想文化之中的。任何企图让民族和国家的核心价值观抛弃传统、丢掉根本的想法如同割断民族和国家的精神血脉。习近平指出：“都有其固有的根本。抛弃传统、丢掉根本，就等于割断了自己的精神命脉。博大精深的中华优秀传统文化是我们在世界文化激荡中站稳脚跟的根基……要认真汲取中华优秀传统文化的思想精华和道德精髓，大力弘扬以爱国主义为核心的民族精神和以改革创新为核心的时代精神，深入挖掘和阐发中华优秀传统文化讲仁爱、重民本、守诚信、崇正义、尚和合、求大同的时代价值，使中华优秀传统文化成为涵养社会主义核心价值观的重要源泉。”[1]

（五）涵养高度的文化自信

中国进入社会主义新时代，以习近平为主要代表的中国共产党人坚持把马克思主义基本原理同中国具体实际相结合、同中华优秀传统文化相结

[1] 习近平在中共中央政治局第十三次集体学习时强调把培育和弘扬社会主义核心价值观作为凝魂聚气强基固本的基础工程[N]. 人民日报，2014-02-26（01）.

合，努力建设中国特色社会主义文化强国，把坚定文化自信纳入中国特色社会主义“四个自信”体系，把文化建设作为统筹推进“五位一体”总体布局、协调推进“四个全面”战略布局的重要内容，为新时代走好中国式现代化道路提供了坚强思想保证和强大精神力量。

中国特色社会主义文化，源自中华民族五千多年文明历史所孕育的中华优秀传统文化，熔铸于党领导人民在革命、建设、改革中创造的革命文化和社会主义先进文化，“是我们推进改革开放和社会主义现代化建设的强大精神力量”❶，极大增强了全党全国各族人民的文化自觉和文化自信。增强历史自觉、坚定文化自信，自觉用中华优秀传统文化、革命文化、社会主义先进文化培根铸魂、润智化人，加快建设彰显中华文明、中国魅力的文化强国，在全民族凝聚强大精神力量。

新时代坚定文化自信，要牢牢把握民族性，认真汲取中华优秀传统文化的思想精华和道德精髓，深入挖掘和阐释中华优秀传统文化在新时代文化建设中的价值，推动中华优秀传统文化创造性转化、创新性发展。中华优秀传统文化是中国特色社会主义文化的重要组成部分，是构成伟大中国精神的典型特色和文明基因。“如果没有中华五千年文明，哪里有什么中国特色？如果不是中国特色，哪有我们今天这么成功的中国特色社会主义道路？”习近平提出：“实现中华民族伟大复兴的中国梦，必须要有中国精神，而中国精神必须在坚持社会主义核心价值体系的前提下，积极深入中华民族历久弥新的精神世界，把长期以来我们民族形成的积极向上向善的思想文化充分继承和弘扬起来，使之为培育和践行社会主义核心价值观服务，为建设社会主义先进文化服务，为党和国家事业发展服务。”❷

新时代坚定文化自信，要积极弘扬中华传统美德。对历史文化特别是

❶ 习近平谈治国理政（第一卷）[M]. 北京：外文出版社，2018：158.

❷ 习近平在中共中央政治局第十八次集体学习时强调牢记历史经验历史教训历史启示为国家治理能力现代化提供有益借鉴 [N]. 人民日报，2014-10-14（01）.

先人传承下来的道德规范，要坚持古为今用、推陈出新，有鉴别地加以对待，有扬弃地予以继承。习近平指出："国无德不兴，人无德不立。必须加强全社会的思想道德建设，激发人们形成善良的道德意愿、道德情感，培育正确的道德判断和道德责任，提高道德实践能力尤其是自觉践行能力，引导人们向往和追求讲道德、尊道德、守道德的生活，形成向上的力量、向善的力量。只要中华民族一代接着一代追求美好崇高的道德境界，我们的民族就永远充满希望。"❶

2023年10月，全国宣传思想文化工作会议召开，会上传达了习近平对宣传思想文化工作的重要指示。党的十八大以来，习近平在新时代文化建设方面的新思想新观点新论断，内涵十分丰富、论述极为深刻，是新时代党领导文化建设实践经验的理论总结，丰富和发展了马克思主义文化理论，构成了习近平新时代中国特色社会主义思想的文化篇，形成了习近平文化思想。文化是民族的血脉，新时代新征程上要理解和把握习近平文化思想，坚持守正创新，推进"第二个结合"，推动传统文化创造性转化、创新性发展。

二、习近平"用典"中的儒家德育思想

2013年3月，习近平在接受金砖国家媒体联合采访时说道："我爱好挺多，最大的爱好是读书，读书已成为我的一种生活方式。"❷"酷爱读书"是同事和乡亲们对青年习近平的印象。1969年，不到16岁的习近平从北京来到陕西省延川县文安驿公社梁家河大队插队，带的两个箱子里装得满满都是书。2013年11月，习近平到曲阜孔府考察，来到孔子研究院。桌子上摆放着展示孔子研究院系列研究成果的书籍和刊物，他一本本饶有兴趣地翻看。看到《孔子家语通解》《论语诠解》两本书，他拿起来翻阅，说："这两本书我要仔细看看。"习近平到北京大学探望国学泰斗汤一介，了

❶ 新华社．习近平在山东考察[EB/OL]．人民网—中国共产党新闻网，[2013-11-29]．http: //cpc. people. com. cn/n/2013/1129/c64094-23694123. html?olc&ivk_sa=1024320u.

❷ 习近平接受金砖国家媒体联合采访[EB/OL]．共产党员网，[2013-03-20]．https: //news. 12371. cn/2013/03/20/ARTI1363728110369741. shtml?from=groupmessage&isappinstalled=0.

解大型国学丛书《儒藏》编纂情况；赴北京师范大学看望教师时提出“很不赞成把古代经典诗词和散文从课本中去掉”；在出访途中万米高空的专机上，与记者谈论“古诗文经典已融入中华民族的血脉，成了我们的基因”。[1]习近平酷爱读书，典籍典故信手拈来，“广博的引用贯古通今，深刻的思想与鲜活的表达相得益彰，让这些讲话和文章充满魅力、引人入胜，展现了高超的思想能力和高度的文化自信。”[2]习近平援引儒家德育思想的典故和名句范围广泛，涉及为政、敬民、治理、修身、信念、笃行、劝学、廉政、法治等方面，成为习近平独特的语言风格，已经深刻融入其治国理政思维之中。

（一）敬民篇

人民群众是历史的创造者，是实现政治和社会变革的决定性力量。中国共产党自成立之日起，就把“人民”二字铭刻在心，坚守为中国人民谋幸福、为中华民族谋复兴的初心使命，百年党史就是一部与人民心连心、同呼吸、共命运的百年奋斗史。习近平始终坚持以人民为中心的发展思想，与人民心心相印、同甘共苦。

习近平在庆祝中国人民政治协商会议成立65周年大会上援引“天视自我民视，天听自我民听”[3]，表明中国特色社会主义民主继承发扬儒家德育思想的“民本”思维。“天视自我民视，天听自我民听”语出《尚书》，“是中国古代‘民本主义’政治思想的经典表述”[4]，中国共产党人不断发展社会主义民主，完善包括人民民主专政、人民代表大会制度、中国共产党领导的多党合作制和政治协商制度、民族区域自治制度和基层群众自治制度、基层群众自治制度等社会主义民主政治制度，走出了一条中国特色社会主义民主道路。

---

❶ 新华社客户端：从这些故事里感受习近平与书的“不解之缘”。

❷ 人民日报评论部. 习近平用典（第二辑）[M]. 北京：人民日报出版社，2018: 1.

❸《尚书》。

❹ 人民日报评论部. 习近平用典（第二辑）[M]. 北京：人民日报出版社，2018: 3.

习近平曾经回忆自己在福建宁德工作期间铭记的一句中国古人的话："善为国者，遇民如父母之爱子，兄之爱弟，闻其饥寒为之哀，见其劳苦为之悲。"❶1988年6月至1990年4月，习近平任宁德地委书记。当时的宁德是福建沿海一个欠发达地区，属当时全国18个集中连片贫困地区之一，具有"老、少、边、岛、穷"等特点，曾被称为中国东南沿海的"黄金断裂带"。习近平在宁德工作期间指导闽东人民摆脱贫困，并总结提出的"弱鸟先飞""滴水穿石"的思想。不论在地方还是在中央工作，习近平始终将实现好、维护好和发展好最广大人民根本利益作为一切工作的出发点和落脚点。2021年7月，习近平在庆祝中国共产党成立100周年大会上庄严宣布，中国打赢脱贫攻坚战，历史性地解决了绝对贫困问题，实现了第一个百年奋斗目标，在中华大地上全面建成小康社会。

历史唯物主义认为，人类社会的物质财富和精神财富都是劳动人民创造的，人民是历史的主人。习近平贯通运用马克思主义人民思想和儒家民本思维，真正体现了我将无我、不负人民的生动实践、崇高风范和人民情怀。他还引用"足寒伤心、民寒伤国"❷"民齐者强"❸"得众则得国、失众则失国"❹等儒家经典语录，表明其执政为民，重视人民根本利益、与人民风雨同舟的重民、爱民情怀。

（二）修身篇

儒家德育思想尤其重视精神修养，通过立志、好学、克己、内省、慎独、力行等途径让一个人的行为逐渐符合其道德标准、行为标准和社会规律，遵循修齐治平的精神修养规律，以"人人自治"而达"天下大治"。共产党员的党性修养、思想觉悟、道德水平不会随着党龄的增加、职务的

---

❶《说苑·政理》。

❷ 语出东汉荀悦《申鉴》，习近平在2014年中央经济工作会议上引用。

❸ 语出荀况《荀子·议兵》，习近平在2020年上海国际合作组织成员国元首理事会第十四次会议上引用。

❹ 语出《礼记·大学》，习近平在2016年庆祝中国共产党成立95周年大会上引用。

升迁而自然提高，而是要靠终身努力、严以修身。习近平在回忆自己的知青经历时提到，到梁家河大队插队后就给自己定了一个座右铭，先从修身开始。他在印度世界事务委员会的演讲中援引孔子说的“己欲立而立人、己欲达而达人”。这句话是儒家德育思想对处世之道的重要原则，体现了儒家内求诸己、推己达人、美美与共的精神境界。要做到立己立人，最关键是以己度人、宽以待人，“以责人之心责己，以恕己之心恕人”。习近平在外事工作中常常引用此句，用以表达中国人民希望广交天下朋友，追求国际和平、世界发展的美好心愿，和世界人民共建人类命运共同体的美好愿景。

“德不孤，必有邻”[1]是《论语》的一句语录，孔子认为有道德的人不会孤单，因为必定会有志同道合的人相随。正日益走近世界舞台中央的中国始终着眼全球共同发展的长远目标和现实需要，致力于凝聚促进发展的国际共识，培育全球发展新动能，推动世界各国共同发展进步。习近平2015年5月在中日友好交流大会，以及2019年11月访问希腊时，都曾引用孔子这句话。中国的和平发展需要国际的朋友，坚持和平发展的中国也一定不会缺少朋友。世界各国都应该真诚友好、以德为邻、携手发展。不仅是在外事工作上，习近平也引用这句话对领导干部提出道德修养的要求。习近平认为领导干部道德修养要辩证对待古代思想文化中有关道德规范的内容，在去粗取精、去伪存真的基础上采取兼收并蓄的态度。他在2017年1月党的十八届中央纪律检查委员会第七次全体会议上的讲话连续援引多句儒家有关精神修养的经典，“我们的先人们有大量劝导人们向上向善的警句名言，如‘大道之行也，天下为公’‘见善如不及，见不善如探汤’‘见贤思齐焉，见不贤而内自省也’‘不义而富且贵，于我如浮云’‘言必信，行必果’‘德不孤，必有邻’‘人而无信，不知其可也’‘勿以善小而不为，勿以恶小而为之’，等等。这些有益思想观点，要结合时代条件加以继承和发扬，以坚守中国人的价值观，保持做人干事的精神风骨。要善于运用

[1]《论语·里仁》。

中华优秀传统文化中凝结的哲学思想、人文精神、道德理念来明是非、辨善恶、知廉耻，自觉做为政以德、正心修身的模范。”[1]

（三）劝学篇

学习是文明传承之途，人生成长之梯，政党巩固之基，国家兴盛之要。学习是党始终走在时代前列的重要保证，中国共产党人依靠学习走到今天，也必然要依靠学习走向未来。在学习中要重视思考的作用，防止机械式阅读、被动式接受的学习，那是教条主义和本本主义在学习中的体现。习近平在中央党校2009年春季学期第二批进修班暨专题研讨班开学典礼上援引孔子“学而不思则罔，思而不学则殆”[2]，要求领导干部通过研读历史经典，看成败、鉴是非、知兴替，起到“温故而知新”“彰往而察来”的作用；要通过研读文学经典陶冶情操、增加才情，做到“腹有诗书气自华”；要通过研读哲学经典改进思维、把握规律，增强哲学思考和思辨能力；通过研读伦理经典，知廉耻、明是非、懂荣辱、辨善恶，培养健全的道德品格。习近平还引用过儒家经典中许多同样寓意的名句，如“为学之道，必本于思”[3]“人才有高下、知物由学”[4]。

兴趣是最好的老师。孔子有云：“知之者不如好之者，好之者不如乐之者。”[5]孔子的意思是懂得学习的人不如喜爱学习的人，而喜爱学习的人不如以学习为兴趣的人，比喻学习知识或本领，知道它的人不如爱好它的人接受得快，爱好它的人不如以此为乐的人接受得更快。习近平在中央党校建校80周年庆祝大会暨2013年春季学期开学典礼上引用孔子这句中国人民耳熟能详的经典名句，希望领导干部把学习作为毕生追求，将学

[1] 中共中央文献研究室．习近平关于社会主义文化建设论述摘编[M]．北京：重要文献选编出版社，2018.

[2]《论语·为政》。

[3] 语出《二程遗书》，习近平在2016年哲学社会科学工作座谈会上引用。

[4] 语出东汉王充《论衡》，习近平在2016年知识分子、劳动模范、青年代表座谈会上引用。

[5]《论语·雍也》。

习作为加强党性修养的一种习惯，成为陶冶情操、道德修养的人生爱好。《中庸》有一句“博学之，审问之，慎思之、明辨之，笃行之”[1]，明确了从“学”到“行”过程里的五个循序递进的阶段，同时也是道德修养的五个层次，而学习是道德修养的基础。博学，就是广泛地学习；审问，就是仔细地询问，有针对性地提问请教；慎思，就是努力地、谨慎地思考；明辨，就是清楚地分辨；笃行，就是用学习得来的知识和形成的思想指导实践。习近平在2013年3月中共中央党校建校80周年庆祝大会暨2013年春季学期开学典礼、在2014年5月北京大学师生座谈会等都援引此句，倡导学习中要正确处理学习、思考和实践的关系，做到知行合一。

（四）信念篇

理想信念是中国共产党人的政治灵魂，是共产党人初心的本质要求，坚守理想信念始终是共产党人安身立命的根本。作为党员干部，就要胸怀天下、志存高远，把人生理想融入党和人民事业之中，把为人民幸福而奋斗作为自己最大的幸福。理想信念不坚定，如同精神上缺钙，容易得“软骨病”。习近平在党的群众路线教育实践活动第一批总结暨第二批部署会议上引用《吕氏春秋》的“石可破也，而不可夺坚；丹可磨也，而不可夺赤”，意思是理想信念就像石头的坚硬、丹砂的赤红，是共产党人的根本属性。他在中央党校建校80周年庆祝大会暨2013年春季学期开学典礼上说：“古人所说的‘先天下之忧而忧，后天下之乐而乐’的政治抱负，‘位卑未敢忘忧国’‘苟利国家生死以，岂因祸福避趋之’的报国情怀，‘富贵不能淫，贫贱不能移，威武不能屈’的浩然正气，‘人生自古谁无死，留取丹心照汗青’‘鞠躬尽瘁，死而后已’的献身精神等，都体现了中华民族的优秀传统文化和民族精神，我们都应该继承和发扬。”[2]习近平连续援引了范仲淹、陆游、林则徐、孟子、文天祥、诸葛亮等人的名言，勉励领

[1]《礼记 · 中庸》。

[2] 习近平. 习近平谈治国理政（第一卷）[M]. 北京：外文出版社，2017: 405-406.

导干部要学习古代先贤救亡图存、忠贞报国的爱国情怀，把有限的生命投入民族复兴伟大事业中。

“千磨万击还坚劲，任尔东西南北风”是清代郑板桥的诗句，诗人表面写竹，实则托物咏志，借竹喻人，表现其正直不阿、倔强不屈的铮铮铁骨。一百多年来，无数中国共产党人为了革命的事业“虽九死其犹未悔”“历百折而仍向东”，就是因为有着坚定的理想信念和崇高的革命意志。“志之所趋，无远勿届，穷山距海，不能限也；志之所向，无坚不入，锐兵固甲，不能御也”[1]意思是一个人如果有足够的志向，他要到达的地方不论多远，最终都能到达，即使山海也不能限制。同样，一个人如果有足够的志向，他要到达的地方不论有如何坚固的防御，总能到达，即使是精锐之师，也不能抵抗。习近平在2013年全国组织工作会议上引用这句话，勉励领导干部应该把党、国家和人民的事业作为自己的人生追求，越是艰难困苦，越要奋勇向前。

---

[1]《格言联璧·学问篇》。

下篇　现代价值篇

人与自然是生命共同体。生态环境没有替代品，用之不觉，失之难存。“天地与我并生，而万物与我为一。”“天不言而四时行，地不语而百物生。”当人类合理利用、友好保护自然时，自然的回报常常是慷慨的；当人类无序开发、粗暴掠夺自然时，自然的惩罚必然是无情的。人类对大自然的伤害最终会伤及人类自身，这是无法抗拒的规律。“万物各得其和以生，各得其养以成”。这方面有很多鲜活生动的事例。

——习近平在全国生态环境保护大会上的讲话

第六章 “天人合一”的儒家生态思想

随着人类社会发展，世界各国经济发展取得了举世瞩目的成就，但这种令人羡慕的经济增长却以前所未有的生态危机为代价。在改造自然的活动中处理好人与自然的关系、走全面、协调、可持续发展的道路，是人类的必然选择，而生态道德则是人类应对生态危机的重要武器。中国生态道德教育的最早倡导者、中国生态道德教育促进会会长陈寿朋提出：“生态道德作为一种道德，既反映着人与自然的伦理关系，又反映着人与人、人与社会的伦理关系；它不仅是人类道德进化的必然产物，而且是人类社会走向更高文明的重要标志。”[1]在高校，开展生态道德教育就是要帮助大学生正确认识人与自然和谐发展的关系，提高生态意识、培养生态情感、养成生态行为规范。生态道德教育的内容包括四个方面。第一是践行习近平生态文明思想，从理论的高度明确生态道德教育的目标、内容、途径等。第二是生态伦理教育。其基本内容是正确认识人与自然的关系，提高生态意识。第三是重视大学生道德由知到行的转化，加强道德实践。第四是借鉴传统生态道德价值观，特别是学习中国儒家生态观的积极因素。

儒家思想作为诞生于2000多年前且至今仍旧存在并影响着现代人的一种思想体系，有些观点已经与现代文明不相适应，但它的许多精华仍然给21世纪的人类带来很好的启发。在1988年第一届诺贝尔奖获得者国际大会的新闻发布会上，诺贝尔奖获得者汉内斯·阿尔文表示：“人类要生

[1] 陈寿朋. 加强生态道德建设，促进人与自然和谐[J]. 求是，2006（24）: 48.

存下去，就必须回到25个世纪前，去汲取孔子的智慧。”[1]在今天工业文明带来的全球性生态危机面前，儒家思想依然有许多观点契合现代生态道德教育的理念，对我们正确审视人与自然关系、破解生态伦理难题具有重要帮助。

一、思想内涵

儒家德育思想中包含着丰富的生态道德内容，生态道德教育对促进大学生全面发展、对教育大学生正确认识人与人、人与自然的正确关系具有重要作用。

（一）“三才之道”的生态宇宙论

所谓“三才”，在《周易》中是指“天”“地”“人”；所谓“三才之道”，则指“天道”“地道”“人道”。“三才之道”是《周易》里的重要论题。《周易》是中国古代最古老的文献之一，被尊称为《五经》之首。“《易》之为书也，广大悉备，有天道焉，有人道焉，有地道焉。兼三才而两之，故六。六者，非它也，三才之道也。”[2]《周易》的六十四卦中，每卦都由六个爻组成，五爻、六爻代表天，三爻、四爻代表人，初爻、二爻代表地。《周易》认为天、地、人是一个相互联系的有机整体，同时它们又各具不同的特点和规律。

> 昔者圣人之作《易》也，将以顺性命之理。是以立天之道，曰阴曰阳；立地之道，曰柔曰刚；立人之道，曰仁曰义，兼三才而两之，故《易》六通而成卦。[3]

---

[1] 帕特里克·曼汉姆. 诺贝尔奖获得者说要汲取孔子的智慧[N]. 堪培拉时报，1988. 转引自顾犇. 关于诺贝尔与孔夫子的一些说明[J]. 中国文化研究，2002: 147.

[2]《易经·系辞下》。

[3]《易经·说卦》。

古代圣人创制《周易》的时候，就是要顺应宇宙万物的本性和命理趋势。因此确立了天象之道，有日月星辰、光明黑暗的阴和阳；确立了大地之道，万物有柔有刚；确立了人道，包括仁爱和正义。万物之理涵盖天、地、人、三才，各自又分成阴和阳两个方面，都是两种相互对立的因素。卦是《周易》中象征自然现象和人事变化的符号，以阳爻、阴爻相配合而成，三个爻组成一个卦。所以《周易》是用六个层次、六个过程组成事物演变的一个卦象。我国当代著名学者杨向奎先生对《周易》的宇宙观给予高度评价，特别强调了它对现代自然科学的价值和影响："《易》以奇偶为阴阳，阴阳合而万物生，遂为中国传统哲学最古老的宇宙观……阴阳的发现，早于西方的原子说而优于西方的原子说。到现在为止，在哲学上、在基础科学上，正负、阴阳的概念永不可少，没有它们的存在也就没有宇宙，保持它们之间的平衡，是世界上最重要的'生态平衡'。"❶"三才之道"的伟大学说几千年来一直左右着中华民族的思想，对人类认识宇宙提供了重要的启发和影响，体现了一种"天人合一"的和谐思想，"对于今后改进、调整、理顺、整合、协调人与天地即自然环境的平衡又和谐发展的关系，以及人与社会、人心与人身的平衡又和谐发展的关系，也就是说要使生态、世态、心态的三态都能同步平衡又和谐发展，对贯彻落实习近平生态文明思想，保护人类生存环境，对实现世界和平发展，对创造人类明天更美好，必将具有巨大的启迪。"❷

（二）"钓而不纲，弋不射宿"的环保思想

先秦儒家的许多言论都蕴含着明显的保护环境的思想，强调人对自然的索取应该是有限度、有节制的。《淮南子·主术训》中说"不涸泽而渔，不焚林而猎"，《周书》讲的"春三月，山林不登斧，以成草木之长。夏三

❶ 杨向奎. 宗周社会与礼乐文明（修订本）[M]. 北京：人民出版社，1997：109.

❷ 钱耕森，沈素珍.《周易》论天地人三才之道[C]//易学与儒学国际学术研讨会. 北京：群众出版社，2005：207.

月，川泽不入网罟，以成鱼鳖之长”，表达的意思都是人类开发和利用自然必须遵循规律、合理利用。“牛山之木尝美矣，以其郊于大国也，斧斤伐之，可以为美乎？是其日夜之所息，雨露之所润，非无萌蘖之生焉，牛羊又从而牧之，是以若彼濯濯也。人见其濯濯也，以为未尝有材焉，此岂山之性也哉？”[1]孟子这段话细致地记载了牛山由草木茂盛变成秃山的过程，总结出“苟得其养，无物不长；苟失其养，无物不消”的规律，直接表达了警惕人们吸取教训，“滋养”、保护环境的思想。

（三）“恩足以及禽兽”的道德关怀理念

中国儒家的人文色彩十分浓厚，一向主张以“仁者爱人”“水善利万物而不争”的宽容气度来对待他人，并能够将这种人文关怀推及到其他生命甚至无生命的自然万物，做到“恩足以及禽兽”[2]“仁民而爱物”[3]。宋代理学家王守仁仔细地描述了“大人”的道德关怀心理：“大人者，以天地万物为一体者也……是故见孺子之入井，而必有怵惕恻隐之心焉……见鸟兽之哀鸣觳觫，而必有不忍之心……见草木之摧折而必有悯恤之心焉……见瓦石之毁坏而必有顾惜之心焉……”[4]儒家意义的“大人”（指真正的读书人）见到儿童落入井中、见到鸟兽受困哀鸣、见到草木摧折都有怜悯之心，乃至见到完全没有生命的瓦石被毁，都会产生怜惜之意。儒学关于万物一体——“一体之仁”[5]的观点，体现出一种深厚的道德关怀理念，和以人民为中心发展思想坚持“以人为本”的人文关怀十分契合。

（四）“生”的可持续发展观念

“生”的问题是中国哲学的核心问题，体现了中国哲学的根本精神。

---

❶《孟子 · 告子上》。

❷《孟子 · 梁惠王上》。

❸《孟子 · 尽心上》。

❹《大学问》。

❺ 同❹。

《周易》位列中国哲学第一典籍，里面充满了对“生”的讨论，其中“日新之谓盛德，生生之谓易”[1]意指天地万物都在变化，而变化的内容生生不已、不断创新。《易传·系辞下》讲的“天地之大德曰生”也具有很深的哲学蕴意，唐朝经学家孔颖达注疏此句说：“以其常生万物，故云大德也。”[2]上天能够绵绵不息地衍生出世间万物，万物又能够不断产生新物，如此周而复始、循环不断、生生不已、永远常新，这就是天地最基本的“德性”，创造了世界的盎然生机。《大学》引用汤之《盘铭》说：“苟日新，日日新，又日新。”《易传·系辞上》说：“日新之谓盛德。”这些都是主张促进事物日新月异、循环发展的辩证思想。荀子讲过“春耕、夏耘、秋收、冬藏，四者不失时，故五谷不绝而百姓有余食也。污池、渊沼、川泽谨其时禁，故鱼鳖优多而百姓有余用也；斩伐养长不失其时，故山林不童而百姓有余材也。”[3]这段话十分清晰地描述了我国农耕时代生产方式遵循自然规律、采取可持续发展措施的好处。

二、启示价值

中国儒家思想包含着朴素的生态哲学。国际环境协会主席科罗拉多指出：“建立当代生态伦理学的契机和出路在中国传统的哲学思想中。”[4]一个国家“国民素质的高低更多地取决于一个国家一个民族的传统美德是否依然普遍地被现代国民认同和遵守，这种保存传统美德的信念和方式又是否符合时代发展的特征和社会进步的需求”[5]。生态道德素养是当前倡导的一种重要的国民素质，儒家传统生态道德思想与习近平生态文明思想相契合，与人类社会发展的需要相适应，从中可以挖掘出许多具有现代意义的价值因素。生态道德教育对促进大学生全面发展、对教育大学生正确认识

[1]《易传·系辞上》。

[2] 十三经注疏（上册）[M]. 北京：中华书局，1980: 86.

[3]《荀子·王制》。

[4] 葛荣晋. 试评儒家生态哲学思想及其现代价值[J]. 长安大学学报（社会科学版），2002.

[5] 潘一禾. 文化安全[M]. 杭州：浙江大学出版社，2007: 10、98.

人与人、人与自然的正确关系具有重要作用。在面对前所未有的地球环境危机时，中国传统儒家生态道德思想在今天仍然体现出宝贵的时代价值，为人类提供着智慧和启迪。儒家生态观的一些积极理念是高校生态道德教育的重要补充，与当前高校生态道德教育的目标基本适应，对提高大学生生态道德素质具有十分有利的作用，对加强素质教育、促进大学生全面发展仍然具有重要的现代意义。儒家德育思想在新时期完全可以在习近平生态文明思想的理论框架中，为解决高校生态道德教育的许多问题提供宝贵的资源。

（一）儒家推崇“天人合一”，肯定了人与自然和谐相处是人与自然关系的理想目标

“天人合一”最早是庄子提出的，原话是说：“人与天一也。”❶后来汉代思想家、阴阳家董仲舒将之发展为“天人合一”的哲学思想体系，并由此构建为儒家思想体系的一个主要内容。此后，历代大儒对此观点都有进一步阐述。朱熹说：“天即人，人即天。人之始生，得之于人也；即生此人，则天又在人矣。”❷陆九渊更直接说：“宇宙即是吾心，吾心即是宇宙。”❸根据陆九渊的观点，人与自然的和谐统一是人生的最高觉悟境界，是儒家孜孜以求的“大人”“圣贤”的最高道德标准：“大人者，与天地合德也，与日月合其明，与四时合其序，与鬼神合其吉凶。”❹儒家“天人合一”思想阐述了天、人、地三者的和谐统一，肯定了人与自然和谐相处是人与自然关系的理想目标。保护自然环境、维持生态平衡，要坚持“绿水青山就是金山银山”理念，“把这些要求本身就视为发展的基本要素，其目标就是通过发展去真正实现人与自然的和谐以及社会环境与生态环境的平衡，实现植根于现代文明之上的‘天人合一’。”❺马克思很早就指出：

❶《庄子 · 山木》。

❷ 黎靖德. 朱子语类（卷十七）[M] . 北京：中华书局，1986: 387.

❸ 陆九渊. 陆九渊集[M]. 北京：中华书局，1980: 482、499.

❹ 同❸。

❺ 俞可平. 科学发展观与生态文明，促进人与自然和谐[J]. 马克思主义与现实，2005（4）: 4.

"社会是人同自然界完成了的本质的统一，是自然界的真正复活，是人实现了的自然主义和自然界实现了的人道主义。"[1]可见，儒家生态观为马克思主义关于人与自然的关系理论提供了重要的补充，是马克思主义中国化时代化的有力证明，对当代大学生生态道德教育具有十分重要的意义。

（二）儒家生态观主张"取之有制"，为培养大学生"可持续发展"观念提供了思想资源

儒家学派创始人孔子提出了"节用而爱人，使民以时"[2]的思想。之后荀子提出了"节用裕民""节流开源"[3]。张居正将它进一步阐述："天地生财，自有定数。取之有制，用之有节则裕；取之无制，用之无节则乏。"[4]意思是说：索取有节制，使用有节制，财富就会很充裕；反之，毫无节制地索取，财富就会匮乏。马克思也提倡发展经济要采取"可持续发展"的思想，反对粗暴、野蛮地对待自然界，"占有一棵活的树，就必须用暴力截断它的机体联系。这是一种明显地侵害树木的行为。"[5]马克思认为人类开发、利用自然界要采取"节制"的做法，要"靠消耗最小的力量，在最无愧于和最适合于他们的人类本性的条件下进行这种物质变换"[6]。儒家思想这种"取之有制"的观点体现出明显的生态意识，符合马克思主义可持续发展思想，对高校生态道德教育具有现实的价值。

（三）儒家生态观提倡"以时禁发"，并提供了环保立法的启发

"以时禁发"的思想最早是荀子提出的。荀子讲："山林泽梁，以时禁发。"[7]意思是：按时封闭和开放山林湖堤以进行保护。《荀子·王制》里

---

❶ 马克思恩格斯文集（第1卷）[M]. 北京：人民出版社，2009: 187.

❷《论语·述而》。

❸《荀子·富国篇》。

❹ 张居正. 论时政疏（《张文忠公全集》卷一五）[M]. 上海：商务印书馆，1935.

❺ 马克思. 马克思恩格斯全集（第1卷）[M]. 北京：人民出版社，1974: 138.

❻ 马克思恩格斯全集（第25卷）[M]. 北京：人民出版社，1960: 926–927.

❼《荀子·王制》。

关于环境保护的提法还有很多，如“春耕、夏耘、秋收、冬藏，四者不失时，故五谷不绝而百姓有余食也。污池、渊沼、川泽谨其时禁，故鱼鳖优多而百姓有余用也；斩伐养长不失其时，故山林不童而百姓有余材也”。

其实早在西周，政府机构设置里就有不少专门管理自然资源的职能部门（官职），像“山虞”“林衡”“川衡”“泽虞”等，都是专职掌管山林荷泽的职位。如川衡“掌巡川泽之禁令而平其守。以时舍其守，犯禁者，执而诛罚之”❶。在儒家思想的主导下，此后历代政府也基本延续了古代环保律令。明嘉靖《河间府志》记载：“明洪武二十七年（1394年），命工部行书天下，教百姓务要多栽桑枣……每户初年二百株，次年四百株，三年六百株。栽种后，过数造册回奏，违者全家发配云南充军。”❷雍正二年（1724年）二月晓谕直隶各省：“舍旁田畔，以及荒山旷野，度量土宜，种植树木。桑柘可以饲蚕，枣栗可以佐食，柏桐可以资用，即榛楛杂木，亦足以供吹爨。其令有司督率指画，课令种植。仍严禁非时之斧斤，牛羊之践踏，奸徒之盗窃，亦为民利不小。”❸

“以时禁发”的思想体现了儒家顺应自然规律，利用、保护自然环境的生态认识，影响着历代中国政府的治国思想，为今天继续做好环境保护的立法工作提供了宝贵的思想文化资源。

（四）儒家生态观提出“仁民而爱物”，为高校开展生命教育提供了佐证

在“仁”的思想主导下，尊重生命是历代儒家坚持的一个传统理念。孟子将“仁者爱人”的思想延展到包括人和动植物的“物”上，提出“仁民而爱物”❹（朱子注解为“物，谓禽兽草木”）。后世儒家又进一步将“爱物”推及到无生命的自然万物。宋代理学家王阳明十分形象地分别描述了“大人”的道德关怀心理：“大人者，以天地万物为一体者也……是故见孺子之入井，

---

❶《周礼·地官司徒》。

❷ 郜相，樊深纂修．嘉靖河间府志·卷七·风土志[M]．山东：齐鲁书社，1997.

❸ 昆冈等修．大清会典事例（卷168户部·田赋）[M]．台北：中文书局，1963: 2.

❹《孟子·尽心上》。

而必有怵惕恻隐之心焉……见鸟兽之哀鸣觳觫，而必有不忍之心……见草木之摧折而必有悯恤之心焉……见瓦石之毁坏而必有顾惜之心焉……”[1]儒家意义的“大人”（指真正的读书人）见到儿童落入井中、见到鸟兽受困哀鸣、见到草木摧折都有怜悯之心，乃至见到完全没有生命的瓦石被毁，都会产生怜惜之意。对大学生进行生命教育，能够使他们认识到生命伟大与渺小、不朽与脆弱的关系。儒学思想深厚的道德关怀理念，和今天坚持的“以人为本”的人文关怀十分契合，对我们开展生命教育有着宝贵的借鉴作用。

（五）为马克思主义关于人与自然关系的理论提供了重要补充

恩格斯指出：“人本身是自然界的产物，是在他们的环境中并且和这个环境一起发展起来的。”“我们连同我们的肉、血和头脑都是属于自然界的，存在于自然界的。”[2]习近平生态文明思想与马克思主义关于人与自然关系论点一脉相承，而先秦儒家思想很早就有类似观点。儒家也认为人是自然界的产物：“民受天地之中以生。”[3]强调“天人合一”思想，宋代理学家程颢干脆说“天人本无二，不必言合”[4]。

马克思认为：“我们对自然界的整个统治，是在于我们比其他一切动物强，能够认识和正确运用自然规律。”[5]因此，人对自然的改造活动不能违反自然规律，不能超越自然所能接受的限度，只能是“合理地调节他们（人）和自然之间的物质变换”。儒家也认为人类活动的目的不是征服自然，而是为了“赞天地之化育”——发展自己、完善自然，其实现途径是通过“尽物之性”：“唯天下至诚，为能尽其性。能尽其性，则能尽人之性；能尽人之性，则能尽物之性；能尽物之性，则可以赞天地之化育；可以赞天地之化育，则可以与天地参矣。”[6]可见，儒家生态思想至今还可以为马

---

[1]《大学问》。
[2] 马克思恩格斯文集（第9卷）[M]. 北京：人民出版社，2009: 38-39、560.
[3]《左传·成公十三年》。
[4]《河南程氏遗书》卷六。
[5] 马克思恩格斯文集（第9卷）[M]. 北京：人民出版社，2009: 559-560.
[6]《中庸》。

克思主义关于人与自然的关系理论提供了重要的补充，也是马克思主义中国化和儒学现代化相结合的有力支撑。

（六）为以人民为中心的发展思想提供了有力佐证

《孝经・圣治》说“天地之性人为贵”，以人为本的观念在中国历史上源远流长。“以人为本”是管仲最先在《管子・霸言》中说的：“夫霸王之所始也，以人为本。本理则国固，本乱则国危。”儒家虽没有直接提及“以人为本”这四个字，但他们的许多观点却明显地表达了这种思想。《尚书・五子之歌》讲的“民为邦本，本固邦宁”和管仲的提法其实就是一个意思，孔子也说过“天生万物，唯民为贵”“为政在人”[1]。因此孔子会赞誉管仲说:“管仲相桓公，霸诸侯，一匡天下。”[2]儒家这种“以人为本”的思想建构了一个弘扬人本精神为核心的个人管理、社会管理、国家管理的思想体系。

（七）为坚持人与自然和谐共生提供了思想文化资源

儒家思想中充满了“和”的思想。西周太史伯就提出“和实生物，同则不继”[3]。孔子吸收了这一观点，提出“中也者，天下之大本也。和也者，天下之达道也”[4]。孟子继承了孔子“中和”的观点，提出“天时不如地利，地利不如人和”[5]。到了荀子，儒家这一思想又得到进一步发扬“天地和而万物生，阴阳接而变化起”[6]“万物各得其和以生，各得其养以成”[7]。“和”的思想体现了儒家对宇宙本质的生态认识，是中国传统文化的核心价值之一。“和”已经成为中华民族典型的民族精神特征，影响着一代代中国人，为当前建设人与自然和谐共生的美好家园提供了宝贵的思想文化资源。

---

[1]《礼记・中庸》。
[2]《论语・宪问》。
[3]《国语・郑语》。
[4]《中庸》。
[5]《孟子・公孙丑下》。
[6]《荀子・礼论》。
[7]《荀子・天论》。

（八）为发展循环经济提供了历史借鉴

儒家思想强调不但要保护自然资源，更要着眼于资源的循环利用和长远利用。在孔子“节用”思想的指导下，荀子提出“以时顺修”[1]“节用裕民”“节流开源”[2]等主张；孟子也提出要按照自然的生态节律和动植物的生长特点利用自然资源：“不违农时，谷不可胜食也。数罟不入洿池，鱼鳖不可胜食也。斧斤以时入山林，材木不可胜用也。”[3]这些思想都具有明显的循环经济理论色彩，对中国社会形成生态的生产、生活方式产生了深远影响。

在中国古代，提出特别注意要保护自然资源再生能力的是一些受过儒家教育的农学家。北魏农学家贾思勰发明了“踏粪法”和“粮肥轮作”的耕作方式，主张将庄稼的秸秆、粪尿返回田地和以绿肥压青的方法恢复地力，改良劣田。在传统哲学思想的作用下，中国曾经诞生了发达的农业文明，如四川的都江堰、新疆的坎儿井、广西的灵渠及珠江三角洲的桑基鱼塘，都是古人对人与自然关系进行深刻的体验和思考之后的生产实践杰作。这些农业生产方式充满生态思想，在一定程度上实践了儒家所追求的“尽人之性”“尽物之性”的思想，对我们今天探索循环经济的发展思路有着宝贵的借鉴作用。

三、创造性转化和创新性发展

面对日益恶化的地球环境，建设生态文明越来越得到人们的认可，也对高校教育提出了更高的要求。这就要求我们把道德教育放在人、社会、自然这个更广阔的背景下来研究，构建新时期具有中国特色的生态道德思想体系。生态道德是新时代新征程倡导的一种重要的国民素质，积极开辟有效途径对大学生进行必要的生态道德教育是高校素质教育的重要内容。

---

[1]《荀子 · 王制篇》。

[2]《荀子 · 富国篇》。

[3]《孟子 · 梁惠王上》。

（一）加强对生态德育理论的研究和创新

生态道德教育能否有效地进行，先看生态德育理论研究能否得到不断的提升并加以创新。第一要认真学习马克思主义关于人与自然关系的理论，学习习近平生态文明思想，充分重视它的时代意义和现实价值。第二要重新审视中国传统哲学体系关于生态文化的内容，特别是儒家生态观的有关理念，从中汲取精华补充到思想政治教育内容中来。第三是客观对待西方生态哲学，学习其中的先进部分。当代生物中心主义环境伦理理论的代表人物——美国哲学家保尔·泰勒的“尊重自然”的伦理，环境伦理学家罗尔斯顿的环境哲学，原国际伦理学学会主席、世界动物保护运动倡导者彼得·辛格的动物保护理论等，都是重要的生态哲学，值得我们加以借鉴。第四是加强理论创新工作，把马克思主义中国化时代化和儒家生态观思想现代化努力结合起来，夯实现代生态哲学体系的理论基础。

（二）加强思政理论课教育

高校加强生态道德教育，很重要的一点是推进和创新思政课程建设，丰富思政理论课的授课内容。一是加强正确的世界观教育，教育大学生正确认识人与人、人与自然的正确关系。二是加强习近平生态文明思想教育。习近平生态文明思想是马克思主义中国化时代化的最新成果，强调“人与自然的和谐共生”。我们要对德育现代化作系统的、动态的研究，探索新时期具有中国特色的生态德育新路子，丰富思政理论内容。三是加强生态伦理教育，把道德教育放在人、社会、自然这个更广阔的背景下来研究、构建新时期具有中国特色的生态道德思想体系。四是加强人文教育，教育大学生通过调整和确立价值取向、道德规范和伦理准则，进而深入思考人类自身的生存格局与最终归宿，明确人类在协调人与自然关系中应起的地位和作用。

（三）加强第二课堂教育

一是开展“地球日”“植树节”“世界环境日”“世界水日”等重要的

环保宣传活动，组织学生参与生态文明建设的具体工作，陶冶大学生生态道德情操。二是带领学生对所在地区的生态状况展开调查，了解自己学习、生活环境中存在的生态系统的薄弱环节，引导他们提出解决方法。三是组织大学生走近自然，亲身体验江河、山林、田野的勃勃生机，激发他们热爱大自然、热爱祖国、热爱家乡的情感。

（四）加强校园生态文化建设

一是在校园环境规划中注入生态文化观念，建设标志性的校园生态文化景观，营造体现人与自然和谐发展关系的校园氛围。二是积极倡导丰富多彩的校园生态文化活动，陶冶学生情操，提升学生的生态道德素质。三是将生态道德教育纳入学校教学管理范畴，除在思政理论课堂中补充生态教育内容外，积极开设“生态伦理学”“气候与人类生活”“环境生态学”“景观生态学”等选修课程。四是利用校报、广播、宣传栏等舆论阵地，积极宣传生态理念、生态文化和生态道德，对大学生形成潜移默化的教育。

大学生是未来国家建设的重要力量，是国家的栋梁，开展传统生态道德教育对塑造全面发展的高素质人才具有重要的意义。儒家思想在中国数千年的文明演进进程中，积累、沉淀了极其丰富、优秀的思想文化，对年轻人产生了深远的影响，“已经形成了人们在日常生活中所遵循的一种模式，成为人们依照去言行，而又成为人意识不到其存在的一种精神力量。”[1]《中庸》里有一句话：“万物并育而不相害，道并行而不悖。”高校要大力弘扬民族精神和时代精神，对儒家传统生态道德思想采取立足现实、弘扬传统的态度，努力实现思想政治教育和儒家德育思想的结合、互动，凝练、提升为青年学生健康成长、奋发进取的智力支持和精神动力。

附注：本章根据作者发表于《怀化学院学报》（2009年第10期）的《从儒家生态观看高校生态道德教育》和发表于《泉州师范学院学报》（社会科学版）（2009年第3期）的《儒家生态伦理思想在高校德育中的价值》重撰。

---

[1] 周立升，颜炳罡，等．儒家文化与当代社会[M]．济南：山东大学出版社，2002：370.

我们的先人们早就认识到了生态环境的重要性。孔子说："子钓而不纲，弋不射宿。"意思是不用大网打鱼，不射夜宿之鸟。荀子说："草木荣华滋硕之时则斧斤不入山林，不夭其生，不绝其长也；鼋鼍、鱼鳖、鳅鳝孕别之时，罔罟、毒药不入泽，不夭其生，不绝其长也。"《吕氏春秋》中说："竭泽而渔，岂不获得？而明年无鱼；焚薮而田，岂不获得？而明年无兽。"这些关于对自然要取之以时、取之有度的思想，有十分重要的现实意义。生态环境没有替代品，用之不觉，失之难存。我讲过，环境就是民生，青山就是美丽，蓝天也是幸福，绿水青山就是金山银山；保护环境就是保护生产力，改善环境就是发展生产力。

——习近平在省部级主要领导干部学习贯彻党的十八届五中全会精神专题研讨班上的讲话

第七章 “生生之谓易”的儒家生命伦理思想

一个生命的诞生就意味着走向死亡，生与死一直是哲学家们苦苦冥思的问题：“既然人难免一死，那么生的意义是什么呢？”关于生命的意义，中国的儒家有十分深刻的认识。“生生之为易”“天地之大德曰生”。周敦颐在《通书》中注释说：“天以阳生万物，以阴成万物。生，仁也。”[1]“仁”是整个儒家学说的核心，也是对儒家生命伦理思想的重要诠释。

有的人认为：“生命教育是通过认识生命的起源、发展和终结，从而认识生命、理解生命、欣赏生命、尊重生命，进而珍惜有限生命，建立起乐观、积极的人生观，促进学生价值观、生理心理、社会适应能力的全面均衡发展的教育。”[2]有的人认为：“生命教育就是通过教育引导学生思考生与死的生命课题，以积极的态度面对生命与死亡，热爱生命，创造生命的意义和价值。”[3]简单地说，生命教育就是教会学生认识人的价值和生命的意义，让学生学会既要保存、完善自己的生命，也要尊重、完善他人与一切生物的生命。

生命的意义不仅是指个体生命的意义，同时也是指人对自己在时代、历史、宇宙中的位置和价值的思考。回顾历史，每当社会发生剧烈变革或重大转型时，生命的价值和对生死的抉择就凸显在我们面前。当个人生活发生变故时，往往把当事人置于生与死的抉择面前，而结果又经常令人扼腕叹息。如一些年轻人犯下的极端刑事案件以及越来越多大学生自杀的极端事件，都凸显出大学生生命教育的缺失。在大学生中开展生命教育，对帮助

---

[1]《通书·顺化》。

[2] 赵环. 让生死不再“两茫茫”[J]. 思想·理论·教育, 2003. Z1: 7-8.

[3] 张忆琳. 当代大学生生命教育透视[J]. 青年教育, 2004（1）: 33.

大学生以成熟、理性、全面的态度对待生命、对待人生，具有重要意义。

首先，生命教育是思想政治教育贯彻“以人为本”思想的需要。马克思说：“任何人类历史的第一个前提无疑是有生命的个人的存在。”❶教育的目的是培养人、完善人，这一切都必须以生命的存在和延续为前提。没有生命，也就没有人的存在。“以人为本”既是坚持以人民为中心的发展思想的核心，也是思想政治教育必须牢固确立的指导思想，《中共中央国务院关于进一步加强和改进大学生思想政治教育的意见》明确把“以人为本”作为加强和改进大学生思想政治教育的指导思想。华东师大的叶澜教授给教育下过一个与众不同的定义：“教育是直面人的生命、通过人的生命，为了人的生命质量的提高而进行的社会活动，是以人为本的社会中最体现生命关怀的一种事业。”❷因此，坚持以人为本首先就必须要尊重生命，开展生命教育，教会学生认识生命、珍惜生命、敬畏生命、欣赏生命。

其次，生命教育是重新明确教育目的的需要。毫无疑问，当前教育已经成为社会关注的中心，但自从人类社会产生了教育，关于教育的目的的讨论就没有停止过。“教育是什么？”“教育是为了什么？”等成了无法回避的问题。但是，在功利主义盛行的时代，“被重视的只是教育的工具价值，被提高的只是教育的工具性作用，被看好的只是教育所带来的经济效益及个人社会地位的提升。”❸儒家在几千年前就为我们指出了教育的根本目的。《大学》说：“大学之道，在明明德，在亲民，在止于至善。”所谓“明明德”，就是要弘扬高尚的品德；“亲民”即“新民”，就是要使人弃旧图新、去恶从善；所谓“止于至善”，是指要努力去实现人类社会的至高价值。以儒家学说为核心的中国传统教育思想，弘扬“仁”与“和”，其精髓就在于人性和德性的培养。有人认为：“教育的本质是塑造健全的

---

❶ 马克思恩格斯文集（第1卷）[M]. 北京：人民出版社，2009: 519.

❷ 叶澜，郑金洲，卜玉华. 教育理论与学校实践[M]. 北京：高等教育出版社，2000: 136.

❸ 郝德永. 课程与文化：一个后现代的检视[M]. 北京：教育科学出版社，2002: 265.

人格，教育的真正目的就是在于帮助生命正常发展。”[1]冯建军在他的著作《生命与教育》中提出了“教育即生命”的命题。教育即生命有别于以往的“工具性教育”[2]，是对教育根本目的的重新认识。

最后，生命教育是引导大学生认识生命意义，实现人生价值的需要。当前，我们正处于经济、政治、文化和社会生活不断变革的时代，复杂的环境令不少辨析能力和控制能力较差的大学生容易产生精神失落，感到困惑、茫然。2006年，北京市人大组织的一次调研发现，北京市23.66%大学生患有抑郁症，估计人数约为10万人[3]。中国心理学会在其第八届理事会上公布一个数据，我国有3000万青少年处于心理亚健康状态，我国每年至少有25万人因心理问题而丧失生命，自杀成为青少年人群的头号死因[4]。因此，开展生命教育，有利于帮助大学生唤醒发展生命的意识，明确人生的目标，实现人生的价值。

一、思想内涵

“中国文化之开端，哲学观念之呈现，着眼点在生命，故中国文化所关心的是‘生命’……”[5]重视生命是中国文化自古以来的传统。儒家生命伦理思想不是一个简单的概念，经过几千年的历史，已经发展成一个包括自然生命、文化生命、道德生命三个范畴的思想体系。

（一）自然生命

人是什么？马克思和恩格斯经过考察后断定“人是自然界的一部分”“人直接是自然的存在物”[6]。因此，肉体生命的存在是人的其他一切可

[1] 温菊琴．走出生命误区，重视生命教育[J]．中国科学教育，2004（6）：38.

[2] 冯建军．生命与教育[M]．北京：教育科学出版社，2004：169.

[3] 孟环．北京10万大学生患抑郁症[N]．北京晚报，2006（9）：6.

[4] 郭亮，王琦．3000万青少年被“压”出心病[N]．江南时报，2004（10）：30.

[5] 牟宗三．中西哲学之会通十四讲[M]．上海：上海古籍出版社，1997：11.

[6] 马克思恩格斯文集（第1卷）[M]．北京：人民出版社，2009：161.

能性得以开展的前提，对这点儒家思想和马克思主义十分一致。儒家一直认为包括人在内的一切生命是源于天地，由天地自然孕育的："天地感而万物化生"[1]"天地合而后万物兴焉"[2]"人者。天地之德。阴阳之交。鬼神之会。五行之秀气也。"[3]这些提法都体现了儒家关于生命的自然属性的观点，因此，生命的价值首先是以人的生物实体的存在和发展为前提。面对人类生命的自然规律，儒家也十分无奈地承认："生死有命。"[4]这里的"命"不是指"天命"，更不是指"鬼神"，而是指一种自然规律。所以孔子对着患了重病的学生乐牛，慨叹道："亡之，命矣夫！斯人也而有斯疾也！"[5]荀子继承孔子的观点，对生死的认识更加清晰："生，人之始也；死，人之终也。"[6]

（二）文化生命

人类学家兰德曼认为人是具有文化性的动物，他说："只有研究人的客观精神的根源（即文化——引者注）和文化的作用条件，才能完全理解人。"[7]儒学是一个强调"文"的思想体系，我们常讲的"文化""人文"[8]"文明"[9]"文质彬彬"[10]"文学"[11]等词，都来源于儒学典著。人是文化的人，在本质上，人的生命就是文化的生命。孔子说过："质胜文则野，文胜质则史。文质彬彬，然后君子。"[12]这里的"质"，指质朴，同时也是指人

---

❶《周易·彖传》。
❷《礼记·郊特牲》。
❸《礼记·礼运》。
❹《论语·颜渊》。
❺《论语·雍也》。
❻《荀子·礼论》。
❼ 艾姆·布兰德曼. 哲学人类学[M]. 阎嘉，译. 贵阳：贵州人民出版社，1988: 12.
❽《周易·贲卦》。
❾《周易·乾卦》。
❿《周易·文言》。
⓫《论语·先进》。
⓬《论语·雍也》。

的自然属性或自然特点，我们可以理解为人的自然生命；“文”是指文雅，同时也是指文化对人的素质的提升和人对精神境界的追求，我们可以理解为人的文化生命。儒家认为人终其一生都在孜孜以求对自然生命的超越，追求生命意义的提升。孔子说：“吾十有五而志于学，三十而立，四十而不惑，五十而知天命，六十而耳顺，七十而从心所欲，不逾矩。”❶就是对人的一生各个阶段锲而不舍地求知、求学的描述。

现代国学大师钱穆先生说过：“人生只是一个向往，我们不能想象一个没有向往的人生。”❷人类生命与其他生物生命的最大区别就在于人类除了求得生存以外还有其他的存在目的，“人生正为此许多目的而始有其意义。”“有目的有意义的人生，我们将称之为人文的人生，或文化的人生，以示别于自然的人生，即只以求生为唯一的目的之人生。”❸人的生命的延续，不仅是自然生命的延续，而且是文化生命、文化精神的传承，才得以实现一个人生命的价值，进而维持一个民族的血脉源远流长。

（三）道德生命

“道德生命是人类特有的现象和已有的共识，是人类通过道德的载体达到追求高尚精神生命之目的的概称。”❹新儒学著名代表人物牟宗三认为：“中国文化里之注意生命、把握生命不是生物学的把握或了解，乃是一个道德政治的把握。”❺他注解《尚书·大禹谟》里的“正德利用厚生”说：“这当是中国文化生命里最根源的一个观念形态。”❻在儒家看来，人的根本属性在于其道德性，所以道德生命是人类自然生命和文化生命的提升，是生命的最高层次，是人类生命的核心内涵。孟子指出，人之所以为人，是因

---

❶《论语 · 为政》。

❷ 徐国利. 钱穆的历史本体“心性论”初探[J]. 史学理论研究, 2000（4）: 43.

❸ 同❷。

❹ 黎群武. 临终关怀与道德生命、道德死亡[J]. 中国医学伦理学. 2000（4）: 59.

❺ 牟宗三. 中国哲学的特质[M]. 上海: 上海古籍出版社, 2007: 149.

❻ 牟宗三. 历史哲学[M]. 桂林: 广西师范大学出版社, 2007: 164.

为人“教”而有“道”，他说：“人之有道也，饱食、暖衣、逸居而无教，则近于禽兽。”[1]意思是人之所以异于禽兽，在于有人伦以及建立在人伦之上的众多道德原则。孔子说：“君子学以致其道。”[2]孟子又说：“君子深造之以道。”[3]就其本义来说，“道”本来是指人们所走的路，如《说文》说：“道，所行道也……”，儒家常引申指人们所普遍遵守且必须遵守的道德法则，其核心就是“仁”。所以孔子说“志于道”，又说“依于仁”[4]。

王夫之认为，人的物质欲望与道德准则都是人性的内涵，他说：“有声色臭味以厚其生，有仁义礼智以正其德，莫非礼之所宜。”[5]王夫之承认人的自然欲求与道德追求同时存在，但他更看重后者，他说：“生以载义，生可贵，义以立生，生可舍。”[6]在这里，“义”即人的道德追求，与“仁”同为儒家道德价值的核心。对儒家而言，生命就是一种使命，就是要去践行道德准则，完成使命人生。所以孟子会慨然而言：“如欲平治天下，当今之世，舍我其谁也？”[7]

二、启示价值

人的文化生命是自然生命的外化，自然生命是文化生命的物质载体；道德生命从属于自然生命，但它是自然生命体现存在价值的精神追求。“人的生命的发展水平、丰富程度、潜在可能的开发状态、生命质量的高低，说到底是他自己的人生实践铸成的。”[8]高校生命教育是一个系统工程，儒家关于人类生命的三个境界的理念与之相适应，提供了许多宝贵的时代价值。

---

❶《孟子 · 滕文公上》。

❷《论语 · 子张》。

❸《孟子 · 离娄下》。

❹《论语 · 述而》。

❺ 王夫之. 船山全书（十二）[M]. 长沙：岳麓书社，1992: 21.

❻ 王夫之. 尚书引义[M]. 北京：中华书局，1976.

❼《孟子 · 公孙丑》。

❽ 叶澜，郑金洲，卜玉华. 教育理论与学校实践[M]. 北京：高等教育出版社，2000: 152.

（一）有利于引导大学生敬畏生命

美国著名的心理学家弗洛姆说过："尊重生命、尊重他人也尊重自己的生命，是生命进程中的伴随物，也是心理健康的一个条件。"❶"君子之于禽兽也，见其生，不忍见其死；闻其声，不忍食其肉。是以君子远庖厨也。"❷儒家对生命始终抱以敬畏的态度，在实践中发展为"贵生""厚生""乐生"三种理念。一是"贵生"。"天地之性，人为贵。"❸《孟子》里有句话"行一不义，杀一无辜，而得天下，皆不为也。"❹二是"乐生"。孟子说："君子有三乐，而王天下不与存焉。父母俱存，兄弟无故，一乐也；仰不愧于天，俯不怍于人，二乐也；得天下英才而教育之，三乐也。"❺三是"厚生"，如"正德、利用、厚生惟和"❻"视民如伤"❼"恤民为德"❽。儒家关于"贵生""厚生""乐生"的思想对我们教育大学生敬畏生命，进而学会珍惜时间、珍惜生命，具有十分重要的启迪。

（二）有利于培养正确的死亡观

"要是一个人学会了思想，不管他的思想对象是什么，他总是在想着自己的死。"托尔斯泰这句话告诉我们：死是一个有目共睹的事实，没有人能回避它的必然性。孔子毫不掩饰地说："众生必死，死必归土。"❾荀子也坦然承认："死，人之终也。"❿这些都表现出儒家面对死亡清醒、坦然的态度。

---

❶ 刘迎泽. 心理咨询师手记[M]. 北京：海潮出版社，2009.

❷《孟子·梁惠王上》。

❸《孝经·圣治章》。

❹《孟子·公孙丑上》。

❺《孟子·尽心上》。

❻《尚书·大禹谟》。

❼《孟子·离娄上》。

❽《左传·襄公七年》。

❾《礼记·祭文》。

❿《荀子·礼论》。

儒家思想虽然正视、重视生命，但绝不一味苟求生存，而是以一种特殊的道德准则作为衡量价值的标准。“生亦我所欲也，义亦我所欲也；二者不可得兼，舍生而取义者也。”❶人的生命固然重要，但在孟子看来，肉体的生命并不具有崇高无上的唯一性。“人之所欲，生甚矣，人之所恶，死甚矣，然而人有从生成死者，非不欲生而欲死也，不可以生而可以死也。”❷人们想要得到的，莫过于生存；人们所厌恶的，莫过于死亡。但是人却有舍生就死的，这不是不想活而想死，而是因为在那种情势下不可以活而只可以死。北齐颜之推的一句话最能概括这一思想：“夫生不可不惜，不可苟惜。”❸张载更以近乎斩钉截铁的口气表明态度：“当生则生，当死则死。”❹

追求生命在精神意义上的不朽是儒家死亡观的重要内容。什么是正确的生死观，十分重要的是在面临生死时如何作出选择。对生命价值的领悟越透彻，面对生死的抉择就越明了、坚决。这个选择的标准，儒家的准绳就是“仁、义、礼、智、信”，即作为儒家价值体系中的最核心因素——五常。五常是儒家道德的原则和规范，对封建社会维护社会的稳定起到很大的规范作用，至今仍然影响着无数的中国人。儒家死亡观有助于大学生理智清醒地认识生和死的本质，珍惜、尊重自己和他人的生命，积极主动地使自己的生命尽可能更长、更有意义。

挖掘儒家死亡观的当代价值，有助于引导大学生对必然的死亡和死亡的价值的认识，消除对死亡的恐惧，驱除贪生怕死的念头，在短暂的生命历程中凸显个人的价值。

（三）有利于培养当代大学生的生态观

“生”的问题是中国哲学的核心问题，体现了中国哲学的根本精神。

---

❶《孟子·告子上》。

❷《荀子·正名》。

❸《颜氏家训·养生篇》。

❹《张子语录》。

《易传·系辞下》讲的“天地之大德曰生”已经超出了对人的生命的范畴，具有很深的哲学蕴意。法国著名人道主义者史怀泽认为：“中国伦理学的伟大在于，它天然地、并在行动上同情动物。”❶如孟子虽然主张“万物皆备于我”❷，但他并未走入人类中心主义的极端，而是同时提出“恩足以及禽兽”❸和“仁民而爱物”❹的观点。

儒家认为人是自然界的产物：“民受天地之中以生。”❺强调“天人合一”思想；宋代理学家程颢进一步发展，提出:“天人本无二，不必言合。”❻“天地别无勾当，只以生物为心。如此看来，天地全是一团生意，覆载万物。人若爱惜物命，也是替天行道的善事。”❼“爱惜物命”就表现出儒家对万物的恻隐之心。《淮南子·主术训》中说：“不涸泽而渔，不焚林而猎。”荀子也提出“节用裕民”“节流开源”❽等主张，这些又表达了一种环保思想。儒家传统生态道德思想包含的生态宇宙观、环保思想及可持续发展观等内容，与习近平生态文明思想的要求基本一致，符合高校培养具有生态思想人才的需要。

人从其自然属性来说，生命总会终了，走向死亡。但是，人又具有社会属性，这就决定了人的生命的社会特质，包括文化性和道德性。“中国文化的核心是生命的学问。由真实生命之觉醒，向外开出建立事业与追求知识之理想，向内渗透此等理想之真实本源，以使理想真成其为理想，此是生命的学问之全体大用。”❾牟宗三认为，自夏、商、周以来，中国哲学的着眼点就落在了关心人自己身上，就落在了“安排这最麻烦的生

---

❶ 史怀泽. 敬畏生命[M]上海：上海社会科学院出版社，1992.

❷《孟子·尽心上》。

❸《孟子·梁惠王上》。

❹《孟子·尽心上》。

❺《左传·成公十三年》。

❻《河南程氏遗书》卷六。

❼《朱子文集·仁说》。

❽《荀子·富国篇》。

❾ 牟宗三. 生命的学问[M]. 桂林：广西师范大学出版社，2005.

命”。[1]“天行健，君子以自强不息”[2]“士不可以不弘毅，任重而道远”[3]。在儒家眼里，生命是一种使命，小到修身、齐家，大到平天下，都是“君子”在实现生命价值过程中各个人生阶段的使命。儒家思想关于生命价值观的理念在现代仍然起着积极作用，能够帮助高校弘扬生命意识，教育大学生努力进取，形成积极奋进、健康向上的人生观。

三、创造性转化和创新性发展

按照儒家生命伦理思想，人的生命价值得到重视。对儒家生命伦理思想的现代价值进行挖掘，批判性地继承发扬，才能有效地进行创造性转化和创新性发展。

（一）“天人合一”的宇宙观与人生观的统一

《礼记·中庸》有云：“唯天下至诚，为能尽其性。能尽其性，则能尽人之性。能尽人之性，则能尽物之性。能尽物之性，则可以赞天地之化育。可以赞天地之化育，则可以与天地参矣。”[4]只有天下至诚的圣人，才能尽量发挥自己天赋的本性；能尽量发挥自己天赋的本性，就能尽量发挥天下人的本性；能尽量发挥天下人的本性，就能尽量发挥万物的本性；能尽量发挥万物的本性，就可以帮助天地对万事万物进行演化和发展；能帮助天地对万事万物进行演化和发展，就可以与天地并立为三了。儒家生命伦理思想强调通过发挥道德修养的精神力量，以个人努力实现改变社会、创造世界。所以一个人要实现个人生命的价值必须培养良好的道德、锤炼良好的心理素质，树立改造世界的信心，这样他才能成为自己生命的主人。现代的思想政治教育注重人的理想信念教育，引导人们加强自身修养，不断提升自己的精神境界，树立正确的世界观、人生观、价值观，成

---

[1] 牟宗三. 中西哲学之会通十四讲[M]. 上海：上海古籍出版社，1997.

[2]《周易·乾卦》。

[3]《论语·泰伯》。

[4]《礼记·中庸》。

为有坚定信仰、崇高理想、高尚道德的人。

（二）“内圣外王”的儒家理想人格和人的全面发展的统一

儒家理想人格追求知情意和真善美的和谐统一，具体表现为“内圣”和“外王”的人格特质。所谓“内圣”，即孟子所指的“圣人，人伦之至也”[1]，荀子所指的“圣也者，尽伦者也”[2]，要求人们在个人生命里实现最高的道德修养，也就是把塑造理想人格作为人生最高理想。所谓“外王”，就是指将“内求诸己”实现的个人理想道德外化为经世济民和治国理政的道德实践，成为有益于社会的人。《大学》说的“大学之道，在明明德，在亲民，在止于至善”，把儒家生命伦理思想追求的“内圣外王”的完美人格模式描绘得十分清晰、形象。马克思主义人学对“完美”的人也有重要描述。恩格斯在《共产主义原理》提出“使社会全体成员的才能得到全面的发展”[3]，马克思在《资本论》中指出共产主义是“以每个人的全面而自由的发展为基本原则的社会形式”[4]。中国共产党的创新理论继承发扬马克思人学理论是在坚持“两个结合”的马克思主义中国化时代化实践中形成的。从邓小平的“推动社会全面进步，促进人的全面发展”，江泽民“代表最广大人民根本利益”，胡锦涛“以人为本”科学发展观，一直到习近平关于“以人民为中心的发展思想”重要论述，都是几代共产党人对马克思主义关于“人自由而全面发展”思想中国化的具体实践和理论发展成果。思想政治教育中应该借鉴儒家生命伦理思想的有益成分，注重对教育对象道德意志的强化和塑造，包括对人的政治立场、思想观点和道德情感的改造，如同邓小平在1978年的全国科学大会上说的，“在我们的社会主义社会里，人人都要改造……所有的人都应该学习，都应该不断改造，研究新问题，接受新事物，自觉地抵制资产阶

❶《孟子·离娄上》。

❷《荀子·解蔽》。

❸ 马克思恩格斯选集（第3卷）[M]. 北京：人民出版社，1995: 322.

❹ 马克思恩格斯选集（第1卷）[M]. 北京：人民出版社，1995: 41.

级思想的侵袭，更好地担负起建设社会主义现代化强国的光荣而又艰巨的任务。”❶

（三）“见利思义”的义利观和马克思主义价值理论的统一

义利之辨是中国古代哲学的不同思想学派之间甚至同为儒家内部的争论，但总体来看，儒家生命伦理思想认为实现个人价值的途径主要是“义”大于“利”，“见利思义”和“义以为上”居主导地位。儒家生命伦理思想不否定私“利”，孔子说过：“富而可求也，虽执鞭之士，吾亦为之。如不可求，从吾所好。”❷孔子承认私利，但在“义”和“利”之间，孔子明确反对极端自私的个人享乐主义生死观，坚持“从吾所好”。孟子批评杨朱的极端自私主义，提出“拔一毛而利天下，不为也”❸，荀子则抨击庄子的“无为”是“蔽于天而不知人”❹。马克思主义在面对个人和社会矛盾时，明确主张以社会为本，强调集体价值、集体利益。恩格斯指出：“社会利益绝对地高于个人利益，必须使这两者处于一种公正而和谐的关系之中。”❺当前思想政治教育要明确社会利益和个人利益、社会价值和个人价值的辩证统一关系，在社会主义市场经济活动中树立正确的价值导向。

附注：本章根据作者发表于《长春工业大学学报》（高教研究版）（2010年第1期）的《儒家生命价值观的境界及其对大学生生命教育的启迪》重撰。

❶ 邓小平. 邓小平文选（第2卷）[M]. 北京：人民出版社，1994: 93-94.

❷《论语·述而》。

❸《孟子·尽心上》。

❹《荀子·解蔽》。

❺ 马克思恩格斯选集（第4卷）[M]. 北京：人民出版社，1995: 175.

我们要弘扬立己达人精神，增强现代化成果的普惠性。人类是一个一荣俱荣、一损俱损的命运共同体。任何国家追求现代化，都应该秉持团结合作、共同发展的理念，走共建共享共赢之路。走在前面的国家应该真心帮助其他国家发展。吹灭别人的灯，并不会让自己更加光明；阻挡别人的路，也不会让自己行得更远。要坚持共享机遇、共创未来，共同做大人类社会现代化的“蛋糕”，努力让现代化成果更多更公平惠及各国人民，坚决反对通过打压遏制别国现代化来维护自身发展“特权”。

——习近平在中国共产党与世界政党高层对话会上的主旨讲话

第八章 “和而不同”的儒家群己思想

个体总是存在于各种各样的群体之中的，社会性是人类的本质属性。“一个人如何在群体中安顿自我，如何在自我中涵纳群体，是一切文化体系必须处置之大问题。”[1]群己关系即“群己之辩”是中国传统哲学十分重视的一个问题。“在调整人们的社会关系（包括伦理道德、宗法制度、教育内容等方面）时，儒家的思想历来被绝大多数的中原王朝统治者奉为经典。”[2]儒家群己思想是中国传统文化研究的一个重点，在今天仍然具有十分重要的现代意义。

一、思想内涵

按照传统的道德理论观点，道德就是调整个人与个人之间、个人与集体（社会）之间关系的规范。“群己观是人生观的核心，是社会实践主体处理自我和他人、个人与社会之间关系的思想自觉，是社会群体价值和个人自我价值实现的思想前提。”[3]道家主张简单淡薄的人际关系，反对密切的社会交往，《老子》说：“邻国相望，鸡犬之声相闻，民至老死不相往来。”[4]相反，儒家却十分重视群己关系，对“群”和“己”有深厚的含义。

《诗·小雅·吉日》说：“儦儦俟俟，或群或友。”意思是（兽群）或

---

❶ 凌友诗. 从不同文化体系的“群己观”看中华民族的公民教育[J]. 学术研究，2008（11）：152.

❷ 赵伟. 文化认同是民族融合的先决条件[J]. 广西民族研究，2005（1）：17.

❸ 王齐彦. 儒家群己观研究[M]. 北京：中国社会科学出版社，2006.

❹《道德经 · 八十章》。

急奔或慢行，三五成群结伴嬉。这里的“群”是指同类。之后《礼记》又将“群”的概念引申到同辈好友，《礼记·檀弓上》：“颜回曰：吾离群而索居，亦已久矣。”《尚书·大禹谟》：“舍己从人。”《礼记·坊记》：“君子贵人而贱己，先人而后己。”以上说的“己”都表示与他人相对的自我。离群索居、舍己从人、先人后己等词至今仍然保持基本不变的原意。“从语辞含义上看，‘群’是众多个体按一定规则聚合形成的整体；‘己’是群体中具有容物、生物、为群之中心的特指个体。群与己的关系是群体内个体（自我）与整体的关系。”[1]

（一）“和而不同”，群内平等

孔子说：“君子和而不同，小人同而不和。”[2]意思是说：君子讲协调而不盲目附和，小人盲目附和而不讲协调。“同”即无差别协同，它往往建立在某种无原则的偏见、附和的基础上，在人际关系中容易形成拉帮结派；“和”则是讲究求同存异，在承认差异的基础上达到社会成员的理解、融合、协调统一、和谐共存。“和而不同”反映了一种辩证法思想：差异导致的分歧使社会关系产生矛盾和冲突，但对不同因素和力量的合理协调，能保持一种和谐的平衡。

儒家承认人与人之间社会地位的区别，但又强调必须在平等的基础上交友，《周易》说的“上交不谄，下交不渎”[3]和《礼记》说的“并立则乐，上下不厌”[4]，就是指社会地位不同的人在交往时要平等、互重。随着时代的发展，近代中国儒家群己思想逐渐吸收西方民主思想，提出“人人平等”的观点。清末康有为直接提出：“人人独立，人人平等，人人自主，人人不相侵犯，人人交相亲爱，此为人类之公理。”[5]这种和而不同、人人

[1] 王齐彦. 儒家群己观研究[M]. 北京：中国社会科学出版社，2006.

[2]《诗经·小雅·鹿鸣之什》。

[3]《周易·系辞下》。

[4]《礼记·儒行》。

[5] 康有为. 孟子微[M]. 北京：中华书局，1987.

平等的思想也体现在当前党的民族工作方针中，对我们处理大学生群己关系具有很好的启迪价值。

（二）强调群体的价值

孔子说："鸟兽不可与同群，吾非斯人之徒与而谁与？"❶荀子更进一步提出："人之生不能无群。"❷荀子形象地说，人就个体而言，"力不若牛，走不若马"，却能驱使牛马，就是因为人团结个体、结合成一定的社会组织来战胜兽类。"人之生不能无群"，换句话说，群体就是人作为个体存在的基本前提。马克思说过："人的本质并不是单个人所固有的抽象物。在其现实性上，它是一切社会关系的总和。"❸人与人之间、个人与社会之间、人与自然的关系是道德调节的主要范围，儒家群己思想肯定群体价值的思想十分符合马克思主义哲学理论。

儒家德育思想在强调群体价值的同时，并不完全否定追求独立人格。生活在地球上的生物中，不论是力量还是速度，人类都不是最出色的，却为何能够成为各个物种的顶端，缔造出辉煌的文明呢？这一点，儒家的荀子早已给出答案："力不若牛，走不若马，而牛马为用，何也？曰：人能群彼不能群也。"❹人的力气没有牛大，跑起来没有马快，却能够驱使牛马为其所用，原因就是人能够结成社会群体，牛马却不能。所以周易认为"服牛乘马"是人类文明程度的一大进步。人类结合而成的社会群体，与其他动物结群而生不一样，它依靠的是各种维系人际关系的道德规范。马克思也说过："人的本质并不是单个人所固有的抽象物，在其现实性上，他是一切社会关系的总和。"❺在儒家看来，人类按照各种社会关系，以社会的形式共同存在，而且能够"爱其类"，实现群内和谐、互助互爱，才

---

❶《论语 · 微子》。

❷《荀子 · 富国》。

❸ 马克思恩格斯选集（第1卷）[M]. 北京：人民出版社，1995: 18.

❹《荀子 · 王制》。

❺ 马克思恩格斯选集（第1卷）[M]. 北京：人民出版社，1995: 56.

能够支持、维系整个人类社会的发展。另外，儒家虽然强调群体对个体存在和发展的价值，但并不否定个体对群体的推动作用。相反，历代大儒都推崇优秀人物对社会、历史的积极影响。在儒家眼里，以“修齐治平”为己任的“圣人”“贤人”“君子”正是代表着各个层次的理想人格，是无数人一辈子孜孜以求的人生目标。所以，秉承儒家理想人格的人，在面对诱惑时，会断然作出“不食嗟来之食”的回应❶；在面临抉择时，会毅然作出“舍生而取义者也”的选择❷；在面对武力威胁时，会慨然发出“三军可夺帅也，匹夫不可夺志也”的怒斥❸。

（三）“群而有分”，强调社会秩序

荀子提出“群”的概念后，又进一步阐述达到“群”的途径——“明分使群”❹。何谓“明分”？简单地讲，就是社会上下各成员在工作上都要各尽其职，在财物的分配上，要按职位、才智的不同而有所区别。这里的“分”讲的是“秩序”的意思。“群而无分则争，争则乱，乱则穷矣。故无分者，人之大害也；有分者，天下之本利也……”❺人类在社会体系中的“合群”与必需的社会秩序是分不开的。

儒家思想诞生的春秋战国时期，中央政权统治无力，社会秩序失常，有识之士渴望恢复“周礼”规范下的社会秩序。此时诸侯逐渐势大，周王朝日益失去对全国各地诸侯的控制。伦理秩序、道德秩序是儒家思想的学术基础和落脚点，从伦理秩序、道德秩序进而提升到社会秩序是儒家的基本诉求。中国封建制度实际上是建立在一种契约的基础上的社会秩序，整个社会是由许多契约（即封建礼制）联结而成的社会秩序。孔子虽然毕生致力于恢复“周礼”，维护中央的统治地位，但他也十分尊重人格的独

❶《礼记·檀弓下》。
❷《孟子·告子上》。
❸《论语·子罕》。
❹《论语·富国》。
❺ 同❹。

立，所以他告诫子贡说：“己所不欲，勿施于人。”[1]在对待群体价值与独立人格的群己关系上，孟子的观点是儒家群己思想的代表。他继承孔子的观点，重视群体、国家的价值优于个人的价值，并且指出个人对天下的责任：“达则兼济天下。”[2]但孟子在处理传统的君臣伦理关系时也勇敢地提出“君”要尊重、维护“臣”的高尚人格：“君之视臣如手足，则臣视君如腹心；君之视臣如犬马，则臣视君如国人；君之视臣如土芥，则臣视君如寇仇。”[3]可见，既强调、维护群体的价值又重视、追求个人的独立人格和相互平等是儒家群己思想的最主要内容。

儒家德育思想强调个人克己修身与维护社会秩序存在密切的关系。以“治国平天下”为己任的儒家相信一个人“独善其身”只是暂时的，“兼济天下”才是“君子”的最高目标。在当时动荡不安的社会大环境中，儒家深知一个人要践行自己的理想、彰显纯洁的人格、体现个人的价值，是离不开安定、稳定的社会秩序的。儒家认为人是道德修养的主体，维护社会稳定和群体和谐是个人道德修养的最终目标，“克己修身”就是通过自我反省、自我约束、自觉自律、自我要求提高思想境界，达到人生价值的自我实现。“温良谦恭让”作为儒家规范的待人接物的准则，所反映的不仅是表面的礼仪，更是儒家内心自持和尊重他人的道德修养。

（四）“立己—立人”和“成人—达己”

孔子提出：“己欲立而立人，己欲达而达人。”[4]在儒家看来，个人追求达到理想人格的过程也是完善其人己关系的过程。在儒家群己思想的思想框架内，“己”和“人”在共同的人生价值观的引导下，互相影响、“人我兼摄”，从而实现从“立己”到“立人”、从“成人”又回到“达己”的和谐状况。儒家认为，人格修养的最终目标既不能单靠一个人的自我实现，

[1]《论语 · 卫灵公》。
[2]《孟子 · 尽心上》。
[3]《孟子 · 离娄下》。
[4]《论语 · 雍也》。

也不能追求个别人的局部实现，而应该推己及人，在完善自我和成就他人中达到整个群体的同心同德、协力共进。儒家提倡“老吾老以及人之老，幼吾幼以及人之幼”不仅表现出一种博大的襟怀，更是对建立“立己—立人”“成人—达己”的人己关系的积极倡导。因此，深受中国人推崇的“成己达人”与“成人达己”理念，就是儒家群己思想关于人己关系的观点在人们行为准则中的具体表现，其辩证关系很好地展示了儒家思想的智慧。

（五）德不孤，必有邻

孔子曾说过：“德不孤，必有邻。”❶意思是有道德的人是不会孤独的，一定会有志同道合的人和他相伴。朱熹对此句注释说：“德不孤立，必以类应。故有德者，必有其类从之，如居之有邻也。”❷历代儒家都十分重视道德修养，并且以道德水平的高低来衡量一个人的生命价值，甚至把道德提升为立身立国的根本。因此每个人都以道德完美为人生的终极追求。亚圣孟子发扬了孔子的思想，提出：“得道多助，失道寡助。”❸在这种思想的鼓励下，笃信道德理想主义的儒家“一以贯之”，践行儒家道德准则，历朝历代都涌现出许多志同道合、惺惺相惜令后人敬仰的群体关系，如唐朝李杜、东林学者等。

儒家德育思想特别强调“公德”，弘扬“公心”。朱熹说：“一心可以兴邦，一心可以丧邦，只在公私之间尔。”❹前者指“公心”，即兴邦之心；后者指私心。朱熹认为人不能“任己私去做，便于我者则做，不便于我者则不做”❺。唐纳德·蒙罗也认为，儒家推崇的是一种克制自我或“无我”的人格：“无我的人格则是心甘情愿地把他自己的，或他所属的某个小集体（如一个村庄）的利益服从于一个更大的社会群体的利益。”❻中国文化

❶《论语·里仁》。

❷《论语集注》。

❸《孟子·公孙丑下》。

❹ 同❷。

❺《语类·论语》。

❻ 郝大维，安乐哲．汉哲学思维的文化探源[M]．南京：江苏人民出版社，1999: 27.

是世界四大文化体系中唯一没有被中断的一支体系，这和它一直强调“公心”、强调国家统一有紧密的关系。

二、启示价值

马克思认为人的本质是一切社会关系的总和，人的本质不是固定的单个人的存在，强调人的社会本质。马克思在《德意志意识形态》中提出：“只有在共同体中，个人才能获得全面发展其才能的手段，也就是说，只有在共同体中才可能有个人自由。”[1]因为社会本身是由具有各种传统的人群之间的关系和联系所组成的，能否正确认识和处理自我、他人、社会之间关系是一个人思想、道德、伦理上是否成熟的标志。新时代思想政治教育，核心内容是培育和践行社会主义核心价值观。2013年5月4日，习近平在同各界优秀青年代表谈话中指出：“要加强思想道德修养，自觉弘扬爱国主义、集体主义、社会主义思想，积极倡导社会公德、职业道德、家庭美德。”[2]社会主义核心价值观是一个民族的精神支柱和行动向导，对巩固马克思主义在意识形态领域的指导地位，巩固全党全国人民团结奋斗的共同思想基础，引领全国各族人民全面推进中华民族伟大复兴具有重大意义。

高校开展社会主义核心价值观教育，弘扬爱国主义、集体主义，有助于培养大学生社会主义理想，有助于促进大学生培养以遵纪守法为核心的法治意识、以独立自强为核心的主体意识、以敢于担当为核心的责任意识、以关心国情民情为核心的主人翁意识。第一，有利于培养大学生的法治意识。依法治国是中国特色社会主义法治建设的一项重要内容，而大学生是当前中国法治建设的重要参与者和主要推动力量。高校教育大学生积极成为社会主义核心价值观的体现者和实践者，使符合核心价值观的言行得到鼓励，违反核心价值观的言行得到约束，对大学生培养法治意识具有良好的促进作用。我国高校的根本任务是培养社会主义合格的建设者和接

---

[1] 马克思恩格斯选集（第1卷）[M]. 北京：人民出版社，1995: 119.

[2] 习近平在同各界优秀青年代表座谈时的讲话[EB/OL]. 新华网，[2013-05-04]. http: //news.xinhuanet. com/politics/2013-05/04/c_115639203. htm.

班人，因此，当前对大学生进行核心价值观教育，最根本的一点是要在坚持马克思主义指导的思想基础上，坚持人民民主制度的基础上进行民主与法治的教育，培养和坚持大学生精神信仰的社会主义方向。第二，有利于培养大学生的主体意识。长期以来，受“教育产业化”的误导，我国许多高校陷入盲目扩招的误区，高校成为大学生的“生产流水线”，按照统一模式培养学生，没有充分考虑学生在教育过程中的主体地位和独立人格的塑造。在大学生中开展集体主义、爱国主义教育，能够唤醒大学生的主体意识，发挥大学生在教育过程中的能动性、自主性和创造性，引导学生自我教育、自我管理和自我服务。第三，有利于培养大学生的责任意识。在过去的计划经济体制下，人们强调国家和集体的利益，忽视个体利益甚至忽视个体人格的地位。当前我国处于深化社会主义市场经济体制改革的进程中，由于过多受到西方商品经济思想的影响，再加上互联网上代表各种价值观的信息良莠不齐，以自我为中心的利己主义越来越得到人们的“拥趸”，一些辨析能力较弱的青年学生也受到蛊惑。马克思、恩格斯曾指出：“作为确定的人、现实的人，你就有规定，就有使命，就有任务。至于你是否意识到这那是无所谓的。这个任务是由你的需要及其与现存世界的联系而产生的。”[1]高校的任务是培养中国特色社会主义事业的合格建设者和接班人，因此要重视培养大学生的责任意识。引导他们塑造独立人格，使他们的权利、自尊、个性得到尊重，更学会尊重他人，重视社会的集体价值，培养对他人、对集体负责任的意识。第四，有利于培养以关心国情民情为核心的主人翁意识。积极寻求参与公共事务的意识是主人翁意识的本质属性，参政议事的能力是主人翁意识的外在表现。高校培养大学生核心价值观意识，引导他们正确认识个人与社会的关系，将自己视为社会整体的一个基本单元，能够主动关心他人、积极参与集体共同的事务、参加各类社会活动。高校能够通过核心价值观教育培养大学生的参与意识，引导他们积极参加党团活动、社会实践、青年志愿者活动、学生组织，鼓励他们走

[1] 马克思恩格斯全集（第3卷）[M]. 北京：人民出版社，1960: 329.

出校园，接触社会。大学生走进社会，参与地方一些政治活动和经济文化活动，一方面能够唤醒大学生参与意识，赋予大学生宪法保障的权利；另一方面能够培养大学生的社会实践能力，为将来迅速融入社会做好准备。

儒家经典《学记》中鲜明提出了“敬业乐群”的教育目标，儒家传统群己思想对当前开展社会主义核心价值观教育，培养爱党、爱国精神，培育集体主义情感，仍然具有积极意义。

（一）重视群体价值，培养大学生的社会责任感

总体来讲，儒家德育思想是建立在各种人际关系、群己关系和谐共生的状态之上的，是一种纯粹的社会伦理。如果大家的做法都像《礼记》描绘的那样“各亲其亲，各子其子”，社会上的利己之心日益严重，那就真的会导致“各人自扫门前雪，哪管他人瓦上霜”。

北宋范仲淹有一句为后人广为传诵的名言：“居庙堂之高则忧其民，处江湖之远则忧其君。”不管自己的人生状况是得意还是失意，心里始终牵挂着国家社稷和黎民百姓，“先天下之忧而忧，后天下之乐而乐”，这就是肩负社会责任的儒家圣贤的鲜明写照。

当代大学生作为中国特色社会主义建设事业的接班人，要负起推动时代发展、社会进步的重担，就必须培养、具备勇于奉献、敢于担当的社会责任感。高校应该引导大学生借鉴儒家群己思想关于个人与家、国、天下关系的理念，树立弘扬以爱国主义为核心的民族精神，慨然发出“如欲平治天下，当今之世，舍我其谁也”的豪言壮语[1]。

（二）追求人格独立，发挥大学生的主体性

儒家群己思想虽然认为“人之生不能无群”，强调一个人的价值主要体现在他对家、国、天下的贡献上，却从来没有忘记“个人”的存在意义，没有忽视个人人格。儒家思想讲究的是一个人既要有“平治天下”的

[1]《孟子 · 公孙丑下》。

社会责任感，又要保持自己人格的独立，兼顾自我和群体的价值。“既肯定个体与社群的密不可分，同时又凸显独立人格，在深入社群的同时成就鲜明的自我。自我对社会构成一致既内在又超越的关系。这就是儒家对于自我的理解。”❶清末康有为学贯中西，他虽然学西学以求强国之路，深入研究西方民主宪政，但不认为平等之说源于西方，他在《中庸注》中提出：“自由平等乃孔子立治之平。”❷康有为十分重视人的主体性，他在《孟子微》中进一步指出：“人人独立，人人平等，人人自立，人人不相侵犯，人人交相亲爱，此为人类之公理。”❸

高校在思想政治教育过程中加强传承儒家群己思想关于保持高尚道德、独立人格的思想，十分契合当代青年人彰显个性、重视自我价值实现的特点，有利于发挥大学生在教育过程中的主体性，激发他们的能动性、主动性和创造性，进一步提高教育的有效性。

（三）加强自我修身，提高大学生集体主义意识

儒家思想提出“内圣外王”，意思是一切齐家、治国、平天下的“外王”大业，都要立足于“修身为本”。在儒家眼里，“君子”是指那些具备完美道德和独立人格的人。子路曾经问孔子怎样做才算君子，孔子答复说：“修己以敬”“修己以安人”“修己以安百姓”❹。孟子发展了孔子的修身学说，认为个人的修身对家、国、天下具有重要意义，提出：“天下之根本在国，国之本在家，家之本在身。”❺从孟子关于家、国、天下的逻辑来看，“君子”个人保持品德高尚、人格独立还远远不够，其修身的最终目的是修己善群，实现群己关系的协调，达到全社会的和谐，所以“自天子至于庶人，壹是皆以修身为本”❻。

---

❶ 杜凤娇. 儒家也有一种“个人主义”[J]. 人民论坛, 2012（12上）: 76.

❷ 康有为. 中庸注（卷一）[M]. 北京: 中华书局, 1987.

❸ 康有为. 孟子微[M]. 北京: 中华书局, 1987: 23.

❹《论语 · 宪问》。

❺《孟子 · 离娄上》。

❻《大学》。

集体主义反映了大学生处理个人与他人、个人与社会、个人与国家关系应有的道德认识和行为规范。因此，高校借鉴儒家德育思想，加强大学生传统文化教育，引导他们通过自身精神修养塑造独立人格，有利于促进大学生对新时代集体主义的自觉认同，唤醒他们的爱国主义、集体主义意识。

（四）注重“躬行践履”，加强大学生的实践精神

儒家思想是一种非常入世的哲学思想，强调“躬行践履”，认为日常生活实践是个人修身的重要途径。孔子说：“弟子入则孝，出则弟，谨而信，泛爱众，而亲仁，行有余力，则以学文。”[1]在这里，孔子把道德实践摆在道德认知之前，教导弟子要在人生经验中砥砺德行。集体主义不是简单的知识体系，它是人类社会性的体现，是人类在公共社会生活的实践产物。一个人只有处于社会生活的各种关系之中并对处理个人与他人、个人与集体关系的态度和行为产生主观体验，才能够认识道德与不道德的区别，才能够提高个人的社会参与意识、责任意识和实践意识。当代大学生是中国特色社会主义事业的建设者和接班人，科技的发展和社会的进步对他们提出了更高的要求，要求他们既要认真学习理论知识，还要加强实践锻炼。因此，高校借鉴儒家群己思想的实践宗旨，有助于引导大学生积极参加社会实践，主动体验生活、接触社会，在实践中培养实际能力，认识社会国情，促进成长成才。

三、创造性转化和创新性发展

儒家思想诞生以来几千年，逐渐成为中国传统文化的最主要内容之一，其以“日用而不知”的方式深深植根于中国人民精神世界和生产、生活。“上自朝廷礼仪、典章、国家的组织与法律、社会礼俗，下至族规、家法、个人的行为规范……凡此自上而下的一切建制之中都贯注了儒家的原则。”[2]儒家思想以极强的生命力，深刻影响着中国各族人民。群己思想

---

[1]《论语·学而》。

[2] 余英时. 现代儒学论［M］. 上海：上海人民出版社，1998: 36-37.

即“群己之辩”是中国古代哲学关注的一个重要问题，探讨的是个人与社会之间的关系。当前，中国各民族和谐团结，但民族特点、民族差异仍然存在，客观上影响着高校各民族大学生的群己关系。因此，高校在少数民族大学生思想教育过程中注意拓宽群己思想现代化转换途径，引导大学生正确处理个人与他人、个人与集体之间的关系，加强文化认同，维护民族团结，铸牢中华民族共同体意识。

（一）当前少数民族大学生的群己思想

为了逐步缩小边疆少数民族地区和内地教育发展水平的差距，我国对少数民族受教育实行扶持帮助的特殊政策。特别是随着近几年高等教育的快速发展，越来越多的少数民族青年得以进入内地大学读书。根据《中国的民族政策与各民族共同繁荣发展》白皮书（2009年9月27日国务院新闻办公室发表），我国普通高等学校少数民族在校生数为133.9万人，其中有很大一部分在内地高校学习。这些少数民族大学生是各民族的优秀青年，肩负着促进各民族经济、文化交流，推动各民族共同繁荣发展的重任。他们来到大学后，都将经历一个从陌生到熟悉、再到适应的过程，他们的群己思想及其群己关系应该引起高校思想教育工作者的注意。

1.高校少数民族大学生群己关系现状

（1）渴望交际但交际范围狭窄。少数民族学生多数性格开朗、喜好交友，入学后却因为文化、习俗、语言、宗教等方面的差异，他们中的一些人往往选择局限与本民族学生交往，这就使他们的交际范围变得狭窄。这种狭小的社会交际圈使得少数民族学生更加远离大学公共活动，既容易因孤独引起自卑等心理问题，又滋长了个人主义和小集体主义思想。

（2）集体意识强，但易陷入拉帮结伙的误区。团结、互助、互爱是大多数少数民族的良好传统，也误导一些少数民族学生只愿意和本民族或同是少数民族的同学交往。在校园里，同样来自边远地区的少数民族学生更容易团结在一起，建立起深厚的友谊。因为缺少引导，这种集体意识往往走入误区，出现拉帮结伙、寻衅滋事、恃强凌弱的不良情况。

（3）热爱祖国，但容易受不良思潮的影响。大多数少数民族学生来自偏远的农村、牧区，他们思想淳朴，对国家扶持少数民族地区经济、文化的政策十分感激，对祖国和人民有着强烈的热爱之情。但由于这些学生长期生活在信息闭塞的环境中，容易受本地域族宗教、民族思想的影响；而且入学之后在面对分裂主义、民族主义、恐怖主义等极端思想时又缺乏必需的辨析能力，所以对他们的思想政治教育还要进一步加强。

2.原因分析

（1）教育背景的差异。随着国家少数民族政策的不断完善，越来越多的少数民族学生能够享受到高等教育（录取条件往往比普通汉族学生优惠），但少数民族大学生由于成长环境落后而与大部分汉族学生之间的差异仍然显得十分明显。文化基础较差、知识面狭窄、观念滞后等差异都容易使来自少数民族地区的大学生在入学后产生自卑感、孤独感，给群己关系带来消极影响。

（2）文化认同引起的"划界"心理。根据美国政治学家亨廷顿的观点，"文化认同"是不同民族的人们用"祖先、宗教、语言、历史、价值、习俗和体制来界定自己"[1]并以某种象征物作为标志来表示自己。我国著名民族学家费孝通说过："一个民族总是要强调一些有别于其他民族的风俗习惯、生活方式的特点，赋予强烈的感情，把它升华为代表本民族的标志。"[2]"为了证明自己民族的勃勃生命力，每个民族总以自己不同于民族的文化的各个方面，如服饰、节日礼俗、生活习俗等等引以为豪，获得自尊。"[3]所以维吾尔族的绣花小帽、藏族的无袖长袍、蒙古族的长筒布靴等典型的少数民族服饰，在汉族地区的大学校园里很惹人注目。少数民族学生远离家乡，在以汉族学生为主的学校读书，经常会对环境产生陌生感；而不少汉族学生长期受谬论的影响，对少数民族彪悍、野蛮等错误印象根

[1] 亨廷顿 . 文明的冲突与世界秩序的重建[M]. 周琪，等译 . 北京：新华出版社，2010: 4.

[2] 费孝通 . 关于民族识别问题[J]. 中国社会科学，1980（1）: 18.

[3] 张立辉，孙建华 . 以和谐理念加强民族大学生思想政治教育[J]. 贵州民族研究，2009（1）: 156.

深蒂固，对少数民族同学（包括他们的民族服饰）采取“鄙视”或“敬而远之”的态度。从社会心理学的角度来看，个体将与自己（语言、文化、信仰）相似的成员视为“自己人”，即“内群体”，将与自己不相似的视为“外人”。少数民族学生和汉族学生在相处、交往时，这种“文化认同”如果没有得到正确引导往往就导致不同文化间的“划界”心理。

（3）语言障碍。在人们交际过程中，语言是人类最重要的交际工具和手段，也是一个民族最主要的特征之一。“除回族历史上使用汉语，满族、畲族基本转用汉语外，其他52个少数民族都有本民族语言，有20多个少数民族共使用近30种文字。”❶少数民族大学生在入学前基本都是使用本民族语言，甚至学习中也较少使用汉语（实行双语教学的地区也都是以民族语言为主），许多人汉语基础不好。进入大学后，以普通话为校园语言的语言环境使少数民族学生在学习、生活中感到困难、窘迫，甚至出现心理问题。不少心理素质较差的少数民族学生面对这种语言障碍，往往选择回避交际，选择局限在本民族群体中活动，远离多数汉族同学或者远离集体活动。

（二）现代化转换的途径

一般来说，价值体现了人的需要的适用性和实用性，即对个人、集体、社会和整个人类生产、生活具有积极意义。儒家思想在中国存在几千年，再加上历代统治阶级的重视、主导，已经深深地扎根在中国人的心里，至今仍然存在巨大的潜在影响。“历代中原封建王朝都重视儒家思想对少数民族进行统治，少数民族入主中原而建立的王朝也都奉儒家思想为精神统治工具。”❷以儒家思想为主流的中华文化在少数民族地区也存在深刻的影响，高校应挖掘和发挥儒家群己思想的现代价值，拓展其对少数民族大学生教育现代化转换的途径。

---

❶ 中华人民共和国国务院新闻办公室．中国共产党尊重和保障人权的伟大实践[EB/OL]．中华人民共和国国务院新闻办公室门户网．http: //www. scio. gov. cn/zfbps/ndhf/44691/Document/1707316/1707316. htm.

❷ 杨甫旺．儒学在彝族地区的传播与彝族社会文化的变迁[J]. 贵州民族研究，2009（5）: 161.

1.进行爱国主义教育

儒家自其诞生开始就强调维护国家统一，他们提出“定于一”[1]和“天下为一”[2]的概念，体现了儒家的爱国统一思想。梁启超认为爱国思想是潜在于国民内心的，他说：“大抵爱国主义，本为人人所不学而知，不虑而能。”[3]爱国主义是民族精神的核心，是当代大学生的永恒主题。当前高校的根本任务是培养中国特色社会主义事业合格的建设者和接班人，在对少数民族学生的思想教育过程中，尤其要加强以维护祖国统一和各民族安定团结为主旋律的爱国主义教育，警惕一切企图分裂国家的阴谋活动。

2.加强“四个认同”教育

挖掘和利用儒家传统文化的现代价值，开展群己思想研究，在少数民族大学生中进行正确的群己关系教育，能够唤起他们对中华民族悠久文化的归属感，提高对祖国、对中华民族、对中华文化、对中国特色社会主义道路的认同，铸牢中华民族共同体意识。这也是我国少数民族大学生思想政治教育的一个重要内容，是实现民族团结的根本目的。

3.倡导正确的人际关系

“虽有兄弟，不如友生。”[4]儒家一直重视引导正确的人际关系、重视友谊的培养。孔子说过：“夫仁者，己欲立而立人，己欲达而达人。”[5]孔子将立人、达人作为立己、达己的前提，而正是在成就他人的同时实现自我的满足。儒家这种“忠恕”之道是道德修养中用于调节人际关系的重要原则，也可作为各民族学生和谐相处、互利合作、共同发展的借鉴。

4.促进求同存异

儒家文化讲求“和而不同”，在民族团结和文化交流的实际工作中表现为“求同存异”的思想。“求同存异”是以周恩来为首的老一辈共产党人在实践中摸索出来的宝贵经验，始终作为统一战线工作的一条基本方针，体现了辩

---

❶《孟子 · 梁惠王上》。

❷《荀子 · 议兵》。

❸ 梁启超. 饮冰室文集点校（第四集）· 痛定罪言[M]. 昆明：云南教育出版社，2001.

❹《诗经 · 鹿鸣之什 · 常棣》。

❺《论语 · 雍也》。

证法的智慧。高校在少数民族大学生的思想教育中坚持求同存异方针，尊重少数民族的平等地位和权利，保持各民族文化的相对独立，促进多民族文化融合，从而改善少数民族大学生群己关系，最终达到“和而不同”的境界。

5.加强法治教育

秩序对于群体生活是必需的。春秋时期，面对诸侯争霸、周朝王权衰落的局面，儒家宗师孔子认为是“礼崩乐坏”、政治失序的结果。儒家思想主张用仁塑造个体道德修养，用礼来规范社会秩序，从而达到群体和个体的和谐。仁和礼能有效调节社会成员无止境的私欲和社会供给的有限性的矛盾，达到人与人、人与社会之间的和谐。“人非社会不能生活，而社会生活非有一定秩序不能进行……”❶儒家维护政治、社会秩序的主张，为我们今天提倡依法治国、促进社会和谐提供了很好的启迪。

中国是各族人民共同缔造的统一的多民族国家，中华民族文化是融合各区域、各民族文化于一体的有机体系。在漫长的历史进程中，儒家思想一直影响着中国文化的发展导向，已经内化到世代中国人的精神世界中，成为人们普遍认同和自觉遵守的道德规范和行为准则。“民齐者强，民不齐者弱。”❷为了增强民族团结，在各民族学生中营造和弘扬平等、团结、互助、和谐的民族关系，高校在少数民族大学生教育工作中，要学会“用历史唯物主义的观点审视中华民族文化发展脉络，挖掘中国传统文化中的价值”，充分发挥儒家群己思想的现代价值，“让青年一代对中国传统道德观念和文化有一种认同感，从而发挥祖国优秀的儒家文化在当代大学生思想政治教育工作中的作用。”❸

附注：本章根据作者发表于《江西科技师范大学学报》（2016年第1期）的《儒家群己观对大学生公民精神培养的现代价值》和发表于《未来与发展》（2016年第3期）的《儒家群己观对少数民族大学生思想教育的现代价值》重撰。

---

❶ 梁漱溟.梁漱溟全集（第2卷）·乡村建设理论[M].济南：山东人民出版社，2005: 162.

❷《荀子·议兵》。

❸ 何宇红.儒家文化与大学生思想政治教育[J].黑龙江高教研究，2009（10）：143，145.

如果没有中华五千年文明，哪里有什么中国特色？如果不是中国特色，哪有我们今天这么成功的中国特色社会主义道路？我们要特别重视挖掘中华五千年文明中的精华，弘扬优秀传统文化，把其中的精华同马克思主义立场观点方法结合起来，坚定不移走中国特色社会主义道路。

——习近平在福建武夷山市朱熹园调研时的重要讲话

第九章　儒家视野下的优秀地域文化

中国是世界四大文明古国中唯一一个文明传统未曾中断过的国家，它在数千年的文明演进进程中，积累、沉淀了极其丰富、优秀的思想文化，这是中华民族智慧的结晶，是陶冶民族精神、提高民族素质的巨大精神力量，是维系我们民族生生不息、延绵发展的精神纽带。著名学者季羡林说过："在当今世界，最具有中国特色的是中国的文化，如果我们没有了这一点，具有中国特色就成了空话。"❶

源远流长的中华民族在几乎每块土地上都诞生、繁衍、发展了各具特色的地域文化，如两淮文化、齐鲁文化、岭南文化、闽南文化等。它们"已经形成了人们在日常生活中所遵循的一种模式，成为人们依照去言行，而又成为人意识不到其存在的一种精神力量"❷。闽南文化上接中原文化，下续海外，对广大闽南人、闽南侨胞产生了广泛而深刻的影响。我们要全面认识闽南文化的思想内涵，把握其精神与精华，古为今用，为构建中国特色社会主义文化体系服务，为当代青年的道德文化教育服务。儒家文化作为中华优秀传统文化的主导，深深影响着中国各地域文化。本章以闽南文化为例探讨儒家视野下的优秀地域文化的德育价值。

一、思想内涵

"文化虽然永远在不断变动之中，但是事实上没有任何一个民族可以一旦

❶ 周立升，颜炳罡，等. 儒家文化与当代社会[M]. 济南：山东大学出版社，2002: 370.

❷ 同❶。

尽弃其文化传统而重新开始。”[1]当代中国人的思维与行为方式显示着几千年中华文明史的影子，带着深深的民族烙印，这正如鲁迅先生所讲：“我们的一举一动，虽似自主，其实多受死鬼的牵制。”[2]作为中华文化体系的一个重要分支，闽南文化中蕴藏着深厚的思想内涵。

（一）崇儒

闽南濒海，远在南陬，两宋以前一直被视为蛮荒之地，文化发展迟缓。永嘉之乱以后，历经几个朝代不断的中原移民入闽，带来了积淀深厚、内涵丰富的文化。尤其是朱熹在闽南六年时间，以教育为先，弘扬儒学，编印经典，传授弟子，其重教兴学思想极大地促进了闽南文化教育的空前发展：“泉郡人文之盛，甲于全闽……经学之儒彬彬辈出。”晋江曾号称：“一邑与海内诸邦相抗衡。”[3]朱熹盛誉泉州“满街都是圣人”，可见不是徒有虚名。

（二）重本

闽南文化中仅“古汉语活化石——闽南语”“中国古代音乐活化石——南音”“宋元南戏活化石——梨园戏”三项，其保留的完整性、传承的时间性就令人难以望其项背。而在民间习俗方面，闽南人的崇源重本、恪守传统更加明显：“功夫茶”“中秋博饼”“扫尘”等代代相传不断的生活习俗就是证明。闽南文化这种重本思想和文化认同，在现实中把海内外闽南人团结在一起，对我们现在进行集体主义、爱国主义、传统文化教育都有很好的借鉴意义和利用效力。

（三）海洋人文精神

闽南地少人多，素有“八山一水一分田”的说法。因当地临海，人们为了寻求更大的生存空间和发展前景，就试图改变旧有的生产方式：一是

---

[1] 余英时. 中国思想传统的现代阐释[M]. 南京：江苏人民出版社，1989: 48.

[2] 鲁迅.《随感录》之三八[J]. 新青年，1918: 15.

[3] 乾隆《泉州府志》卷二〇 · 风俗，1984年影印本。

"以海为田"，发展渔业；二是驶向深海，发展海上贸易。海洋残暴而狡黠，闽南人在大风大浪中历尽磨难，激发了一股蹈险犯难、先行先试的精神。另外，闽南背靠大陆，面向大洋，是"海上丝绸之路"的起点，各国、各民族、各宗教文化在泉州和谐共处，在多元文化的碰撞中培养出了胸襟广阔、兼容开放的品性。两种秉性至今仍对闽南人的精神修养起着重要的熏陶作用。

（四）移民性格

自"永嘉之乱，衣冠南渡"之后，闽南的发展一直与漫长的移民历史结合在一起。闽南移民史可以分为比较集中的两个阶段，一是自西晋开始，久经战乱的中原人大举南迁，二是自明朝以后数百年间，闽南人"过番"（南下东南亚）之风经久不息。长年闯荡异域，艰难谋生，思乡念土的愁绪，塑造了闽南人典型的移民性格：自强进取、生存力强和强烈的祖根意识。这种移民性格特征对倡导刚健有为、自强不息的人生精神和增进海内外乡亲情谊具有重要作用。

（五）尚商善贾

闽南"地瘠人稠"，不少人"穷则思变"，走上经商之道；再加上历代政府的扶持，民间贸易风气盛行，泉州在元代超过广州成为"东方第一大港"。闽南人勇于创业的精神缔造了许多奇迹，巨贾辈出，出现了陈嘉庚、李光前、王永庆等华侨领袖。若以世界华人富豪榜所列资产 1 亿美元以上者统计，闽南籍和来自闽南文化圈范围者（中国台湾地区、广东潮汕地区）约占三分之二。[1]当前，在融合了改革和发展的因素后，闽南人这种精明务实的创业精神将得到进一步的发扬。

二、启示价值

一个国家"国民素质的高低更多地取决于一个国家一个民族的传统美

[1] 庄国土. 闽南商人的人文根源[J]. 中国商界, 2006: 3.

德是否依然普遍地被现代国民认同和遵守，这种保存传统美德的信念和方式又是否符合时代发展的特征和社会进步的需求。”[1]正是从这个意义上讲，我们继承传统文化，主要是考虑如何进一步挖掘其当代价值。闽南名士辜鸿铭说过：“中国人的精神是一种永葆青春的精神，是不朽的民族魂。”[2]经过科学的分析和继承，闽南文化中宝贵的教育价值就能在当代再放异彩。

（一）重视德育

重视道德修养，追求自我完善和社会关系和谐，是中国古代社会最显著的特征之一，也是中国传统文化的核心内容。闽南文化有良好的“尚德”传统，这一点体现在闽南士人历来把“德”置于教育首位，比较典型地反映在子女培养目标遵从儒家推崇的“明人伦”的教育目的。曾在泉州任职、讲学的朱熹明确提出：“先王之学，以明人伦为本。”[3]闽南传统文化强调伦理道德，把教育和政治相统一，虽然是“以儒立国”的需求，从根本上是为了维护封建统治阶级的利益，但其追求“为政以德”的有关观点与我们今天提倡的“以德治国”思想相符。培养具有正确政治立场、良好道德品质的社会主义建设者和接班人，也是当前学校教育最根本的目标，只是我们现在的衡量标准是社会主义道德标准。

（二）追求理想人格

在受儒家思想主导的中原文化的背景下，闽南文化也十分推崇儒学。重视精神修养，追求理想人格就是闽南人“崇儒”的结果。闽南人希望子弟通过知识、政治、道德、艺术等修养活动，达到建构理想人格的目的。从胸怀“射百步而期中，飞三年而必鸣”之志的文学家欧阳詹[4]，到主张“知行、

---

[1] 潘一禾．文化安全[M]．杭州：浙江大学出版社，2007：98.

[2] 辜鸿铭．辜鸿铭文集（下卷）·中国人的精神[M]．黄兴涛，宋小庆，译．南宁：广西师范大学出版社，1996：309.

[3] 朱熹．近思录（卷九）[M]．南京：凤凰出版社，2001.

[4] 欧阳詹．欧阳行周集（卷一）·出门赋[M]．台北：台湾商务印书馆，1979.

立志、持敬”和“格物致知”的理学家朱熹，到敢于提出“不以孔子之是非为是非”的启蒙思想家李贽，到“敢向东南争半壁”（康熙语）的民族英雄郑成功，都是闽南地区的杰出代表人物。他们为时人、后人树立了备受推崇和向往的人格典范，对当今构建理想人格仍具有现实意义。

（三）聚族而居的群体意识

不管是在地理恶劣的故土，还是远涉汪洋、迁徙异乡的途中，闽南人都能够克服逆境、落地生根。除了发扬不屈不挠、勇于拼搏的精神外，很重要的因素是他们有聚族而居的群体意识。在共同的血缘、心理、文化和精神的基础上，闽南人喜好依据共同的地域、宗族一起生活，共同面对困难，养成了强烈的群体意识。遍布世界的各种闽南同乡会，在今天仍在发挥着重要作用，甚至对国家经济建设都起了重大帮助。这种群体意识对帮助今天的青年培养团队精神、团结观念，有很好的启迪。

（四）维系“祖根”的意识

不管是中原士族入闽，还是闽人出洋，客居他乡的闽南人在饱经沧桑的离散心境里，其“祖根”意识反而大大增强，成为维系自己历史文化，支撑生存、生产的精神支柱。在市场经济环境下，面对西方意识形态的渗透，青年人的价值观、人生观等日趋多元化和复杂化，给思想政治教育提出了新的课题。闽南人的“祖根”意识和对传统文化的认同感，是弘扬爱国主义的有利条件，是闽南文化融入大学生思想政治教育的心理基础。实践证明，青年同志对祖国的情感都是从接触、接受独具特色的地域传统文化（乡土文化）开始的。而对祖国的无比热爱和对家乡的深厚感情，就是为家乡发展和中国腾飞做贡献的思想基础。

三、创造性转化和创新性发展

对闽南文化的思想内涵，仅仅挖掘其当代价值是不够的，还必须处理好传统和现代化的关系，根据教育的规律和社会发展的需要，将其转换为中国特色社会主义文化体系的有机组成部分，作为青年道德文化教育的重要内容，使之与当代社会相适应、与现代文明相协调。

（一）加强文化认同

闽南人具有共同的精神结构、价值观念、心理特征和行为方式，在共同的文化背景中获得了归属感和认同感。陈嘉庚先生在创办厦门大学之初，就坚持执行“以整顿国学为最重要”的办学方针。文化认同是维系社会的“黏合剂”。建设积极健康、特色鲜明的地域文化，有助于加强文化认同，有助于防止西方文化扩张所形成的文化霸权主义和文化殖民主义，能够在现实中转换为青年的地域文化感情和国家民族情怀。

（二）提高文化自觉

费孝通先生认为：“文化自觉只是指生活在一定文化中的人对其文化有自知之明，明白它的来历，所具的特色和它发展的趋向，自知之明是为了加强对文化转型的自主能力。”[1]简单来说，提高文化自觉就是对待传统文化的正确心态，就是对传统文化的客观认识和批判继承，而文化自觉的过程也是对传统文化的继承和超越的过程。

另外要注意的是，传统文化的传承不是强制性的，真正实现传统文化与现代国民教育的接轨，使传统在现代继续发挥作用，必须尊重人的自由选择。“建立在互相尊重基础上的各种民间文化意愿的自主表达和自我满足，是实现传统与现代整合目标的主要依靠力量。”[2]培养青年人的文化自觉，能够使他们正确对待地域传统文化，自觉成为具有高度文化自信的优秀人才。

（三）开展文化保护

传承传统文化，挖掘当代价值，关键在保护。2007年6月9日，文化部批准在福建省设立首个国家级区域性文化生态保护实验区——闽南文化

---

[1] 费孝通. 关于“文化自觉”的一些自白[J]. 学术研究, 2003（7）.

[2] 康永久. 传统文化的现代教育传承[J]. 中国教师, 2005（6）: 7.

生态保护实验区。文化生态保护区的成立，对传承和弘扬闽南地域文化，促进文化繁荣，对加强闽台文化交流，促进祖国统一，都有重要意义。积极教育和组织青年同志参与闽南文化的保护工作，营造浓郁的传统文化氛围，有助于他们深刻领会地域优秀传统文化的价值和真谛，提高民族自豪感和自信心。

（四）实现文化补强

经济全球化和网络技术的高速发展，迅速地拉近了各个国家、各个民族之间的地理距离和文化距离。罗素在1922年访问中国之后，说过这样一段话："不同文明之间的交流过去已经多次证明是人类文明发展的里程碑，希腊学习埃及，罗马借鉴希腊，阿拉伯参照罗马帝国，中世纪的欧洲又模仿阿拉伯，而文艺复兴时期的欧洲则仿效拜占庭帝国。"[1]保守自闭是造成近代中国国力衰退、落后挨斗的重要原因。闽南文化具备开放和兼容的特点，善于吸取其他文化的优势。促进闽南文化从整个中华民族文化和海外优秀文化中汲取营养，使自身得到补强和升华，焕发出新的生命力。

"传统既是历史，又是现实，它是历史在现实中的沉淀，它不仅作用于过去，而且构成为一种强大的现实力量作用于当前乃至未来。"[2]中华优秀传统文化是中华民族生生不息、团结奋进的不竭动力。要全面认识祖国传统文化，取其精华，去其糟粕，使之与当代社会相适应、与现代文明相协调，保持民族性，体现时代性。我们对闽南文化的批判继承，要大力弘扬民族精神和时代精神，以科学的理论做武器，对传统文化进行创造性转化和创新性发展，充分挖掘其时代价值，努力建设适应时代生活、体现时代特点、延续传统美德的思想政治教育理论体系。

附注：本章根据作者发表于《中国冶金教育》（2017年第5期）的《地方高校区域传统文化教育现状及对策》和发表于《江西科技师范学院学报》（2008年第5期）的《闽南文化的思想内涵及其当代价值》重撰。

---

[1] 罗素．一个自由人的崇拜[M]．北京：时代文艺出版社，1988：8.

[2] 侯怀银．德育传统的当代价值[M]．武汉：湖北教育出版社，1996：12.

参考文献

[1] 段玉裁. 说文解字注 [M]. 北京：中华书局，2013.
[2] 黄朴民. 论语 [M]. 合肥：安徽文艺出版社，2021.
[3] 方勇. 孟子 [M]. 北京：中华书局，2017.
[4] 方勇. 荀子 [M]. 北京：中华书局，2011.
[5] 徐正英，常佩雨. 周礼 [M]. 北京：中华书局，2014.
[6] 王秀梅. 诗经 [M]. 北京：中华书局，2015.
[7] 胡平生，张萌. 礼记 [M]. 北京：中华书局，2017.
[8] 顾迁. 尚书 [M]. 北京：中华书局，2016.
[9] 朱熹. 四书章句集注 [M]. 北京：中华书局，2011.
[10] 黎靖德. 朱子语类 [M]. 北京：中华书局，1986.
[11] 黄宗羲. 宋元学案 [M]. 北京：中华书局，1986.
[12] 程颢，程颐. 河南程氏遗书 [M]. 济南：山东人民出版社，2020.
[13] 朱熹. 朱子全书 [M]. 上海：上海古籍出版社，2002.
[14] 陆九渊. 陆九渊集 [M]. 北京：中华书局，1980.
[15] 施忠连. 四书五经鉴赏辞典 [M]. 上海：上海辞书出版社，2013.
[16] 魏征. 群书治要 [M]. 北京：线装书局，2016.
[17] 牟宗三. 中西哲学之会通十四讲 [M]. 上海：上海古籍出版社，2008.
[18] M· 兰德曼. 哲学人类学 [M]. 阎嘉，译. 贵阳：贵州人民出版社，1988.
[19] 钱穆. 人生十论 [M]. 桂林：广西师范大学出版社，2004.
[20] 张耀灿，郑永廷. 现代思想政治教育学 [M]. 北京：人民出版社，2001.
[21] 马克思. 政治经济学批判（第一分册）[M]. 北京：中央编译出版社，2022.

[22] 马克思恩格斯文集（第1-10卷）[M]. 北京：人民出版社，2009.
[23] 马克思恩格斯选集（第1-4卷）[M]. 北京：人民出版社，1974.
[24] 列宁专题文集·论马克思主义 [M]. 北京：人民出版社，2009.
[25] 列宁选集（第1-4卷）[M]. 北京：人民出版社，1995.
[26] 马克思恩格斯论中国 [M]. 北京：人民出版社，2018.
[27] 毛泽东选集（第1-4卷）[M]. 北京：人民出版社，1991.
[28] 中共中央文献研究室. 毛泽东早期文稿 [M]. 长沙：湖南人民出版社，2013.
[29] 毛泽东年谱（1949—1976）（第1-2卷）[M]. 北京：中央文献出版社，2013.
[30] 周恩来选集（上下卷）[M]. 北京：人民出版社，1984.
[31] 刘少奇选集（上下卷）[M]. 北京：人民出版社，1981.
[32] 邓小平文选（第1-3卷）[M]. 北京：人民出版社，1994.
[33] 江泽民文选（第1-3卷）[M]. 北京：人民出版社，2006.
[34] 胡锦涛文选（第1-3卷）[M]. 北京：人民出版社，2016.
[35] 习近平著作选读（第1-2卷）[M]. 北京：人民出版社，2023.
[36] 中共中央宣传部. 习近平新时代中国特色社会主义思想学习纲要（2023版）[M]. 北京：学习出版社、人民出版社，2023.
[37] 习近平. 习近平谈治国理政（第1-4卷）[M]. 北京：外文出版社，2020.
[38] 人民日报评论部. 习近平用典（第1-2辑）[M]. 北京：人民日报出版社，2021.
[39] 习近平. 论中国共产党历史 [M]. 北京：中央文献出版社，2021.
[40] 习近平. 高举中国特色社会主义伟大旗帜　为全面建设社会主义现代化国家而团结奋斗——在中国共产党第二十次全国代表大会上的报告 [M]. 北京：人民出版社，2022.
[41] 习近平关于协调推进“四个全面”战略布局论述摘编 [M]. 北京：中央文献出版社，2015.
[42] 习近平. 习近平同志在纪念孔子诞辰2565周年国际学术研讨会暨国际儒学联合会第五届会员大会开幕会上的讲话 [M]. 北京：人民出版社，2014.

[43] 建国以来重要文献选编（第13册）[M]. 北京：中央文献出版社，1996.

[44] 建党以来重要文献选编（1921—1949）(第20册)[M]. 北京：中央文献出版社，2011.

[45] 中共中央文件选集（1949年10月—1966年5月）(第24册)[M]. 北京：人民出版社，2013.

[46] 中共中央文献研究室编. 十八大以来重要文献选编（中）[M]. 北京：中央文献出版社，2016.

[47] 中共中央文件选集（第11册）[M]. 北京：中共中央党校出版社，1991.

[48] 邱伟光. 思想政治教育学概论 [M]. 天津：天津人民出版社，1988.

[49] 王礼基. 思想政治教育学 [M]. 杭州：浙江大学出版社，1989.

[50] 顾海良. 马克思主义中国化史（第一至四卷）[M]. 北京：中国人民大学出版社，2018.

[51] 吴冷西. 十年论战（上）[M]. 北京：中央文献出版社，1999.

[52] 张岱年，方克立. 中国文化概论 [M]. 北京：北京师范大学出版社，2004.

[53] 王凤贤. 毛泽东与中国传统文化 [M]. 北京：人民出版社，2015.

[54] 姚春鹏，姚丹. 毛泽东思想与儒学 [M]. 济南：山东大学出版社，2012.

[55] 全国干部培训教材编审指导委员会. 推进社会主义文化繁荣兴盛 [M]. 北京：人民出版社、党建读物出版社，2019.

[56] 张西平. 儒学西传欧洲研究导论 [M]. 北京：北京大学出版社，2016.

[57] 黑格尔. 哲学讲演录（第1卷）[M]. 北京：生活·读书·新知三联书店，1957.

[58] 乔治. 麦克林. 传统与超越 [M]. 干春松，杨凤岗，译. 北京：华夏出版社，2000.

[59] 周立升，颜炳罡，等. 儒家文化与当代社会 [M]. 济南：山东大学出版社，2002.

[60] 梁启超. 清代学术概论·儒家哲学 [M]. 天津：天津古籍出版社，2004.

[61] 徐复观．中国人性论史·先秦篇［M］．上海：上海三联书店，2001.
[62] 班固．董仲舒传·汉书（卷56）［M］．北京：中华书局，1980.
[63] 张世亮，等译．春秋繁露［M］．北京：中华书局，2018.
[64] 陈明，朱汉民．原道［M］．长沙：湖南大学出版社，2019.
[65] 唐君毅．中国哲学原论（原性篇）［M］．北京：中国社会科学出版社，2005.
[66] 郑淑媛．先秦儒家的精神修养［M］．北京：人民出版社，2006.
[67] 王守常．中国文化书院九秩导师文集（梁漱溟、冯友兰卷）［M］．北京：东方出版社，2013.
[68] 杜维明．文明对话中的儒家［M］．北京：北京大学出版社，2016.
[69] 李伏清．柳宗元儒学思想研究——兼论中晚唐儒学复兴［M］．上海：上海社会科学出版社，2014.
[70] 毕游．朱熹、陆九渊与王守仁理学思想比较——以理、性、心、知四个范畴为中心［M］．北京：社会科学文献出版社，2020.
[71] 陈默．荀子的道德认识论［M］．北京：中国社会科学出版社，2016.
[72] 杜维明．儒家精神取向的当代价值［M］．北京：北京大学出版社，2016.
[73] 谭丕模．清代思想史纲［M］．上海：上海古籍出版社，2014.
[74] 裴传永．邓小平理论与中国传统文化［M］．北京：中共中央党校出版社，2003.
[75] 王齐彦．儒家群己观研究［M］．北京：中国社会科学出版社，2006.
[76] 许建平．李贽思想演变史［M］．北京：人民出版社，2005.
[77] 李维武．王充与中国文化［M］．贵阳：贵州人民出版社，2000.
[78] 容肇祖．魏晋的自然主义［M］．北京：东方出版社，1996.
[79] 徐复观．两汉思想史［M］．上海：华东师范大学出版社，2004.
[80] 马勇．董仲舒评传［M］．北京：中国社会出版社，2010.
[81] 叶飞．现代化视域下的儒家德育［M］．北京：北京师范大学出版社，2011.
[82] 黄钊．儒家德育学论纲［M］．武汉：武汉大学出版社，2006.
[83] 黑格尔．法哲学原理［M］．范扬，张企泰，译．北京：商务印书馆，1995.

[84] 周立升，颜炳罡，等. 儒家文化与当代社会 [M]. 济南：山东大学出版社，2002.
[85] 胡乔木. 胡乔木传（下）[M]. 北京：当代中国出版社、人民出版社，2015.
[86] 张建新. 儒学与马克思主义 [M]. 西安：陕西人民出版社，2003.
[87] 朱进有. 文化沉思：儒学与中国和谐文化构建 [M]. 北京：人民出版社，2015.
[88] 张腾霄，张宪中. 马克思主义与儒学 [M]. 北京：中国人民大学出版社，2000.
[89] 刘忠孝. 传统儒家人文化的当代价值研究 [M]. 北京：人民出版社，2016.
[90] 冯刚，郑永廷. 思想政治教育学科30年发展研究报告 [M]. 北京：光明日报出版社，2014.
[91] 边慧民，孙玉杰. 朱熹“力行”德育思想及其当代价值 [M]. 济南：山东大学出版社，2010.
[92] 南怀瑾. 孟子旁通 [M]. 上海：复旦大学出版社，1996.
[93] 李昉. 文苑英华 [M]. 北京：中华书局，1966.
[94] 韩愈. 韩愈文集 [M]. 沈阳：辽海出版社，2010.
[95] 尚永亮. 柳宗元诗文选评 [M]. 上海：上海古籍出版社，2017.
[96] 柳宗元. 柳宗元全集 [M]. 长春：时代文艺出版社，2002.
[97] 范文澜. 中国通史简编（修订本）第三编第二册 [M]. 北京：人民出版社，1965.
[98] 习近平. 在党史学习教育动员大会上的讲话 [J]. 求是，2021（7）.
[99] 习近平. 在庆祝中国共产党成立100周年大会上的讲话 [J]. 求是，2021（14）.
[100] 陈来. 论儒家教育思想的基本理念 [J]. 北京大学学报（哲学社会科学版），2005（4）.
[101] 吴成钢. 论马克思主义理论在思想政治教育中的牵引力 [J]. 理论前沿，2009（17）.
[102] 邱柏生. 试析思想政治教育专业建设的有关问题 [J]. 思想教育研究，2012（9）.

[103] 王公龙. 新时代中国共产党对推进马克思主义中国化时代化的新贡献[J]. 思想理论教育，2022(12).
[104] 韩庆祥，张健. 论开辟马克思主义中国化时代化“新境界”——“新境界”究竟“新”在哪里[J]. 中央民族大学学报(哲学社会科学版)，2023(1).
[105] 李毅. 从“一个结合”到“两个结合”不断开辟马克思主义中国化时代化新境界[J]. 马克思主义研究，2022(12).
[106] 郝晓红，邓志伟. “居仁由义”的美学维度[J]. 南昌大学学报(人文社会科学版)，2017.
[107] 李巍. 性伪之分：荀子为什么反对人性善[J]. 学术研究，2018(12).
[108] 陈寅恪. 论韩愈[J]. 历史研究，1954(2).
[109] 温菊琴. 走出生命误区，重视生命教育[J]. 中国科学教育，2004(6).
[110] 俞可平. 科学发展观与生态文明，促进人与自然和谐[J]. 马克思主义与现实，2005(4).
[111] 陈志刚. 习近平关于中华优秀传统文化的新思想新定位[J]. 新视野，2020(5).
[112] 顾海良. 马克思主义世界观和方法论的理论升华[J]. 前线，2023(2).
[113] 曲青山. 马克思主义中国化的最新成果[J]. 理论导报，2020(12).
[114] 曲青山. 讲好中国共产党的故事[J]. 党的文献，2023(1).
[115] 王萍. 浅析朱熹“德育为先”理念及其当代启示[J]. 扬州教育学院学报，2020(1).
[116] 王树荫. 论毛泽东思想政治教育理论成熟的哲学基础[J]. 思想教育研究，2004(5).
[117] 赵春辉. “两个结合”：马克思主义中国化时代化进程的经验总结[J]. 奋斗，2023(1).
[118] 陈彩琴. 党章百年与马克思主义中国化的三次历史性飞跃[J]. 上海党史与党建，2022(5).
[119] 莫江平. 论毛泽东对严复教育思想理论基础的批判与改造[J]. 毛

泽东思想研究，2010（5）.
[120] 郭良婧．论孙中山心性文明思想的建构方式［J］．南京师大学报（社会科学版），2005（4）.
[121] 闫彬．论李贽的真人观及其对青少年道德教育的“真人化”启示［J］．青年探索，2008（9）.
[122] 顾海良．马克思主义中国化时代化学理和哲理的创新性探索［J］．当代世界与社会主义，2022（6）.
[123] 陈明霞．习近平“足迹”系列在高校思政课教学中的运用思考［J］．思想理论教育导刊，2023（1）.
[124] 胡芮．严复与近代儒家伦理话语体系的古今之变［J］．华东师范大学学报（哲学社会科学版），2021（2）.
[125] 王淳．冯友兰道德知行思想及其教育启示索［J］．中国教育科学，2021（1）.
[126] 丁恒星．论中国传统文化与思想政治教育的关系［J］．学校党建与思想教育，2019（9）.
[127] 中央政府门户网．中共中央　国务院印发《关于新时代加强和改进思想政治工作的意见》［EB/OL］．［2021-07-12］．http：//www.gov.cn/xinwen/2021-07/12/content_5624392.htm.
[128] 中央政府门户网．中共中央关于坚持和完善中国特色社会主义制度　推进国家治理体系和治理能力现代化若干重大问题的决定［EB/OL］．［2019-11-05］．http：//www.gov.cn/zhengce/2019-11/05/content_5449023.htm.
[129] 新华网．习近平：把思想政治工作贯穿教育教学全过程［EB/OL］．［2016-12-08］．http：//www.xinhuanet.com//politics/2016-12/08/c_1120082577.htm.
[130] 教育部门户网．国务院学位委员会、教育部《关于调整增设马克思主义理论一级学科及所属二级学科的通知》［EB/OL］．［2005-12-23］．http：//www.moe.gov.cn/srcsite/A22/moe_833/200512/t20051223_82753.html.
[131] 加强和改进大学生思想政治教育重要文献选编（1978—2008）［Z］．北京：中国人民大学出版社，2008.

[132] 习近平. 高举中国特色社会主义伟大旗帜　为全面建设社会主义现代化国家而团结奋斗——在中国共产党第二十次全国代表大会上的报告［N］. 人民日报，2022-10-26（01）.
[133] 中共中央关于党的百年奋斗重大成就和历史经验的决议［N］. 人民日报，2021-11-17（01）.
[134] 习近平. 在哲学社会科学工作座谈会上的讲话［N］. 人民日报，2016-05-19（01）.
[135] 新华社. 习近平在山东考察［EB/OL］.［2013-11-29］. http：//cpc.people.com.cn/n/2013/1129/c64094-23694123.html?olc&ivk_sa=1024320u.
[136] 中央政府门户网. 习近平等会见第四届全国道德模范及提名奖获得者［EB/OL］.［2013-09-26］. http：//www.gov.cn/ldhd/2013-09/26/content_2495938.htm.
[137] 习近平. 习近平主持召开中央财经委员会第十次会议强调　在高质量发展中促进共同富裕　统筹做好重大金融风险防范化解工作［N］. 人民日报，2021-08-18.
[138] 习近平. 在纪念马克思诞辰200周年大会上的讲话［N］. 人民日报，2018-05-05（02）.
[139] 习近平. 习近平在中共中央政治局第十八次集体学习时强调　牢记历史经验历史教训历史警示　为国家治理能力现代化提供有益借鉴［N］. 人民日报，2014-10-14（01）.
[140] 中央政府门户网. 习近平在博鳌亚洲论坛2022年年会开幕式上发表主旨演讲［EB/OL］.［2022-04-21］. http：//www.gov.cn/xinwen/2022-04/21/content_5686422.htm.
[141] 新华网. 习近平出席中国共产党与世界政党高层对话会并发表主旨讲话［EB/OL］.［2023-03-16］. http：//www.news.cn/politics/leaders/2023-03/16/c_1129434299.htm.
[142] 中国孔子网. 杜维明：儒家传统具有“全球意义”［EB/OL］.［2017-09-21］. http：//www.chinakongzi.org/xwzx/201709/t20170921_144328.htm.

后　记

本书稿的写作，实际用了一年半的时间。但梳理此专题并写成一本书的想法，则已蛰伏心底十年之久。

作为一名从事高校思想政治工作二十余年的“老思政”，且有幸生长于“海滨邹鲁”的泉州，很长时间以来我一直思索和考察儒家德育思想与思想政治教育理论的深刻联系，并尝试写了十篇相关论文进行这方面的探索，算是为传承弘扬中华优秀传统文化做出微薄努力。在大家关心下，今年终于成书，也是完成一个心愿。只是作者水平和能力有限，书中难免不足之处，敬请读者不吝指正。

借此机会，我要感谢我的家人对我的学术追求的理解和支持。感谢我的妻子陈奭琛，一直以来默默站在身后支持我前行，协助我搜集资料、梳理文献、核校文稿，在生活和学术上给予我最大的包容和支持。她永远是我的文章的第一位读者和编辑。

感谢泉州师范学院多年来培养和成就了我，并为本书出版提供资助。感谢身边的领导和同事长期以来对我无微不至的关心帮助。

最后，感谢中国纺织出版社不弃菅蒯，应允刊行。感谢出版社编辑朱冠霖老师为本书顺利出版付出的热情帮助，因为她和出版社许多编辑老师严谨求实的学术态度和认真负责的专业精神，本书才得以如期付梓。

黄国波

二〇二三年九月于泉州东海之滨